U0518822

本书受2018年扬州市社科联重大课题出版资助，也是江苏省第五期"三三三"工程第三层次人才、2018年江苏省高校思想政治理论课优秀青年教师"领航.扬帆"人才计划、扬州工业职业技术学院"青蓝工程"中青年学术带头人、扬州工业职业技术学院中国特色社会主义研究中心等项目的阶段性成果。

中国中央与地方

经济关系研究（1949～1978）

陈　鹏　高瑞娜／著

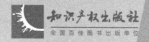

知识产权出版社
全国百佳图书出版单位

图书在版编目（CIP）数据

中国中央与地方经济关系研究.1949～1978/陈鹏，高瑞娜著.—北京：知识产权出版社，2018.11

ISBN 978 - 7 - 5130 - 5981 - 7

Ⅰ.①中… Ⅱ.①陈… ②高… Ⅲ.①中央与地方的关系—经济关系—研究—中国—1949 - 1978 Ⅳ.①F123.14

中国版本图书馆 CIP 数据核字（2018）第 270341 号

| 责任编辑：刘　江 | 责任校对：谷　洋 |
| 特约编辑：李兰芳 | 责任印制：刘译文 |

中国中央与地方经济关系研究（1949～1978）

Zhongguo Zhongyang Yu Difang Jingji Guanxi Yanjiu

陈　鹏　高瑞娜　著

出版发行：知识产权出版社 有限责任公司	网　　址：http://www.ipph.cn
社　　址：北京市海淀区气象路 50 号院	邮　　编：100081
责编电话：010 - 82000860 转 8344	责编邮箱：liujiang@ cnipr.com
发行电话：010 - 82000860 转 8101/8102	发行传真：010 - 82000893/82005070/82000270
印　　刷：北京建宏印刷有限公司	经　　销：各大网上书店、新华书店及相关专业书店
开　　本：787mm×1092mm　1/16	印　　张：15
版　　次：2018 年 11 月第 1 版	印　　次：2018 年 11 月第 1 次印刷
字　　数：258 千字	定　　价：60.00 元

ISBN 978-7-5130-5981-7

出版权专有　侵权必究

如有印装质量问题，本社负责调换。

序　言

　　新中国不仅是一个地域辽阔、区域发展不平衡的大国，还是一个人口众多、多民族的发展中国家，并且建立起社会主义基本制度，这就使得中央政府与地方政府之间的关系呈现出一种复杂多样和变动不居的状态，而如何处理好这一关系，充分发挥中央政府和地方政府"两个积极性"，一直是新中国经济和社会发展中的重要问题，也是中国共产党在各个历史时期都积极探索的重要问题，而其中的经济关系又是主要内容。

　　马克思主义经典作家在他们的著作中多次论及国家的含义及其结构形式，一致主张在无产阶级专政的社会主义国家必须实行中央集权制下的地方自治或区域自治，但在社会主义国家某一历史时期中央集权的程度、地方自治或区域自治的广度和深度，他们并没明确界定。中华人民共和国成立后，构建与国情和发展目标相适应的中央与地方经济关系，就成为中国共产党治国理政的重大课题。中国共产党依据马克思主义国家结构理论，从中国实际出发，努力探索并构建新型的中央与地方经济关系。1949～1978年中央与地方经济关系，服从和服务于特定历史时期经济与政治发展的需要，以及克服权力过于集中或分散的弊病，依次经历了逐渐集中、高度集中、仓促分散、再次高度集中、第二次分散、又一次集中的历史演进。但是，从唯物史观视角看，中央与地方的经济关系并未完全理顺，往往陷入"一统就死""一死就放""一放就乱""一乱又统"的循环怪圈。

　　如今，中国特色社会主义进入新时代，中国社会的主要矛盾已经转变为人民日益增长的美好生活需要和不平衡不充分的发展之间的矛盾。这决定着新时代中央与地方经济关系已经并将呈现诸多新的特点。为此，中共十九大报告提出，加快建立现代财政制度，建立权责清晰、财力协调、区域均衡的中央和地方财政关系；深化简政放权，赋予省级及以下政府更多自主权。历史是最好的教科书，研究新中国中央与地方经济关系演变的历史及其经验，不仅具有现实意义，也对总结中国共产党治国理政经验和构建中国特色社会主义政治经济学具有重要的理论意义。

陈鹏同志是我的学生，河南信阳人，农家子弟。在中国社会科学院读博期间，有志于中国近现代经济史研究。他踏实好学，勤奋刻苦，在他的导师朱佳木教授指导和我的帮助下，开始关注中央与地方经济关系研究。他以中华人民共和国成立后第一个历史时期中央与地方经济关系为研究对象，完成博士论文，受到论文答辩委员会的好评。这本著作就是他毕业后两年来对博士论文修改、丰富和完善的最终成果。

该书以1949～1978年中央政府与地方政府在财政、企业管理、金融信贷、商业贸易、计划制订与实施等方面的权责划分为研究对象，分别论述国民经济恢复、"一五"计划、"大跃进"、国民经济调整、"文化大革命"、国民经济"徘徊前进"六个时期中央与地方经济关系演变的背景、主要内容、取得的成效和存在的不足。经过系统梳理和研究后，陈鹏认为1949～1978年中央与地方经济关系的演变在走向计划经济和试图不断完善的过程中，始终体现了"全能型"政府性质，并具有以下四个基本特点：一是中央和地方的"两个积极性"此消彼长；二是"集中与分散"反复交替；三是生产关系与生产力的关系不断调适；四是经济体制急剧变革。他提出处理好中央与地方经济关系必须因时、因势、因事而定；集中要以必要的分散为前提，分散要以适当的集中为基础，中央集权制必须建立在保证必要的地方积极性和灵活性的基础之上；在生产力还不是高度发达、区域之间的经济发展还非常不平衡的社会主义国家，政府既不能代替市场配置资源，中央政府也不能统揽一切。中央政府与地方政府之间仅靠行政性分权是不能解决"一统就死、一放就乱"的循环的。在单一公有制和计划经济条件下，能够更好发挥中央政府作用的领域主要在宏观经济领域和重大基本建设方面，以保证"四大平衡"和"集中力量办大事"；而能够更好发挥地方政府"因地制宜"作用的领域，则主要在中观经济和微观经济领域，同时必须引入市场机制，并进一步向企业（包括集体经济组织）放权，形成中央政府和市场对地方政府的双重制约。这一历史时期对我们今天的启示为：要实现国家治理体系和治理能力现代化，在政治上必须实行民主集中制，实行单一制、多层级的管理体制；而在经济上，则必须在市场经济基础上，实行相对"分权"的集中制，即实行统一领导、分级管理的体制；依法规范中央与地方经济关系，要坚持权力与责任相统一、财权与事权相一致的原则。中央政府和地方政府必须严格依法履行自己作为国家机器组成部分的职责，避免发生中央政府与地方政府之间的越位、错位、缺位等现象。

　　总之，我认为陈鹏同志的研究方法及提出的一系列观点，能够为中央政府和地方政府经济管理部门、相关领域的研究者提供决策参考、文献资料和研究线索。

　　新作即将问世，为师为之骄傲。"桐花万里丹山路，雏凤清于老凤声。"希望他在科学研究道路上勇攀高峰，再创佳绩。

武　力

2018 年 10 月 5 日于北京

前　言

党的十八大报告提出，加快改革财税体制，健全中央和地方财力与事权相匹配的体制；深化行政审批制度改革，继续简政放权。十八届三中全会又一次提出建立现代财政制度，发挥中央和地方两个积极性。十八届五中全会再一次提出持续推进简政放权、放管结合、优化服务。党的十九大报告提出，加快建立现代财政制度，建立权责清晰、财力协调、区域均衡的中央和地方财政关系；深化简政放权，赋予省级及以下政府更多自主权。这一系列指导建设新时代中央与地方经济关系的新理念新思想新战略，是以习近平为总书记的党中央带领全党全军全国各族人民在坚持和发展中国特色社会主义、实现中华民族伟大复兴中国梦的历史进程中实践创新和理论创新的重大发现。切实深入贯彻执行这一系列新理念新思想新战略，必须准确把握这些理论、方针、政策向现实转化的着力点和关键点。譬如实现财力与事权相匹配，必须划清中央与地方在不同重要战略机遇期下的事权界限；实现持续简政放权、放管结合，必须厘清在不同的经济社会背景下简政放权的广度和深度，统一管理的维度和力度；实现建立现代财政制度、发挥中央与地方两个积极性，必须澄清在不同的国内国际环境下两个积极性谁主谁次及两者之间的辩证关系。破解这些难题，必须且只能从研究历史入手。

本书坚持以上述问题为导向，主要研究中华人民共和国前30年，即1949～1978年国家财政权（包括税收权、投资权、物资分配权、预决算权、劳动工资权）、企业管理权（包括企业生产经营权、产品分配权、企业利润和公积金管理权）、金融信贷权（包括货币公债发行权、信贷审批权、现金管理权）、商业贸易权（包括物价权、商品收购和销售权、对外贸易管理权）、计划权等经济权力在中央政府与地方政府之间的划分问题。（1）在国民经济恢复时期，实行经济权力的逐渐集中。财政方面，建机立制，统一财政收支管理；企业方面，把大中型企业划为中央国营企业；金融方面，建立国家银行体系，统一金融货币管理；贸易方面，建立国内外贸易机构，统一贸易管理。(2) 在"一五"时期，实行经济权力的高度集中。财政方面，建立"条条"管理体系，强化财政收支管理；企业方面，企业生产逐渐纳入国家计划；金融方面，发挥银行职能，强化金融信贷统一管理；贸易方面，改组贸易机构，建立垂直统一的对口管理体系。(3) 在"大跃进"时期，实行经济权力的仓促下放。财政方面，下放财权财力，实行投资包干制度；企业方面，把大部分部属企业交给地方管理；金融方面，下放信贷管理权，充分供应信贷资金；贸易方面，改组商贸机构，下放商贸管理权。(4) 在国民经济调整时期，实行经济权力的再次高度集中。财政方面，重建"条条"管理体制，增加中央财权财力；企业方面，上收一批下放不适当的企业，试办工业、交通托拉斯；金融方面，控制货币投放，加强资金管理；贸易方面，恢复专业公司和供销社，统一商业贸易管理。(5) 在"文化大革命"时期的 1969～1972 年，实行经济权力的第二次下放。财政方面，简化税制和工资制，试行财政、投资、物资"大包干"；企业方面，下放绝大部分部属企业事业单位；金融信贷方面，简化金融信贷体制，实行农村信贷包干；计划方面，精简中央机构，实行"块块为主"的计划管理。(6) 在两年徘徊时期，实行经济权力的又一次集中。财政方面，加强税收、投资、物资、折旧基金的统一管理；企业方面，建立专业"联合公司"，上收部分企业；金融方面，整顿银行机构，加强银行业务工作；计划方面，统一计划管理。在这六个历史时期，因不同的经济背景、客观要求和主观愿望，经济权力在中央政府与地方政府之间进行了"收权"与"放权"的数次调整。在此过程中，尤其在加强中央集权时，尽管取得了一定的成绩，实现了既定的经济发展目标，但由于经验缺乏、"左"倾错误思潮的干扰、投资饥渴的驱使以及计划经济体制自身存在的弊端，中央与地方经济关系始终未能摆脱"一统就死、一死就放、一放就乱、一乱又统"的窠臼。

通过全面地、深入地、客观地研究 1949～1978 年中央与地方的经济关系，可以发现，中华人民共和国前 30 年中央与地方经济关系的演变具有四个基本特点：一是"两个积极性"的此消彼长。中央与地方两个积极性的发挥呈现出反方向的发展趋势。二是"集中与分散"的反复交替。从每一个历史时期经济权力调整总体趋势看，抑或从某一个具体经济权力的演变历史看，中央与地方经济关系始终围绕"集中与分散"交替。三是生产关系与生产力的不断调适。中央与地方经济关系变动频繁且幅度较大，是生产关系与生产力不断调适的反映。四是急剧的经济体制变迁与全能型政府背景。在全能型政府背景下，经济体制的变迁往往是牵一发而动全身，其效果呈几何增长。实践告诉我们，在推进体制改革、促进经济发展的时代背景下协调好这一重大关系，必须做到：第一，因时因势而定。中央与地方经济关系既要根据时间时代的改变及时调整，也要根据国内国外形势环境的变化及时革新。第二，处理好"条条"与"块块"、计划与市场、政府与企业之间的关系。必须把处理中央与地方经济关系和处理决策权与执行权、集中与分散、计划与市场、政府与企业的关系结合起来，整体推进，协调发展。第三，依法规范中央与地方经济关系。坚持权力与义务相统一、财权与事权相一致的原则。

目　录

绪　论

第一节　课题的缘由及意义

一、课题的缘由

（一）专业背景和个人偏好

笔者硕士专业是中国近现代史。学习期间，阅读了大量关于中国近现代史的教材和著作。如李侃编《中国近代史(第四版)》（中华书局 1994 年版）、王桧林编《中国现代史》（上、下）（北京师范大学出版社 2004 年版）、罗尔刚著《太平天国史》（中华书局 1957 年版）、胡绳著《从鸦片战争到五四运动》（人民出版社 1981 年版）等，这些教材和著作为我从专业角度了解中国近现代史打开了一扇门。同时，我也阅读了经济学的一些著作，了解了一些基本经济理论。如郭熙保与何铃编《微观经济学》（中国社会科学出版社 2002 年版）、司春林与王安宇编《宏观经济学——中国经济分析》（上海财经大学出版社 2002 年版）等。如果学习历史学是我的专业要求，那么学习经济学则是我的个人偏好。随着知识的积累，我渐渐发现，历史学和经济学也有交叉学科，即经济史。研究历史的人要研究经济，研究经济的人要研究历史。从某种意义上说，人类社会发展史就是一部经济史。吴承明先生曾说："经济史应当成为经济学的源，而不是它的流。"[1] 这充分说明经济史研究的重要性。硕士论文选题时，我试图把专业背景和个人偏好结合起来，从经济学角度研究近代

---

[1] 吴承明．吴承明集［M］．北京：中国社会科学出版社，2002：351．

1

区域发展史。从那时起，我一直从事着区域经济史研究。2014 年，我有幸在中国社会科学院攻读中国史专业博士，继续从事历史学的学习和研究。经过学习，我对中华人民共和国史，尤其是中华人民共和国经济史有较多的了解，对中华人民共和国史在某种程度上就是一部创业史有了更深刻的认识，对改革开放前 30 年中国共产党领导中国人民进行社会主义现代化建设所取得的成绩及失误有了更为客观的评价。于是，我的研究方向渐渐从近代区域经济史转变为中华人民共和国经济史。

（二）个人学习与导师指导

中华人民共和国经济史具有宽广的研究领域，如宏观研究与微观研究、全局研究与区域研究、历史研究与现实研究。如何从这些宽广的研究领域中界定选题，我经历了一个学习与思考的过程。在中国社会科学院读博期间，我大量阅读马克思主义经典著作和中国史专业著作，认真聆听与专业相关的学术讲座，尽可能抓住课余时间与老师交流。在一番刻苦学习之后，我认识到中国是一个地域辽阔，民族、区域之间经济和社会发展极不平衡的发展中大国。在农业文明向工业文明转型过程中绝大多数这样的国家都解体或者沦为殖民地了，只有中国坚持下来，而要继续在落后的农业国基础上维持国家的统一和稳定，就必须加快工业化步伐，走进工业大国行列，即将大国建立在工业文明的基础之上。这是中华人民共和国成立后最迫切的任务。中国加快工业化，面临资本极度短缺的问题，而国家安全又迫使必须加快重工业建设。这两条都迫使中国继续走向传统的老路——加强中央集权。换句话说，就是"集中力量办大事"。而只有实行单一公有制和计划经济体制，才能集中全国有限的人力、物力、财力，进行工业化建设。尽管中国共产党在处理中央与地方经济关系时出现了集中与分散的反复交替，存在这样或那样的失误，但它是探索中国特色社会主义道路的一次伟大实践。研究 1949～1978 年中央与地方经济关系，不仅能深化对中国国情和中国特色社会主义经济发展道路的认识，而且它是中国国情和中国"三个自信"里面最重要的特点和创新之一，对于了解和认识中国国情和中国特色社会主义，提高认知能力和分析、解决问题的能力非常有帮助，也是对笔者知识的检验和科研能力的挑战。最后，在导师的帮助下，经过几次的修改和完善，我终于确定了博士论文的题目。

二、选题的意义

（一）理论意义

中央与地方经济关系，是指中央政府与地方政府（省、自治区、直辖市）之间的经济关系，实质上，是指在宪法和法律指导下国家经济权力在中央政府和地方政府之间的分配关系。中央与地方经济关系是中央与地方关系的基础和核心，是上层建筑的重要组成部分，是马克思主义国家结构理论的重要内容。研究 1949～1978 年中央与地方经济关系，具有三个方面的重大理论意义。

1. 继承和发展了马克思主义经典作家的国家结构理论

马克思主义经典作家在他们的著作中多次论及国家的含义及其结构形式，一致主张在无产阶级专政的社会主义国家必须实行中央集权制下的地方自治。如恩格斯主张中央集权制，他认为，国家是靠集权存在的，中央便是国家权力的中心，而且"每个公民只是因为有集权才履行自己的公民职责"。❶ 他断言，在未来的社会主义国家，无产阶级并不需要资产阶级那种最初的以"三权分立"形式存在的中央集权，而是"应当使这种中央集权在更大的范围内得到实现"。❷ 列宁认为，由于"地方差别、经济结构的特点、生活方式、居民的觉悟程度和实现这种或那种计划的尝试等等"是不同的，"正是由于这种差别性，每个地方要根据各自的特点实行自治"。❸ 他指出，地方自治的地方差异性并不影响集中，相反，地方差异性越大，实现民主集中制和社会主义经济的可能性就越大。❹ 毛泽东认为，在社会主义国家，"应当在巩固中央统一领导的前提下，扩大一点地方的权力，给地方更多的独立性，让地方办更多的事情"。❺ 但是，对社会主义国家某一历史时期中央集权的程度、地方自治的广度和深度，他们并没明确界定。中华人民共和国前 30 年，依据特定的主观愿

❶　马克思恩格斯全集（第 41 卷）［M］. 北京：人民出版社，1982：396.
❷　马克思恩格斯全集（第 4 卷）［M］. 北京：人民出版社，1958：391－392.
❸　列宁全集（第 27 卷）［M］. 北京：人民出版社，1958：191.
❹　列宁全集（第 27 卷）［M］. 北京：人民出版社，1958：190.
❺　毛泽东文集（第 7 卷）［M］. 北京：人民出版社，1999：31.

望、客观背景和现实需求，中国共产党在马克思主义国家结构理论指导下，构建了新型的中央与地方经济关系。中华人民共和国前30年中央与地方经济关系改革经历了收权——放权——再收权——再放权的数次变动。中国共产党在构建新型的中央与地方经济关系的伟大实践中积累了丰富的经验，丰富和发展了马克思主义国家结构理论。

2. 对中国国情和中国特色社会主义道路及其建设规律的再认识，实现理论创新、思想创新和制度创新

中华人民共和国前30年的基本国情是地域辽阔、发展不平衡、经济和社会转型、单一公有制、进口替代（闭关）。这五大因素决定并制约了这个最具中国特色的中央与地方经济关系。反之，研究这对重要的经济关系，有利于深化对新中国为什么要提前过渡到社会主义、为什么要实行计划经济体制、为什么要优先发展重工业等重大问题的再认识，自觉践行"三个自信"；有利于深化对中国特色社会主义道路及其建设规律的再认识，坚持发展是党执政兴国第一要务重要思想。只有在研究分析历史、总结历史经验、吸取历史教训的基础上，中国共产党才能把握人类社会发展规律、社会主义建设规律和中国共产党执政规律，实现理论创新、思想创新和制度创新。

3. 抵制历史虚无主义

目前，历史虚无主义者利用中国共产党在社会主义建设初期由于经验不足而产生的一些失误或错误，否定改革开放前30年历史。他们认为，中华人民共和国前30年毛泽东和中国共产党建设社会主义的过程中，在经济方面实行计划经济体制、"大跃进"、平均主义的分配方式；在政治方面实行"反右""文化大革命"，以阶级斗争为纲，这些决策上的失误导致了国民经济的停滞和衰退。这种观点显然是一种否定中国共产党领导和社会主义制度的政治诉求下的历史虚无主义。对此，我们必须予以澄清和批判。事实上，中华人民共和国成立伊始，为摆脱"一穷二白"的经济状况，发展经济和提高人们生活水平，把中国从落后的农业国变成工业国，实现社会主义工业化，毛泽东和中国共产党想尽一切办法。在当时情况下，中央政府实行高度集中的计划经济体制，一方面是为了全国统一的需要，另一方面是为了发挥社会主义制度的优越性——集中力量办大事。即使在"大跃进"和"文化大革命"时期中央政府

实行经济权力的仓促下放，其目的也只有一个，那就是充分调动地方政府和企业的积极性，加快社会主义现代化建设的步伐。实践证明，正是在这一经济体制下，经过30年的努力，我国终于建立了独立的比较完整的工业体系和国民经济体系。本书以唯物史观为指导，研究中华人民共和国前30年中央与地方经济关系，有助于还原这一时期的历史真相。

（二）实践意义

中央与地方经济关系是一个十分重要而又长期没有得到根本解决的问题。在计划经济体制下，国家经济权力在中央政府与地方政府之间经历了数次的上收和下放，但始终没能找到发挥两个积极性的最佳均衡点。改革开放后，实现了经济性分权和行政性分权相结合。中央政府、地方政府、企业分别成为资源配置的主体。但是，中央与地方经济关系并未完全理顺。如20世纪80年代因经济权力过度分散造成地区经济封锁。因此，研究中华人民共和国中央与地方经济关系，具有重要的实践意义。

1. 有利于国家统一、民族团结和社会稳定

纵观五千年中华文明史，从夏朝建立到清朝覆灭，先后存在过83个王朝。这些王朝兴衰成败与相继交替的原因有很多，其中一个重要的原因是未能理顺中央与地方经济关系。如唐朝末年，因地方财权过大，导致藩镇割据，以致大一统局面被破坏，形成五代十国；北宋时期，为加强中央集权，中央设置转运使监收税务，除保证地方度支以外，其余钱谷悉送缴中央，长此以往，内忧外患，直至灭亡。再看国外，苏联长期实行高度的中央集权，地方经济畸形发展且过度依赖于中央，造成中央与地方矛盾、民族与民族矛盾十分尖锐，这是导致苏联解体的重要原因之一；与苏联相反，南斯拉夫则过分注重地方分权，产生"多中心国家主义"，这是南斯拉夫发生经济危机的最主要原因，也是导致南斯拉夫社会主义联邦共和国分裂的重要原因。历史告诉我们，一个国家不注重处理或处理不好中央与地方经济关系，就会危及国家统一、民族团结和社会稳定。中国是一个多民族国家，人口众多，经济发展不平衡，历史上多次出现四分五裂、军阀割据的局面。中华人民共和国是在半殖民地半封建社会基础上诞生的，且很年轻，处理中央与地方经济关系的经验并不十分丰富。这就需要认真研究中华人民共和国中央与地方经济关系。

2. 有利于国家治理体系和治理能力现代化的实现

十八届三中全会强调，深化政治体制改革，推进国家治理体系和治理能力现代化。而治理体系现代化的首要意义是法治化，核心领域是转变政府职能。这就要求处理好政府与市场、政府与社会的关系，即把市场和社会应该拥有的权力从政府权力中分离出去；依法界定中央与地方政府的事权与财权，合理配置国家经济管理权限，严格规范各自的经济行为，依法履行各自的经济职能，把政府权力的有限性和有效性结合起来。坚决制止和杜绝发生中央政府对经济管理权限随意上收、下放和地方政府不顾全局利益、整体利益而自成体系的现象。为此，必须研究中华人民共和国中央与地方经济关系。

3. 有利于党既定的经济体制和政治体制改革目标的实现

党的十八大报告提出，加快改革财税体制，健全中央和地方财力与事权相匹配的体制，构建地方税体系；深入推进政企分开、政资分开、政事分开、政社分开；深化行政审批制度改革，继续简政放权。十八届三中全会又一次提出，建立现代财政制度，发挥中央和地方两个积极性。十八届五中全会再一次提出，持续推进简政放权、放管结合、优化服务。这些改革目标，是中国共产党依据新时期重要战略机遇期内涵的变化而提出的指导当前我国构建新型的有序的合理的中央与地方经济关系的理论指南和政策依据。反之，研究和构建中国特色社会主义中央与地方经济关系又有利于实现党既定的经济体制和政治体制改革的目标。

第二节　国内外研究述评

中央与地方经济关系是什么？从术语层面和内容层面讲，学术界没有严谨科学的规范。但作为历史学、经济学和政治学研究的一个对象，必须对这一名词作解释说明。一般认为，中央与地方经济关系是国家经济管理权限在中央政府与地方政府（省、省级自治区、直辖市）之间的分配关系。中央与地方经济关系是中央与地方关系的核心。政治关系、文化关系、法律关系最终服从于并服务于经济关系。

一、国外研究述评

19 世纪中后期，资产阶级工业革命在西欧国家逐渐完成。这使资本主义政治体制得以巩固并日趋完善。资本主义中央与地方关系也渐渐形成并成为政治家和学者共同关注的现实问题。1851 年，英国法学家史密斯在他的著作《地方自治与中央集权》中提出，资产阶级国家要使中央政府与地方政府之间的关系维持在一种均衡化的状态。之后，英国中央政策检查组著《中央政府与地方政府的关系》、里甘著《英国中央与地方关系：实力—依赖关系论的应用》、罗兹著《英国中央与地方的关系研究：一种分析模式》和《中央政府与地方政府关系中的控制与权力》、桑德斯著《为什么要研究中央与地方的关系?》、埃利奥特著《中央与地方关系中的法律作用》、佩奇著《中央政府对地方政府施加影响的手段》、拉焦尔著《行政部门的机构》等，较早地对资本主义中央与地方关系存在的问题进行了理论分析和实证研究。20 世纪 80 年代，资本主义中央与地方关系经过 200 多年实践，研究成果更为丰富。如 1980 年，G. W. 琼斯著《中央与地方政府关系研究的新方法》一书由高尔公司出版。该书认为资本主义中央与地方关系出现新问题，应该用新思维和新方法研究。1985 年，乔治·艾伦与昂温出版社出版了英国学者伊夫·梅尼·文森特·赖特的著作《西欧国家中央与地方的关系》。该书分析了 6 个西欧国家中央政府与地方政府关系的特点。1987 年，英国学者艾伦出版的《布莱克维尔政治学百科全书》研究了世界各主要国家中央与地方关系的状况与特点（合伙型或代理型）。英国政治学者罗斯出版的《从中心政府到民族范围的政府》一书，把中央与地方关系概括为互为独立型、依存型和单方依存型三种类型。

第二次世界大战以后，美国因经济迅速发展逐渐成为资本主义世界的"领头羊"。其资本主义民主共和政治体制成为资本主义国家政权结构的主要形式之一。在民主共和制的政治体制下，如何构建中央与地方关系以及如何解决中央与地方关系中存在的问题，引起了学者们的注意。美国学者里普森在《政治学的重大问题》一书中认为，应该从经济观点看待中央与地方关系。美国学者亨廷顿在《变化社会中的政治秩序》一书中提出，实现政治现代化必须加强中央集权，树立中央政府的威望。

在此研究基础上，政治学研究领域逐渐兴起一门新的学科，即府际关系学，并涌现出一批著作。例如《理解政府间关系》《改革：政府间关系》《政府间关系：战略政策制定中确保信息沟通的合作》《公共部门改革、政府间关系与澳大利亚联邦主义的未来》《克林顿的教育政策与90年代的政府间关系》《政府间关系与加利福尼亚的净化空气政策》《政府间关系与支持联合的构架：丹佛水政治的联邦主义运作》《朝向联邦民主的西班牙：政府间关系的审视》《加拿大联邦主义与政府间关系的新近倾向：给英国的教训》以及多麦尔的《政府间关系》等。这些著作有的研究了中央政府与地方政府之间的纵向关系，有的研究了地方政府与地方政府之间的横向关系。

二、国内研究述评

中国是一个历史悠久且长期实行高度集权的单一制国家。中华人民共和国成立后，毛泽东和中国共产党在马克思主义国家结构理论的指导下积极探索并试图构建新型的社会主义中央与地方经济关系。这种关系，既根本不同于封建社会中央与地方之间的君臣关系，也有别于资本主义社会中央与地方之间的"信用条款"关系。20世纪80年代后，学者开始关注并对这一问题进行历史考察与分析。

（一）中央与地方经济关系理论

1. 制度理论

中央与地方经济关系，从权力分配和依赖程度看，学者们认为，有三种类型，即中央集权制、地方分权制（或地方自治）和均权制。

（1）中央集权制。中央集权制是一种意在强化中央政权的集中统一，弱化地方政府控制力的国家政权制度。金太军与赵晖在《中央与地方政府关系建构与调谐》（广东人民出版社2005年版）一书中认为，集权主义是指决策权主要集中于中央政府，中央政府对地方有完全的指挥、监督之权力。张志红在《当代中国政府间纵向关系研究》（天津人民出版社2005年版）一书中指出，中央集权的理论基础有国家绝对主权论、中央集权论、国家统合论、政治同质化论、新联邦主义、区域规划发展论等。

从"中央集权制"的字面意义和概念表述可以看出，中央集权制具有"强中央、弱地方"的特点。金太军认为，此种体制的基本特征是树立中央权威，强化中央政府的管理职能，其典型代表是法国。潘小娟在《中央与地方关系的若干思考》（载《政治学研究》1997 年第 3 期）一文中写到，中央集权制下的地方行政机构既是地方权力的执行机关，又是中央政府的下级机关。地方政府的权限源于中央政府的授予和划定，中央政府可以根据需要扩大或削减其权限。地方政府作出的许多决定须得到中央政府的首肯。张志红在《当代中国政府间纵向关系研究》中认为，在计划经济时期，政府权力总体上呈"集权上统"趋势。党组织内部的上下级关系逐渐演变成政府间上下级关系。政府间纵向关系简化为"上级领导，下级服从"的一元线性关系。

关于中央集权制，金太军等在《中央与地方政府关系建构与调谐》中认为，它有利于将社会资源合理利用和有效配置，促使一些国家和地区实现现代化。但是，中央集权制也有弊端，如矛盾集中于中央政府，集权可能导致决策过程非理性化等。

（2）地方分权制（地方自治）。地方分权制也称地方自治，指一定地域或社区的居民依据自己的意志，管理自己地方事务的一种治理方式。金太军等在《中央与地方政府关系建构与调谐》中认为，地方分权制指地方居民在宪法和法律许可的范围内，在其辖区内有较大的自主决定权，组成地方自治机关，管理本地方事务。杨宏山在《府际关系论》（中国社会科学出版社 2005 年版）一书中认为，地方自治是指中央政府依法将一部分涉及地方利益的权力及行使这些权力所必需的物质手段，交给经地方居民直接选举产生的地方自治机关，由该自治机关对本地区自治范围内的公共事务实行自主管理的地方管理制度。高秉雄与李广平在《论地方自治》（载《山东科技大学学报（社会科学版）》2003 年第 2 期）一文中提出，地方自治是国家权力的一种配置方式。这种方式使得中央政府与地方政府在国家权力分配上实现相互制衡。寇铁军在《中央与地方财政关系研究》（东北财经大学出版社 1996 年版）一书中认为，由于国家职能的扩大，政府自身也变成了服从劳动分工规律的一种职业。在中央与地方政府之间的分工，就像工厂一样，是一种协作。

关于地方自治的途径，杨宏山《府际关系论》中认为，地方自治是国家通过宪法或法律明确划定地方自治的范围和职权，地方议会议员和行政首长由地方居民直接选举产生，地方自治政府负有推行地方自治和执行中央政令的双重职责，地方自治政府有权通过法律手段抵制中央越权干预。

关于地方自治，杨宏山在《府际关系论》中认为，地方自治的目的是使地方居民拥有参政权力，以达到地方政府的民有、民治和民享。金太军等在《中央与地方关系建构与调谐》中认为，地方分权有利于制度创新，防止专制统治的出现，实现政府机构的精简规模和调动地方的积极性。但是，分权会导致地方势力兴起，难以解决宏观调控和保持社会总供给与社会总需求及其结构平衡的问题，不利于解决收入再分配问题并阻碍统一市场的形成和发展。

（3）均权制。均权制是对中央集权制与地方分权制的权益折中，是对国家权力在中央与地方之间按比例地分割与分配。金太军认为，均权制是指地方服从中央，中央给予地方较大的自治权。中央与地方都握有一定的、能用来与对方相抗衡的资源，各级政府所拥有的相应的权力都是所拥有资源的产物。詹步强在《中央集权—地方分权——试论社会主义市场经济条件下中央与地方关系的模式选择》（载《广东行政学院学报》2002年第8期）一文中提出："社会主义市场经济存在统一性与竞争性，中央政府利益与地方政府利益存在同一性与差异性，中央集权与地方分权存在优势互补性，中央政府职能与地方政府职能存在有机耦合性，这决定了中国必须选择中央集权与地方分权的混合体制。"

实现均权制的关键在于划分中央集权与地方分权的范围。一般认为，中央政府的经济职能是宏观调控全国的供需结构、产业结构，保持经济平稳增长，缩小地区贫富差距，促进地区经济协调发展，保持国内市场开放、统一、物价稳定。地方政府的经济职能是发展地方经济、征收地方赋税。但是，如何实现均权，学者们没有提出具体的方案。金太军只是从边际收益和边际成本的角度抽象地界定了均权需要的条件，他指出当中央集权的边际收益等于边际成本时，中央集权就实现了经济上的局部均衡，而当地方分权的边际收益等于边际成本时，地方分权就实现了经济上的局部均衡。当两者都达到局部均衡，且两者的边际成本和边际均衡都相等时，就实现了中央集权与地方分权的一般均衡。

2. 行为目的理论

从经济学角度看，中央和地方作为独立的经济人，它们有各自的经济利益。一些学者认为，追求利益最大化，既是中央与地方政府职能所在，也是它们行为的目的。寇铁军在《中央与地方财政关系研究》中认为，中央与地方政府作为行为主体，就会使两者既具有代表国家利益的一面，也具有代表其自身利益的一面，带有双重性。由于各主体追求利益最大化，并通过一定的行为方式表现出来，因而在利益的实现过程中又注入了主观作用于客观的因素，且特定的社会地位也会成为各主体实现利益的"资本"或手段。全治平与江佐中在《论地方经济利益》（广东人民出版社 1992 年版）一书中认为，中央政府与地方政府在经济利益方面存在对立统一。当面对经济利益对立时，在总量既定的条件下，它们各自追求利益最大化。沈立人与戴园晨在《我国"诸侯经济"的形成及其弊端和根源》（载《经济研究》1990 年第 3 期）一文中提出，实行财政"地方包干"，增加地方政府的财政收入，调动了地方政府的积极性。但是，地方政府在地方利益的驱使下，开展地方企业锦标赛，常常打破国家统一规划，形成"独立王国"。李新安在《我国中央、地方政府区域调控的利益博弈分析》（载《财政研究》2004 年第 4 期）一文中提出，在社会主义市场经济体制下推行简政放权，必须处理好中央政府与地方政府利益关系，破解中央政府与地方政府非合作利益博弈难题，创新管理体制。张江河在《论利益与政治》（北京大学出版社 2002 年版）一书中阐释了利益与政治的关系。他提出，政治是利益获得的手段，利益是政治活动的内容。政治活动是一项权力主体始终围绕利益调节而展开的活动。辛向阳在《法制框架内的中央与地方关系》（载《中国改革》2000 年第 7 期）一文中认为，中央与地方政府效用函数并不总是一致，地方政府有实现自身利益最大化的冲动，且独立化程度越高，权威扩散的可能性就越大。李新安认为，区域利益得失不均衡导致区域发展差距扩大，各地区制度非同步安排造成发达区域"先行者利益"优势，区域垂直分工体系下造成欠发达地区的双重利益损失。

3. 行为动力理论

利益是动力的源泉。刘亚平在《当代中国地方政府间竞争》（社会科学文献出版社 2007 年版）一书中认为，地方政府行为的动力来源于地方经济利益，包括一些地方储藏为中央政府所有或居民甚至企业控制的稀缺资源。为了实现这一目的，地方政府往往不顾全局利益，使用行政手段，树立各种壁垒，破坏市场流通。蒙志鹏与李春安在《规范地方政府竞争 促进和谐社会建设》（载

《红旗文稿》2005年第10期）一文中提出，当前招商引资成为地方政府竞争行为的主要表现形式。李扬主持的"中国地方政府间竞争"课题从实证研究的视角分析了地方政府之间的竞争，提出改革开放后中央政府推行的分权改革极大地刺激了地方政府追求地方利益最大化的内在冲动。

（二）中央与地方经济关系问题

1. 发现问题

改革开放后，一些学者对中华人民共和国前30年中央政府与地方政府关系进行研究。例如，刘承礼在《理解当代中国的中央与地方关系》（载《当代经济科学》2008年第5期）一文中指出，在"一五"计划期间，中央高度集权，不仅造成中央部门机构臃肿，而且严重挫伤了地方政府开展增收减支活动的积极性。任志江在《大跃进时期中央与地方关系研究——经济发展战略角度的研究》（载《中国经济史研究》2006年第1期）一文中认为，1958年经济发展战略的变化（由依靠中央的大中型企业扩张和城市工业发展转变为劳动力对资本的大量替代和实行中央与地方两条腿走路）造成中央政府与地方政府关系的急剧变化。张俊华在《"大跃进"前后的放权与收权》（中共中央党校博士论文2007年）一文中认为，中央放权极大地推动了"大跃进"的进展。谢玉华在《建国以来中央与地方经济关系演变及其启示》（载《信阳师范学院学报（哲学社会科学版)》2003年第3期）一文中认为，计划经济时期中央政府与地方政府之间只在行政系统内实行权力的上收和下放，没有实行经济性分权。

此外，一些学者认为中央与民族自治地方经济关系也存在问题，主要表现在三个方面：第一，为了促进民族自治地方的经济发展，需要给予民族自治地方更多的经济权利，如下放部分矿产资源所有权和使用权；第二，现有调整中央与民族自治地方经济关系的政策、制度不够稳定、规范和完善；第三，近几年东部和西部地区经济发展水平之间的差距不是在缩小，而是越拉越大。

2. 解决问题

从上述问题可以看出，中国共产党虽然积极构建新型的社会主义中央与地方经济关系，取得了一些积极成果，但是还存在一些问题。怎样解决这些问题，一些学者进行了积极探索，并提出了一些建设性的意见。这些意见可以概括为四个方面：第一，规范中央政府与地方政府的事权和财权，有些学者建议通过立法来规范中央政府与地方政府的经济职能；第二，转变政府职能，实行政企分开、政社分开；第三，规范和完善转移支付制度，使转移支付制度真正成为中央宏观调控的重要手段之一；第四，学习欧盟一体化的管理经验，创新组织制度，比如设立地区委员会，负责地方事务与问题的协调和反映工作。

关于改善中央政府与民族自治地方经济关系，学者提出两种解决办法：第一，扩大民族自治地方财权。田孟清与李建华在《试论中央与民族自治地方的经济关系》（载《黑龙江民族丛刊》2005 年第 8 期）一文中认为，在中央与地方共享税方面，建议提高地方所占比例或在民族自治地方的中央企业所得税一部分留给民族自治地方。第二，完善转移支付制度。既要有一般转移支付制度，又要有专项转移支付制度，保证公共服务均等化。

（三）历史分期、主要内容和演变的特点

1. 历史分期

根据不同历史时期经济权力在中央政府与地方政府之间分配的比例不同，即以中央集权为主，抑或以地方分权为主，学者们把中华人民共和国前 30 年中央与地方经济关系史划分为若干阶段。《中国地方法制建设》课题组在《关于我国中央与地方关系的历史考察》（载《当代法学》1988 年第 4 期）一文中把 1949～1976 年中央与地方关系史分为四个阶段：1949～1954 年为第一阶段，中华人民共和国中央与地方经济关系得以形成并确立；1958～1960 年为第二阶段，以地方分权为主；1961～1965 年为第三阶段，以中央集权为主；1966～1976 年为第四阶段，再次以地方分权为主。辛向阳在《百年博弈：中国中央与地方关系》中把 1949～1976 年中央与地方关系史分为三个阶段：1949～1954 年年底的大区制时期为第一阶段，1955～1959 年为第二阶段（称为热风阶段），1960～1978 年为第三阶段（称为骤雨阶段）。夏丽华在《60 年来中央与地方关系演进的特点与当前的改革问题》（载《郑州大学学报（哲学社会科学版）》2009 年第 5 期）一文中把1949～1978 年中央与地方关系史分为两个阶段：1949～1956 年为第一阶段（称为高度集权阶段），1956～1978 年为第二阶段（称为过度放权到收权阶段）。刘承礼在《理解当代中国的中央与地方关系》中把 1949～1978 年中央与地方关系史看作一个整体来研究。他认为，在计划经济时期，尽管中央与地方经济关系经历了集中与分散的反复交替，但是有一个特点，即每一次循环看似又回到从前，其实在内容上都有不同。

上述历史分期虽然各有其道理，但存在不足之处。例如：四阶段分期漏掉了1955～1957年和两年徘徊时期。三阶段、两阶段、一阶段的历史分期过于笼统，不能凸显不同历史时期中央与地方经济关系的特点。

2. 主要内容

中央与地方财政关系是中央与地方经济关系的核心。关于中华人民共和国前30年中央与地方财政关系史的研究，初步统计论文有70余篇，论著约20部。从现有的研究成果看，其内容主要涉及三个方面。第一，笼统研究中华人民共和国成立后中央与地方财政关系演变及其动因。如当代中国丛书编委会编《当代中国的财政》（中国社会科学出版社1988年版）一书全面探讨了中央与地方财政关系的变迁过程，其中有不少史料能为其他研究者提供参考。邓子基在《新中国60年税制改革的成就与展望》（载《税务研究》2009年第10期）一文中认为，中华人民共和国成立后中央与地方财政关系先后经历五次变动：统收统支、分类分成、总额分成、收支包干、分税制。孙德超在《我国中央与地方财政关系研究》（吉林大学博士论文2008年）一文中认为，改革前中央政府实行一灶吃饭的高度集中的财政税收体制，而地方财政只是中央财政的一级核算单位。王宇在《我国中央与地方财政关系变迁研究》（西北大学博士论文2003年）一文中从集权与分权矛盾的视角探讨了中央与地方财政关系的演变。第二，从中华人民共和国某一个特定历史时期的财政政策和财政制度出发，探讨中央与地方财政关系的特点。武力在《一九五三年的修正税制及其影响》（载《中国社会科学》2005年第5期）一文中认为1951年分税制是当时比较先进的一种税制改革，但我国优先发展重工业战略的实践使这种税制改革并没付诸实施。赵梦涵在《"一五"时期中央与地方财政关系调整的回顾》（载《经济纵横》1992年第1期）一文中回顾了我国"一五"时期财政体制的指导思想和实践，认为当时的财政体制符合形势发展的需要并有效保证了"一五"计划的全面完成。第三，总结经验教训，提出路径和策略。田志刚、伍禄金与李铮在《完善中央与地方财政关系的制度路径与策略》（载《税务研究》2013年第7期）一文中从营业税向增值税的税制改革提出了一种处理中央与地方财政关系的可行性路径。

中央与地方投资关系又是中央与地方财政关系的核心。对中央与地方投资关系的研究，成果也较多。《当代中国》丛书编辑委员会编《当代中国的固定资产投资管理》（中国社会科学出版社 1989 年版）一书，较全面地介绍了中华人民共和国成立到 20 世纪 80 年代中央关于固定资产投资管理体制机制的变化，为研究新中国中央与地方关系尤其是投资分配关系提供了很好的资料借鉴。但该书侧重制度变迁的理论研究，实证研究不足。当代中国丛书编委会编《当代中国的基本建设》（中国社会科学出版社 1989 年版）一书则从实证角度研究了当代中国基本建设投资。国家统计局固定资产投资统计司编《1950～1985 年中国固定资产投资统计资料》（中国统计出版社 1987 年版）与《中国固定资产投资统计数典（1950～2000）》（中国统计出版社 2002 年版）提供了关于中华人民共和国中央与地方投资分配的重要数字资料。赵楠著《中国各地区金融发展与固定资产投资实证研究》（中国统计出版社 2008 年版）一书利用面板数据计量方法研究了固定资产投资与金融发展的关系。曹尔阶著《新中国投资史纲》（中国财政经济出版社 1992 年版）一书从投资对中国经济发展影响的角度出发，对中华人民共和国成立 40 多年来各个时期的投资规模、投资结构、投资布局、投资速度、投资效益、投资体制等问题作了较详尽、系统的分析。吴亚平著《中国投资 30 年》（经济管理出版社 2009 年版）系统地回顾了 30 年来我国固定资产投资运行状况，全面总结了投资建设和体制改革的经验与教训。另外，一些学者在研究新中国工业经济发展史时兼论中华人民共和国前 30 年中央与地方的投资关系。如董志凯与吴江著《新中国工业的奠基石——156 项建设研究（1950～2000）》（广东经济出版社 2004 年版）、汪海波著《新中国工业经济史（1949～1957）》（经济管理出版社 1986 年版）、《新中国工业经济史（1958～1965）》（经济管理出版社 1995 年版）、《中华人民共和国工业经济史》（山西经济出版社 1998 年版）、马泉山著《新中国工业经济史（1966～1978）》（经济管理出版社 1998 年版）、国家经济贸易委员会编《中国工业五十年》（中国经济出版社 2000 年版）。

此外，《当代中国》丛书编委会编《当代中国的金融事业》（中国社会科学出版社 1989 年版）、《当代中国的商业》（中国社会科学出版社 1987 年版）、《当代中国的物价》（中国社会科学出版社 1989 年版）、《当代中国物资流通》

（当代中国出版社 1993 年版）等著作分别探索了中华人民共和国前 30 年金融体制、商业贸易体制的演变和特点。一些著作从宏观角度记载中华人民共和国成立后中国经济社会发展与体制变迁的过程。如房维中编《中华人民共和国国民经济和社会发展计划大事辑要（1949～1985)》（红旗出版社 1985 年版）、当代中国的经济管理编辑部编《中华人民共和国经济管理大事记》（中国经济出版社 1986 年版）、中央财经领导小组办公室编《中国经济发展五十年大事记（1949.10～1999.10)》（人民出版社、中共中央党校出版社 1999 年版）、赵德馨编《中华人民共和国经济大事记》（河南人民出版社 1987 年版）、当代中国商业编辑部编《中华人民共和国商业大事记（1949～1985)》（中国商业出版社 1989 年版）、《当代中国》丛书编委会编《当代中国的经济体制改革》（当代中国出版社 1984 年版）等。

3. 演变的特点

第一，中央领导，地方服从。张军与漫长在《中央与地方关系：一个演进的理论》（载《学习与探索》1996 年第 3 期）一文中认为，计划经济时期，权力是高度集中的。即使在"大跃进"时期，下放企业利润的 80% 仍然被中央政府控制。张宇在《集权、分权与市场化改革》（载董辅礽编《集权与分权——中央与地方关系的构建》，经济科学出版社 1996 年版）一文中认为，中华人民共和国前 30 年中央与地方经济关系的演变都是由中央政府决定的，是计划经济的内部调整，主动权在中央政府手中。金太军在《当代中国中央政府与地方政府关系现状及对策》（载《中国行政管理》1999 年第 7 期）一文中认为，中国中央与地方关系并未实现制度化、法律化，而是依靠中央权威和对共产主义信仰来维持的。

第二，经济权力仅是在政府内实现行政性划分，而没有向社会或企业实行分权。一些学者认为，在计划经济体制背景下，社会生产及产品销售是通过计划来完成的，这就决定了政府具有并代替了市场配置资源的强大经济功能。在这样的体制背景下，政府的权力是强大的，或说社会、企业的权力是弱小的。在这一时期，无论中央集权还是地方分权，都不是削弱政府权力，而是权力在中央与地方之间重新配置。或说，地方分权只是行政系统内的分权，而不是向社会或企业实行经济性分权，因而没有从根本上触动产品经济模式。张志红在

《当代中国政府间纵向关系研究》（天津人民出版社 2005 年版）一书中认为，在计划经济体制下，无论是发挥中央的积极性，还是发挥地方的积极性，都是为了完成全国统一的指令性计划。即使中央向地方分权，也跳不出计划这个"笼子"。中央政府仅仅依托计划配置资源的方式，就可以凭借主观经验在"工厂"内部迅速地实现分权和集权。王宇在《我国中央与地方间财政关系变迁研究——一个基于集权与分权矛盾的分析》（西北大学博士论文 2008 年）一文中提出，计划经济虽然有很多优点，但是相对于市场经济而言，是低效的。在计划经济体制下，经济权力的高度集中抑或适当分散，都会损害经济效益。

三、结　论

（一）不足之处

针对中华人民共和国前 30 年中央与地方经济关系问题的研究已经取得了部分成果，涌现出一些研究相关问题的专家。这为进行深入地、系统地研究打下了坚实的基础。但是，从研究内容和研究方法看，还存在不足之处。

第一，中央与地方经济关系系统性研究不够。有的学者在研究当代中国财政史、固定资产投资史、工商业史、贸易史、金融史和经济体制改革史时，其作品会涉及中央与地方经济关系的一些问题，但是对中央政府与地方政府经济关系演变的动因、过程、特点及历史启示缺乏系统性研究。例如，有的学者只研究某一个较短历史时期的中央与地方经济关系，张俊华著《"大跃进"前后的放权与收权》（中共中央党校博士论文 2007 年）即如此；有的学者只研究中央与地方经济关系的某一个方面，孙德超著《我国中央与地方财政关系研究》（吉林大学博士论文 2008 年）和王宇著《我国中央与地方间财政关系变迁研究——一个基于集权与分权矛盾的分析》（西北大学博士论文 2008 年）即是这样。

第二，中央与个别地方经济关系研究还显不足，如中央与经济特区经济关系、中央与特别行政区经济关系研究还存在空白。一般来说，中央政府制定的经济管理体制是适用于全国的。因经济发展战略需要，中央政府的经济政策落实到不同省份时会有一些差别，但是还无人研究这种差别产生的结果。

第三，多数学者在研究中央与地方经济关系时习惯性运用历史学或经济学的研究方法，而忽视从历史学、经济学和政治学等学科交叉的视角研究中央与地方经济关系。而且，运用历史方法时注重理论研究，缺少实证研究。运用经济方法时缺少计量分析、数学分析和模型研究。

（二）值得注意的问题

第一，中华人民共和国前30年中央与地方经济关系的形成、发展及其演变是很多因素综合作用的结果。其中，集中力量加快工业化、优先发展重工业和恶劣的国际环境是重要因素。如果离开这些具体的经济社会背景，片面地分析和理解这一问题，就会犯历史唯心论的错误。

第二，要用辩证的即一分为二的观点去看待扩大地方自主权问题。坚持这种观点，笔者认为，地方自主权的扩大不总是好事，也不总是坏事，关键要看具体的历史条件以及在此条件下权力下放是否适度。如果忽略这些因素，就会犯机械唯物论的错误。

第三，适度扩大地方自主权可以进一步解释为中央集权要以保证地方必要的灵活性为基础，地方分权要以保证执行中央统一计划为前提。如果不能这样，中央集权或地方分权都走向了历史的反面。

第四，发挥中央政府与地方政府这两个积极性是对的，但是在不同时期，这两个积极性也有主次之分，并非同等重要。同时，在任何条件下都必须把中央积极性置于主导地位，只有这样，才能树立中央权威。

第三节　主要研究内容、研究思路及逻辑框架

一、主要研究内容

国家经济权力主要涉及财政、企业管理、金融信贷、商业贸易四个领域。因此，本书主要研究中华人民共和国前30年，即1949～1978年国家财政权（包括税收权、投资权、物资分配权、预决算权、劳动工资权）、企业管理权（包括企业生产经营权、产品分配权、企业利润和公积金管理权）、金融信贷

权（包括货币公债发行权、信贷审批权、现金管理权）、商业贸易权（包括物价权、商品收购和销售权、对外贸易管理权）、计划权等经济权力在中央政府与地方政府之间的划分问题。这30年一般被史学界分为六个历史时期，即国民经济恢复时期、"一五"计划时期、"大跃进"时期、国民经济调整时期、"文化大革命"时期和两年徘徊时期。在这六个历史时期，因不同的经济背景、客观要求和主观愿望，国家经济管理权限在中央政府与地方政府之间进行了收权与放权的数次调整。即使在同一个历史时期，中央与地方经济关系也有一些变化和调整，但这些变化和调整是局部修正，没有彻底改变同一历史时期的基本特征。考虑上述因素，本文由导论、正文（包括七章）、结语三部分组成。

导论：首先，在个人专业背景、偏好、学习和导师指导下确立论文选题，提出论文选题具有丰富和发展马克思主义国家结构理论、深化对中国国情和中国特色社会主义道路及其建设规律的再认识、实现理论创新、思想创新和制度创新、抵制历史虚无主义等重大理论意义和关系国家统一、民族团结和社会稳定、实现国家治理体系和治理能力现代化和党的既定经济体制、政治体制改革目标等重大实践意义。其次，对1949～1978年中央与地方经济关系研究的回顾和反思，发现至今缺乏一部在中华人民共和国工业化的进程中从中央集权与地方分权的视角全方位系统性研究1949～1978年中央与地方经济关系史的著作。再次，坚持内容与形式相统一、历史逻辑和理论逻辑相结合，运用历史学、经济学和政治学等多学科交叉的研究方法，构思和建构论文的研究内容和框架结构。最后，对中央与地方经济关系及相关概念进行界定。

第一章：国民经济恢复时期经济权力的逐渐集中。从历史角度看，中央与地方经济关系始终围绕生产力的发展而不断变化。中央集权与地方分权的均衡化常被打破，要么强干弱枝，要么弱干强枝，这是导致政权更迭、王朝更替的主要原因。中华人民共和国成立时落后的经济状况及复杂的国际环境成为中国共产党制定新中国经济纲领的主要依据。在此经济背景下，中央政府实现了经济权力的逐渐集中。财政方面，建机立制，统一财政收支管理；企业方面，把大中型企业划为中央国营企业；金融方面，建立国家银行体系，统一金融货币管理；贸易方面，建立国内外贸易机构，统一贸易管理。这些政策的制定和执行，实现了财政收支基本平衡，物价基本稳定，经济效益提高，产业结构优化，货币统一，金融稳定，城乡互助，内外交流。但是，经济权力的逐渐集中也出现一些问题，束缚了地方的积极性。于是，国民经济恢复后期，中央人民政府重新划分了中央政府各经济部门与地方政府各经济部门在财政收支、物资分配、国营企业管理等方面的权限，改进了逐渐集中的经济管理体制。与此同时，中央与地方的"条块"关系即单一制、多层级的政治体制和统一领导、分级管理的经济体制开始形成。

第二章："一五"时期经济权力的高度集中和放权改革设想。从 1953 年开始，党和国家的工作重心从恢复和发展国民经济转移到实现国家的工业化上来。由于当时农业靠天吃饭且剩余有限、工业化资金严重短缺、人口多底子薄、农村劳动力相对过剩、高素质劳动力短缺、区域经济发展不平衡、以美国为首的西方国家对中国经济封锁等客观经济条件和经济背景，党和政府选择了优先发展重工业和区域经济协调发展的战略。而优先发展重工业和协调发展区域经济，就必须集中全国的人力、物力和财力，实行生产资料私有制的社会主义改造和计划经济体制。为此，中央政府在财政、企业、金融、贸易等经济领域加强了中央集权。财政方面，建立"条条"管理体系，强化财政收支管理；企业方面，企业生产逐渐纳入国家计划；金融方面，发挥银行职能，强化金融信贷统一管理；贸易方面，改组贸易机构，建立垂直统一的对口管理体系。"一五"时期经济权力的高度集中，取得了较好的成效。如优化了产业结构，平衡了供求关系，提高了投资效益，加快了经济发展，实现了高积累、低消费，协调了生产力布局。但是，经济权力的高度集中，也带来一些消极作用，如企业、个人和地方政府的积极性被束缚。因此，从 1956 开始，毛泽东和中国共产党开始探索改进高度集中的中央与地方经济关系，并在 1957 年制定了财政、工业、商业管理体制的若干规定，扩大了地方的经济管理权限。

第三章："大跃进"时期经济权力的仓促下放。"三大改造"的基本完成和社会主义制度的确立以及"一五"计划的超额完成，使毛泽东感觉到，社会主义建设同样可以通过群众运动的方式，发挥人的主观能动性，加快工业化的步伐。于是，他提出了"积极平衡"的经济发展理论和"鼓足干劲，力争上游，多快好省"的社会主义建设总路线。在此理论和总路线的指导下，以高指标、高速度为特征的"大跃进"决策和全面铺开的区域经济政策开始形成。在此经济背景下，中央政府仓促下放了财政、企业、金融、贸易等经济管理权限。财政方面，下放财权财力，实行投资包干制度；企业方面，把大部分部属企业交给地方管理；金融方面，下放信贷管理权，充分供应信贷资金；贸易方面，改组商贸机构，下放商贸管理权。由于权力下放过多过急，原有的经济管理制度被破坏，新的管理制度没有及时建立，权力下放导致严重的后果。如财政收支失衡，投资效益低下；企业管理混乱，产业结构失衡；信贷失衡，通货膨胀严重；供求关系紧张，对外贸易出现逆差。为扭转局势，从1958年8月起，中央政府采取了一些补救措施，如上收部分财权、投资权；上收部分企业管理权、用人权；上收部分金融信贷权；统一贸易外汇管理等。

　　第四章：国民经济调整时期经济权力的再次高度集中和放权改革设想。为扭转"大跃进"时期经济权力仓促下放导致的国民经济混乱，渡过三年困难时期，中央提出了"调整、巩固、充实、提高"的国民经济恢复和发展的八字方针。同时，为了适应战备需要，在生产力布局上中央提出要重点进行"三线"地区的投资建设。在此经济背景下，中央政府在财政、企业、金融、贸易等经济领域再次加强中央集权。财政方面，重建"条条"管理体制，增加中央财权财力；企业方面，上收一批下放不适当的企业，试办工业、交通托拉斯；金融方面，控制货币投放，加强资金管理；贸易方面，恢复专业公司和供销社，统一商业贸易管理。调整时期经济权力的再次高度集中，取得了较好的成效。如投资规模压缩，财政收支平衡，企业效益提高，经济结构改善，金融信贷平稳，积累与消费关系趋向合理。但是，经济权力的高度集中，也带来一些消极作用。表现在财政、企业、金融、贸易等方面中央集权过多，束缚了地方经济建设的积极性。当国民经济恢复工作基本完成，需要加快经济建设步伐时，这种问题渐渐凸显。因此，从1964年开始，根据毛泽东对放权改革的设想及其批示，国家计委对高度集中的经济管理体制采取了一些改进措施，适当扩大了地方的计划管理权、投资权和物资分配权。

　　第五章：1969～1972年调整时期经济权力的第二次下放。"文化大革命"初期（1966～1968年），"左"倾错误思潮和政治动乱对调整时期形成的"条条"为主的经济管理体制造成严重冲击，原有的管理制度被废除，管理机构处于瘫痪状态。为了适应战备需要，同时加快经济建设的步伐，中央继续推进"三线建设"和经济协作区建设。在此经济背景下，1969～1972年，中央政府在财政、企业、金融、计划等经济领域实施经济权力的第二次下放。财政方面，简化税制和工资制，试行财政、投资、物资"大包干"；企业方面，下放绝大部分部属企业事业单位；金融信贷方面，简化金融信贷体制，实行农村信贷包干；计划方面，精简中央机构，实行"块块为主"的计划管理。第二次下放虽然调动了地方的积极性，取得了一定的效果，但是由于权力下放过多过急，有效的管理体制无法建立，致使权力下放导致严重的后果。如财政收支失衡，物资调度困难；企业管理混乱，经济效益下降；削弱了经济杠杆的调节作用；农轻重比例失调，积累与消费关系紧张。为扭转局势，在毛泽东的支持下，周恩来和邓小平分别在1971～1973年和1975年主持中央日常工作，对国民经济进行了两次整顿，主要内容是加强财政、企业、金融和计划的集中统一管理。经过整顿，国民经济开始好转。但是1974年"批林批孔"运动和1975年"反击右倾翻案风"运动，使刚刚好转的国民经济再度陷入混乱。

第六章：两年徘徊时期经济权力的又一次集中。为了扭转被林彪反革命集团和"四人帮"反革命集团破坏而造成的政治经济混乱局面，在经济领域进行了一次拨乱反正，马克思主义的经济规律和价值规律重新被认可。在此经济背景下，中央政府在财政、企业、金融和计划等经济领域实施了经济权力的又一次集中。财政方面，加强税收、投资、物资和折旧基金的统一管理；企业方面，建立专业联合公司，上收部分企业；金融方面，整顿银行机构，加强银行业务工作；计划方面，统一计划管理。经济权力的又一次集中，起到了一定的成效。如国民经济开始好转，财政收入逐年增加；企业亏损局面扭转，企业经济效益提高；信贷稳定，货币流通恢复正常；铁路运输状况改善。但是，当时的"左"倾错误思想并未完全得到纠正，急于求成的"左"倾政策继续实施，在经济高指标的驱使下，中央政府不得不把一部分经济权力下放给地方，地方政府为了完成任务，盲目增加基本建设投资，出现"洋冒进""浮夸风"等现象，导致国民经济比例关系严重失调。

第七章：1949～1978年中央与地方经济关系演变的特点及历史启示。回顾和反思中华人民共和国前30年中央与地方经济关系史，可以发现，中央与地方经济关系演变具有以下四个基本特点：一是"两个积极性"的此消彼长，二是"集中与分散"的反复交替，三是生产关系与生产力的不断调适，四是急剧的经济体制变迁与全能型政府背景。在全能型政府背景下，经济体制的变迁往往是牵一发而动全身，其效果呈几何增长。实践告诉我们，处理好中央与地方经济关系，必须做到因时因势而定，与处理好"条条"和"块块"、计划和市场、政府和企业之间的关系结合起来，依法规范中央与地方经济关系。

结语：首先，归纳总结 1949～1978 年中央与地方经济关系演变的根本动因、未能完全理顺的主要原因、主要内容、基本特点、历史经验。其次，对这一时期中央与地方经济关系及其演变进行客观的历史评价。最后，提出这一时期中央与地方经济关系及其演变的历史启示。

二、研究思路

历史逻辑和理论逻辑相结合。从历史逻辑来看，本书根据学界以重大历史事件命名历史时期的习惯，把 1949～1978 年分成六个历史时期，即国民经济恢复时期、"一五"计划时期、"大跃进"时期、国民经济调整时期、"文化大革命"时期和两年徘徊时期，并按照时间顺序，研究每个历史时期中央与地方经济关系演变的经济背景、实践过程、利弊得失及补救措施。从理论逻辑来看，1949～1978 年中央与地方经济关系演变始终围绕经济权力集中与分散（或上收与下放）的逻辑线索展开。譬如，起步于国民经济恢复时期经济权力的逐渐集权，接着到"一五"时期经济权力的高度集中，然后到"大跃进"时期经济权力的仓促下放，进而到国民经济调整时期经济权力的再次集中，再次到"文化大革命"时期经济权力的第二次下放，最后到两年徘徊时期经济权力的又一次集中。这就勾勒出中央与地方经济关系演变的理论逻辑：逐渐集中—高度集中—仓促下放—再次高度集中—第二次下放—又一次集中。这两种逻辑不是互相平行，而是有机联系在一起。历史逻辑以理论逻辑为内容，理论逻辑以历史逻辑为形式。从第二章至第七章，每一章都是历史逻辑和理论逻辑链条上的一个环节。每一次中央与地方经济关系演变即经济权力的调整既是上一次调整的逻辑终点，又是下一次调整的逻辑起点；既是有目的、有意识地克服原有体制的弊端，又是竭力保留原有体制的优势。

当然，集中与分散只是中央与地方经济关系演变的理论逻辑，或称形式逻辑，而不是动力。中央与地方经济关系演变的动力是特定历史时期的经济背景、客观要求和主观愿望。在这些因素当中，经济背景是根本动因。任志江说，影响中央与地方关系"有经济因素，也有非经济因素，尤其政治因素，但经济决定政治"。❶ 这也是把经济背景作为每一个历史时期实行经济权力集中或分散的重要依据的原因所在。尽管如此，以集中与分散为理论逻辑构思和建构文章的主要内容和逻辑框架不影响人们对中央与地方经济关系演变动因的深入理解，反而更能凸显中央与地方经济关系演变的逻辑规律。

三、逻辑框架

根据上述主要研究内容和研究思路，坚持内容和形式、历史逻辑和理论逻辑的辩证统一，可以勾画本书的逻辑框架（见图 0-1）。

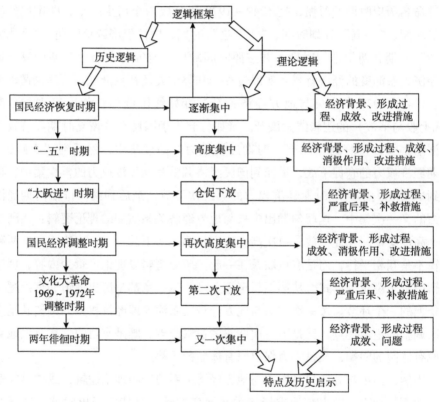

图 0-1　本书逻辑框架

❶　任志江. 1949～1978 年中央与地方关系变迁：经济发展战略和国民经济政策角度的研究 [M].
北京：中共中央党校出版社，2012：5.

第四节　主要研究方法与创新之处

一、主要研究方法

中央与地方经济关系研究涉及历史学、经济学、政治学、财政学、金融学、企业管理和贸易学等多学科的研究方法。具体而言，本书重点运用文献检索、经济学和管理学的统计分析和直接经济效益评估法对 1949～1978 年中央与地方经济关系的历史、形成机理和关键影响因素进行分析；重点运用文献检索、专家座谈、案例分析等方法对中央集权与地方分权模式与机理进行分析；重点运用经济学和管理学的计量分析、对中央集权与地方分权的作用路径和经济效应进行分析；重点运用经济学和管理学的博弈分析方法对"放管结合"的合作动力、成本、效益进行分析；重点运用经验借鉴、机制设计等方法对"调动两个积极性"的保障机制、权力分配的优化机制和协作机制进行分析。

二、创新之处

（一）研究内容创新

以经济权力的集中与分散为视角系统性研究中华人民共和国前 30 年中央与地方经济关系演变的原因、过程及其结果，总结其特点及历史启示。

（二）研究方法创新

构建多学科研究方法融合创新的"历史—经济—政治—社会—法律"综合研究系统。本书借助经济学、政治学、管理学知识进行宏观制度研究和社会学、历史学知识进行制度发展与社会变迁研究以及法学知识进行权责界定研究和马克思主义理论进行社会发展动力和社会发展趋势研究。

在客观的国内外政治环境和经济背景下研究中央与地方经济关系。本书在研究每一个历史时期的中央与地方经济关系时，首先考察这一历史时期的经济背景，然后再研究在这样的客观条件下中央政府为实现既定的政治经济战略目标对经济权力进行上收和下放及其成败得失与改进措施。这种研究方法可以避免产生主观主义和形而上学的倾向。

用唯物史观看待中华人民共和国前 30 年中央与地方经济关系及其演变，必须坚持以下五个观点：国家观点、实践观点、经济观点、历史观点和辩证观点。

（三）观点创新

1. 中华人民共和国前 30 年中央与地方经济关系"一统就死、一放就乱"的原因

因为政企不分，企业管理权的上收和下放常常导致企业管理"一统就死、一放就乱"的局面。中小企业管理权上收后，中央不能及时掌握这些企业的产供销信息，而且企业又不能自己做主，这就导致企业的供给与需求、生产与销售脱节，其结果是"一统就死"。在权力下放的过程中，中央往往把一些关系国计民生、产供销面向全国的大型企业下放给地方，但是，地方政府无力协调企业的原料来源和产品销售，这就导致"一放就乱"。

在全能型政府背景下，经济权力若在中央政府与地方政府之间重新配置，就会产生巨大的制度效应。表现在经济权力下放时，地方政府履行了全能型政府职能，却不能也不愿承担国民经济按比例协调发展的职责，这就造成"一放就乱"。

2. 中华人民共和国前 30 年中央与地方经济关系演变的原因及特点

作为上层建筑的一个重要组成部分，中央与地方经济关系形成与演变的动力在于特定历史条件下的经济、政治、文化、社会、历史等因素，但最根本的是经济因素。中华人民共和国中央与地方经济关系是由当时生产力发展水平和国内外经济背景最终决定的，不以人们意志为转移。

中华人民共和国前 30 年中央与地方经济关系演变的基本特点可概括为四点：（1）"两个积极性"的此消彼长；（2）"集中与分散"的反复交替；（3）生产关系与生产力的不断调适；（4）急剧的经济体制变迁与全能型政府背景。

3. 中华人民共和国前 30 年中央与地方经济关系演变的历史启示（对策）

构建中央与地方经济关系，要从生产力的发展水平出发，使生产关系的变革能适应生产力发展的需要，上层建筑的变革能适应经济基础发展的需要。

合理、正确的中央与地方经济关系因时因势而定。经济权力的集中与分散的边界不是一劳永逸、永恒不变，而是从国内外环境出发，从国家的大政方针出发，符合"三个有利于"标准，按照适度原则，发挥两个积极性，因时因势而定。

集中要以必要的分散为前提，分散要以适当的集中为基础。无论中央政府还是地方政府，积极性的发挥都是有极限的。既要调动中央与地方两个积极性，也要对这两种积极性进行管控和约束，防止突破极限。

中央集权制必须建立在必要的地方积极性和灵活性上。在生产力还不是高度发达的社会主义国家，政府还不能完全代替市场配置社会资源。中央政府只能在宏观领域通过行政、经济、法律等手段调节国民经济的比例关系，而微观领域必须依靠地方政府孕育市场环境，监督市场调节，优化资源配置。

必须把处理中央与地方经济关系与处理决策权和执行权、集中和分散、计划和市场、政府和企业的关系结合起来，整体推进，协调发展。

民主集中制是实现决策权与执行权辩证统一的根本政治原则，统一领导与分级管理相结合是实现决策权与执行权辩证统一的基本工作方法。分级管理以必要的统一领导为前提，统一领导以必要的分级管理为基础。

实现国家治理体系和治理能力现代化，在政治上必须实行民主集中制，实行单一制、多层级的管理体制；在经济上必须实行分散的集中制，实行统一领导、分级管理的管理体制。

依法规范中央与地方经济关系，要坚持权利与义务相统一、财权与事权相一致的原则。国家经济权力虽不可分割，但中央政府与地方政府经济职能要依法规范。中央政府和地方政府必须严格依法履行自己作为国家机器组成部分的职责，避免发生中央政府与地方政府越位、错位、缺位等现象。

第五节　中央与地方经济关系及相关概念的界定

中央与地方关系，是指中央政府与地方政府（省、自治区、直辖市政府）之间的关系，实质上是指在宪法和法律指导下国家权力在中央政府和地方政府之间的分配关系，是国家上层建筑的重要组成部分。它的基本构成与结构特征取决于一个国家的国体、政体和经济发展水平。它包括中央与地方政治关系、经济关系、文化关系、法律关系等。

中央与地方经济关系，是指中央政府与地方政府（省、自治区、直辖市政府）之间的经济关系，实质上是指在宪法和法律指导下国家经济权力在中央政府和地方政府之间的分配关系，是中央与地方关系的核心，是国家上层建筑的重要组成部分。它的基本构成与结构特征取决于一个国家的国体、政体和经济发展水平。它包括中央与地方的财政关系（税收关系、投资关系、物资管理与分配关系、劳动工资关系）、企业关系、金融关系和商业贸易关系等。中央与地方经济关系决定中央与地方政治关系、文化关系、法律关系等。

中央与地方财政关系，是指中央政府与地方政府（省、自治区、直辖市政府）之间的财政关系，实质上是指在宪法和法律指导下国家财政权力在中央政府和地方政府之间的分配关系，是中央与地方经济关系的核心，是国家上层建筑的重要组成部分。它的基本构成与结构特征取决于一个国家的国体、政体和经济发展水平。中央与地方财政关系是财政体制的内容，而财政体制是中央与地方财政关系的载体或形式。它包括中央与地方的税收关系、投资关系、物资管理与分配关系、劳动工资关系等。

中央与地方企业关系，是指中央政府与地方政府（省、自治区、直辖市政府）之间的企业关系，实质上是指在宪法和法律指导下国营企业管理权力在中央政府和地方政府之间的分配关系，是中央与地方经济关系的重要内容，是国家上层建筑的重要组成部分。它的基本构成与结构特征取决于一个国家的国体、政体和经济发展水平。

中央与地方金融关系，是指中央政府与地方政府（省、自治区、直辖市政府）之间的金融关系，实质上是指在宪法和法律指导下信贷、货币、公债等国家金融管理权力在中央政府和地方政府之间的分配关系，是中央与地方经济关系的重要内容，是国家上层建筑的重要组成部分。它的基本构成与结构特征取决于一个国家的国体、政体和经济发展水平。

中央与地方商业贸易关系，是指中央政府与地方政府（省、自治区、直辖市政府）之间的商业贸易关系，实质上是指在宪法和法律指导下商品流通、商品物价、对外贸易等国家商业贸易管理权力在中央政府和地方政府之间的分配关系，是中央与地方经济关系的重要内容，是国家上层建筑的重要组成部分。它的基本构成与结构特征取决于一个国家的国体、政体和经济发展水平。

第一章 国民经济恢复时期经济权力的逐渐集中

第一节 逐渐集中的经济背景

中央与地方经济关系是上层建筑的重要组成部分。它的状况及历史演变是由生产力发展水平决定的。研究中央与地方经济关系要从研究生产力发展水平即经济背景开始。正如马克思所说，任何的特定的历史时期国家形式的存在，有很多的因素，而最深刻的、最隐蔽的根源则是经济根源。❶ 从历史角度看，中央与地方经济关系始终围绕生产力的发展在集权与分权之间不断地演变。中华人民共和国成立时落后的经济状况、复杂的国际环境及基于此背景下确立的经济纲领，是国民经济恢复时期实行经济权力逐渐集中的经济背景。

一、中央与地方经济关系的历史性回顾

就世界而言，从古至今，中央与地方经济关系主要经历了两次中央集权与地方自治的交替。第一次集权在封建社会晚期。此时，为形成资本主义统一市场，促进资本原始积累和商品货币经济的发展，西欧诸多国家废除了领地分封制，建立了封建君主专制制度。第一次地方自治在 17 ~ 18 世纪。随着资本主义经济的发展，君主专制制度完全成为经济社会发展的阻碍。一些国家如英

---

❶ 马克思恩格斯全集（第 25 卷）[M]. 北京：人民出版社，1974：891 – 892.

国、美国率先实行地方自治，以满足资本主义政治经济发展的需要。第二次集权在 19 世纪 20～30 年代。为摆脱世界性的资本主义经济危机，意大利、德国、日本先后实行了法西斯主义的集权统治。1933 年，美国实行罗斯福新政，加强了中央政府的干预力度。"二战"爆发后，西方国家为备战又加强了中央集权。第二次地方自治在"二战"结束后。德国、日本、意大利在盟军监督下建立了以自治为特征的政治体制。美国总统尼克松和里根分别在执政时期通过了一些有关地方自治的法案。社会主义国家匈牙利、波兰、南斯拉夫、苏联都实施了政治改革促进地方自治。

再看中国，为维持国家统一和社会稳定，从西周开始，天子实行分封制，即把土地和奴隶分给同姓和功臣，封他们为诸侯。诸侯在国内拥有统治权，君位世袭。诸侯对天子有定期朝贡和提供军赋等义务。天子和诸侯的关系体现了中央与地方的经济关系，这种关系的主要内容是"封土而治"，即统治权随着土地经营权和管理权的变化而改变。一旦分封完毕，天子和诸侯各自为政。❶实质上，它是一种通过天子的地位、血缘关系和诸侯国每年要向天子朝贡维系的天子为天下共主与诸侯藩屏四方的松散的经济关系。到奴隶社会晚期，诸侯国为兼并土地不断纷争。为使自己获得的土地所有权合法化和进行扩大再生产，必须建立新的生产关系。新的生产关系要求作为上层建筑的国家必须保证地主土地所有制和农民有人身自由。这样，在生产力发展的推动下，奴隶制生产关系逐渐被破坏，封建制生产关系逐渐形成。

公元前 221 年，秦始皇统一六国，中国从奴隶社会过渡到封建社会。为加强中央集权，他废除分封制，实行郡县制。地方政府官员由中央任命，地方开始向中央交税，全国的租税收入和财政开支由中央政府的"治粟内史"执掌。中央与地方经济关系开始制度化和复杂化。从此时起，总体来说，在 2000 多年的封建社会里，中央与地方经济关系侧重集权，但有些时期地方自治权力较大。李治安认为，秦、隋、宋、元、明、清诸王朝属于典型专制主义的中央集权；魏晋南北朝、唐后期属于地方分权或军阀割据。❷马逸然等认为，北魏、

---

❶ 马逸然，张旭辰. 中央与地方政府关系的历史、失衡的症结及现代化背景下的走向 [J]. 冶金财会，2012（5）：45.

❷ 李治安. 论古代中央与地方关系的演化和若干制约因素 [J]. 天津社会科学，1996（4）：89.

隋、唐前期实行均田制，中央政府兼并大量土地，为中央集权提供了经济基础。在唐朝末年及五代十国，地方藩镇割据和中央控制力削弱，财权丧失，破坏了大一统的局面。北宋时期，为加强中央集权，中央设置专人即转运使管理税务，要求财政收入在除去地方开支以外，必须上交中央。但长此以往，实致强干弱枝，内忧外患，最终灭亡。为加强中央集权，汉武帝和唐太宗增加了监察机构。汉武帝设立州，作为郡之上的一级监察机构。唐太宗设立道，作为地方最高监察机构。这些机构虽然在当时对加强中央集权发挥了一定的积极作用，但是最后都演变成为地方最高军政机关，对中央集权构成威胁。❶

在半殖民地半封建社会，中国开始从封建社会向近代社会转型。伴随着生产力的发展和近代机器的广泛使用，传统的地主土地所有制和新兴的资产阶级私有制交织并存。与这种生产关系相适应的上层建筑表现出从君主专制到民主共和过渡的特点。在中央与地方经济关系方面，侧重地方自治。晚清，中央政府为镇压太平天国筹集军饷，实行厘金制度，扩大了地方政府的财政收入。地方政府凭借扩大的财力建设地方军队，创办地方工业。而中央政府财力弱化，中央集权的经济基础逐渐被瓦解。❷ 1912 年，孙中山成立中华民国临时政府时，中央财政匮乏，地方税收不上交中央，临时政府难以为继。实际上，在民国时期，地方割据政权始终存在。军阀割据政权与中华民国中央政府貌合神离，而工农武装割据政权则在中华民国中央政府控制之外。中央对地方政府的控制力在不同年份有不同程度的削弱。❸ 为了稳定地方政府财政收入，扩大地方财力，国税与地税的划分从无到有，逐渐形成。❹ 南京国民政府时期，为改变之前的分裂割据局面，中央废除厘金制度，统一财政和税制，整顿货币，实行法币，废两改元，加强了中央控制和支配地方政府的实力和能力。但地方政府不甘示弱，为自身利益同中央展开争论。柯伟明认为，"营业税由地方税变为国家税，再由国家税变为地方税，其间交织着中央与地方围绕税权的激烈

---

❶　马逸然，张旭辰. 中央与地方政府关系的历史、失衡的症结及现代化背景下的走向 [J]. 冶金财会，2012 (5)：45 – 46.

❷　杨梅. 晚清中央与地方财政关系研究——以厘金为中心 [D]. 北京：中国政法大学，2007.

❸　石源华. 民国时期中央与地方关系的特殊形态论纲 [J]. 复旦学报（社会科学版），1999 (5)：95.

❹　杜恂诚. 民国时期的中央与地方财政划分 [J]. 中国社会科学，1985 (3)：184.

争夺"。❶

中国共产党成立后，积极领导中国人民进行新民主主义革命。在苏区和解放区，中国共产党在处理中央与地方经济关系方面作了积极的努力和尝试。1941年5月，在《陕甘宁边区施政纲领》中，首次提出民族区域自治的主张。7月1日，中共中央为加强党的一元化领导，作出《关于增强党性的决定》。1942年9月1日，中共中央又作出《关于统一根据地党的领导及调整各组织间关系的决定》。这两个"决定"确定并构建了中共中央对各根据地政权的领导体制。❷解放战争胜利前夕，为树立中共中央权威，筹建新政府，1948年1月7日，中共中央作出《关于建立报告制度的指示》，要求地方党政军的负责人每两个月向党中央和中央主席作一次工作汇报。4月10日，中共中央发出《将全国一切可能和必须统一的权力统一于中央》的通知。通知要求，随着革命形势的发展，应当缩小（不是废除）地方上的自治权，将全国一切可能和必须统一的权力统一于中央。❸1949年1月8日，毛泽东在《目前形势和党在1949年的任务》一文中强调，地方上的经济工作，应更具有计划性和统一性，以免造成浪费，影响生产和革命工作。总体来说，从1921年中国共产党成立到1949年中华人民共和国成立的28年，中央与地方的关系以分散为主，适当集中。1950年3月，陈云在《人民日报》上发文指出，从抗日战争至1949年的12年，我们的财经工作都是分散的，这适应了当时的需要。❹

纵观中国古代史和近代史，中央与地方经济关系始终围绕集权与分权不断地演进。每一轮的循环又在更高层次上丰富和发展了中央集权与地方分权制度。尽管如此，中央与地方经济关系的矛盾并未彻底解决。往往出现这种情况：当集权过度时，地方经济发展缓慢，人民生活困难，最终内忧外患；当分权过度时，中央控制力弱化，军阀割据，国家分裂，外敌入侵，最终王朝更迭。权衡利弊，总体来说，中央集权比地方分权时情况要好。

❶ 柯伟明.营业税与民国时期的税收现代化（1927～1949）[D].复旦大学，2013.
❷ 石源华.民国时期中央与地方关系的特殊形态论纲 [J].复旦学报（社会科学版），1999（5）：99.
❸ 毛泽东文集（第5卷）[M].北京：人民出版社，1996：87.
❹ 朱佳木.陈云年谱（修订本）（中卷）[M].北京：中央文献出版社，2015：49.

二、中华人民共和国成立时国民经济状况及国际环境

（一）中华人民共和国成立时国民经济状况

1949年，中华人民共和国的诞生结束了中国一百多年半殖民地半封建社会的历史，中国进入了新民主主义社会。新民主主义社会是一个在政治上由中国共产党领导的人民民主专政的、在经济上由公有制占主体地位且五种经济成分并存的过渡性质的社会形态。这种特殊的政治和经济形态是由中华人民共和国成立时社会生产力发展水平决定的。由于受到抗日战争和解放战争的影响，中华人民共和国成立时国民经济的发展水平总体低于抗日战争前夕的水平。

1. 国统区的经济状况

从农业来看，中华人民共和国成立时主要农作物产量极低。1949年粮食单产量141.8斤，油料作物单产量83.0斤，棉花单产量21.4斤，❶ 这些数字低于抗日战争前夕。1937年，粮食单产量192.9斤，油料作物单产量99.0斤，棉花单产量23.8斤。❷ 同时，人均耕地面积在减少，1936年人均耕地面积2.77亩，1949年人均耕地面积2.56亩。相反，人口数量在增加，1936年我国人口51 079万人，1949年为54 583万人。❸ 单位产量的下降、人均耕地面积的减少和人口数量的增加，使得农产品人均占有量锐减。因此，中华人民共和国一成立，党和政府就面临解决温饱即劳动力再生产这一重大历史课题。

从工业来看，中华人民共和国成立时主要工业产品产量不仅低于抗日战争前的生产水平，而且低于"二战"后一些独立的非洲国家的生产水平。由于受到长期战争的影响，1949年的煤炭产量只占1935～1937年平均年产量的70%。水泥产量为41万公吨，只占1936年关内产量的42.8%。❹ 不仅如此，

---

❶ 武力. 中华人民共和国经济史（增订版）（上卷）[M]. 北京：中国时代经济出版社，2010：43；农业部计划局. 中国与世界主要国家农业生产统计资料汇编 [A]. 北京：农业出版社，1958.

❷ 武力. 中华人民共和国经济史（增订版）（上卷）[M]. 北京：中国时代经济出版社，2010：43；[德] 珀金斯. 中国农业的发展（1368～1968年）[M]. 宋海文，等译. 上海：上海译文出版社，1984.

❸ 吴承明. 市场·近代化·经济史论 [M]. 云南：云南大学出版社，1996：132.

❹ 武力. 中华人民共和国经济史（增订版）（上卷）[M]. 北京：中国时代经济出版社，2010：41；中财委. 一九四九年中国经济简报 [N].

中华人民共和国成立时，在工农业总产值中新式产业所占比重大约为 17%，而传统产业占 83%。❶ 就是说，工业现代化的程度极低。武力认为，中华人民共和国成立时从工业发展水平来看，应该说 1949 年的水平高于 1936 年，但是由于战争和通货膨胀的影响，大多数工业产品 1949 年的产量低于 1947 年和 1936 年。❷ 与世界其他国家相比，中华人民共和国成立时主要工业产品产量不仅低于发达的资本主义国家，而且低于苏联、战败的日本和一些非洲国家（见表 1-1）。

表 1-1　1949 年部分国家主要工业产品产量❸

国　别	原煤 （万吨）	原油 （万吨）	发电量 （亿度）	原钢 （万吨）	水泥 （万吨）	汽车 （万辆）	氮肥（含 N 量万吨）	新闻纸 （万吨）	棉纱 （万吨）
美国	43 316	25 232	3 451	7 074	3 594	625.4	104.8	83.3	171.5[⑧]
苏联	20 246[①]	3 340	912[②]	2 730[④]	646[⑥]	27.3	—	19.0	61.3
加拿大	1 564	274	509	289	253	29.3	14.4	470.6	8.1
英国	21 861	15	506	1 580	936	62.9	27.5	48.0	41.7
法国	1 120	8	300	915	667	28.4	22.9	25.5	22.8
日本	3 797	19	410	311	328	2.9	37.8	10.9	15.7
联邦德国	10 323	84	387	916	846	16.1	43.1	12.7	22.8
意大利	110	1	208	206	404	8.6	13.7	6.5	58.6
波兰	7 408	15	81	231	234	—	6.0	4.6	9.1
荷兰	1 170	62	—	43	57	—	—	7.1	6.2
印度	3 220	25	49	137	213	2.2	1.0	0.2	58.5
巴西	213	1	27	62	128	—	0.1	3.6	7.6[⑨]
墨西哥	107	871	43	33	123	—	0.4	—	—
阿根廷	—	327	41	13[⑤]	146	1.5	—	—	7.0
南斯拉夫	127	6	22	40	129	0.1	0.4	—	2.9
埃及	—	228	9[③]	—	89	—	2.8[⑦]	—	3.4

❶　许涤新，吴承明．中国资本主义发展史（第 3 卷）［M］．北京：人民出版社，1993：742.

❷　武力．中华人民共和国经济史（增订版）（上卷）［M］．北京：中国时代经济出版社，2010：45.

❸　范慕韩．世界经济统计摘要［M］．北京：人民出版社，1985：246-493，520-525.

续表

国　别	原煤（万吨）	原油（万吨）	发电量（亿度）	原钢（万吨）	水泥（万吨）	汽车（万辆）	氮肥（含N量万吨）	新闻纸（万吨）	棉纱（万吨）
南非	2 549	—	—	64	136	17.3	—	—	—
澳大利亚	1 433	—	91	123	105	—	1.0	3.1	1.2
中国	3 200	12	43	16	66		0.6		32.7
世界合计	111 900	43 500	7 690	13 640	10 800	808	380	788	—
中国产量占世界总产量（%）	2.86	0.03	0.56	0.12	0.61	—	0.16	—	—

注：①为1951年数字。②为1950年数字。③为1951年数字。④为1950年数字。⑤为1951年数字。⑥为1948年数字。⑦为1951年数字。⑧为1947年数字。⑨为1951年数字。

从表1-1可以看出，中华人民共和国成立时，除纺织业、煤炭业处于中等水平外，其他产品产量都较低，在世界总产量中的比重都很微小。汽车工业和新闻纸工业，中国竟是空白。由此看出，中华人民共和国成立时中国的工业基础十分薄弱，结构发展很不平衡。

从商业来看，中华人民共和国成立时商业出现了虚假繁荣的迹象。1947～1948年，旧中国民族资本总额为58.58亿元，其中商业资本占66.69%。商业资本在社会总资本中占的比重增加，不能说明生产力的真正发展。马克思曾说："生产越不发达，商人资本的比重就越大，真正的货币资本大部分掌握在商人手中"。[1]为什么说它是一种虚假繁荣呢？从表面看，一方面，由于长期战争的洗礼，中国主要的农产品、工业品的产量都有程度不同的减少。市场上商品的供给量不是增加，而是减少。尽管进口商品增加，但是"总的看，1947年国内市场的商品值，按不变价格计算，比战前是减少的"。[2]另一方面，由于战争的消耗和人口的增加，市场商品需求量则急剧增加。在需求量大于供给量和市场不稳定的情况下，就会出现哄抬物价、通货膨胀的现象，形成泡沫经

❶ 武力. 中华人民共和国经济史（增订版）（上卷）[M]. 北京：中国时代经济出版社，2010：47.

❷ 许涤新，吴承明. 中国资本主义发展史（第3卷）[M]. 北京：人民出版社，1993：667-668.

济。从实质看，由于连年战争和社会动荡不安，资本家对投资产业没有信心，而乘战争时期物资紧缺大量投资商业，不仅资本周转速度快，还可以囤积居奇。

从外贸来看，中华人民共和国成立时国民党官僚资本垄断了出口贸易。资源委员会垄断了有色金属等特种矿产品的出口；中国纺织建设公司垄断了贸易外棉进口的 90% 及部分纱布出口。中央信托局垄断了米、麦、面粉、煤、人造丝等的对外贸易；在出口方面，中信局于 1946 年、1947 年先后收购丝、茶，1947 年收购桐油、猪鬃，1948 年又扩大到冰蛋、羊毛、驼毛、花生仁、大豆、油菜籽和水泥。❶ 此外，还有一大批以民营面貌出现的官僚资本企业，如孚中实业公司、中国进出口公司、一统国际贸易公司、扬子建业公司等。这些官僚资本家利用手中的国家权力套取官价外汇和赚取垄断利润，甚至从事黑市交易和走私。❷ 国民党战败后，大部分官僚资本被带到台湾，留给新中国的是一个千疮百孔的烂摊子。

从金融业看，中华人民共和国成立时国民党政府实行金融垄断。金融资本在产业资本中占比下降。物价上涨，通货膨胀严重。在国统区，国民党政府实行金融垄断。1946 年，国家银行局的存款已占到各类银行存款的 91.6%，放款占到各类银行放款的 94.4%。国家银行局的存款中，活期存款 1937 年占 60.3%，而战后 3 年平均占 93.8%。这说明存款中已经几乎没有社会积累，而是放款膨胀的结果。❸ 到 1948 年 6 月，存款总额仅折合战前币值的 1.4 亿元，远低于 1937 年的 16.9 亿元（折战前存款）。至于储蓄存款，3 年平均仅占存款总额的 5.3%，其中定期存款更是微不足道。在国家银行局的放款中，对政府垫款，3 年平均占 70.5%，大大高于 1937 年的 44.07%；对企业的放款，3 年平均占 28.0%，大大低于 1937 年的 54.4%。❹ 此外，国民党为加强对金融行业的垄断，限制私营行庄的发展。1947 年，银行总行及分支机构由 786 家增加到 2436 家。但私营行庄的存款，折战前币值，1946 年还不到战前的 5%，到 1948 年，只有战前的 0.5%。1948 年"八一九"币值改革时，国民党政府

---

❶ 许涤新，吴承明. 中国资本主义发展史（第 3 卷）[M]. 北京：人民出版社，1993：587 - 589.

❷❸ 武力. 中华人民共和国经济史（增订版）（上卷）[M]. 北京：中国时代经济出版社，2010：48.

❹ 许涤新，吴承明. 中国资本主义发展史（第 3 卷）[M]. 北京：人民出版社，1993：635 - 636.

强迫收兑私营行庄的金银外币，又限令私营行庄增资（增资的半数交存中央银行3个月）。❶ 不仅如此，在社会总资本中，金融资本在产业资本中占比下降。由于战争，资本家对当时的投资环境深感不安，宁可投资商业，不愿投资金融业。1947～1948年，金融业资本占旧中国民族资本部门的比重只有3.72%，远远低于1936年的28.09%。❷ 同时，物价上涨，通货膨胀严重。1947年国内印钞8万亿元，国外印钞137万亿元。由于物价飞涨，1947年11月中央银行就曾把印好的50元、100元券注销。剧烈的通货膨胀，必然导致投机资本的活跃。当时国民党统治区流传着"农不如工，工不如商，商不如囤，囤不如金"的说法，至于乡村，在缺乏银元的地方，甚至出现以货易货的现象。❸

从生产力布局来看，旧中国的工业布局极不合理，主要分布在东部沿海地区，便于对外贸易。据1949年统计，东部沿海的辽宁、河北、山东、江苏、浙江、福建、广东七省和京、津、沪三市，其土地面积不到全国总面积的30%，工业产值却占全国总产值的75%以上。❹

2. 解放区的经济状况

从1927年彭湃在海陆丰建立中国第一个苏维埃政权——海陆丰苏维埃政府算起，到1949年中华人民共和国成立，中国共产党领导的根据地政权已经走过了20余年的历程。抗日战争和解放战争时期，解放区基本上是位于北方农村。尤其是抗日战争时期，解放区基本上位于偏僻的乡村。上述区域特点导致解放区的经济呈现出以下三个特点：一是解放区经济水平就全国而言，基本上处于比较落后的状态，现代交通、能源、工业几乎没有，即使农业发展水平较江南也落后许多，每个劳动力的生产剩余很少。二是处于严酷的战争条件下。1949年7月人民解放军转入战略反攻以前，解放区基本上处于战略防御阶段。在基本没有外援的情况下，自力更生，保证革命战争的需要。三是解放区大多数时间受反革命势力分割包围、破坏，不得不陷入一种区域性、脱离城

---

❶ 许涤新，吴承明. 中国资本主义发展史（第3卷）[M]. 北京：人民出版社，1993：670－672.

❷ 许涤新，吴承明. 中国资本主义发展史（第3卷）[M]. 北京：人民出版社，1993：734.

❸ 武力. 中华人民共和国经济史（增订版）（上卷）[M]. 北京：中国时代经济出版社，2010：50.

❹ 汪海波. 中国经济效益问题研究 [M]. 北京：经济管理出版社，1991：51.

市的自给自足状态。●

解放区经济管理体制是为适应农村环境和战争需要等特殊条件形成的，在20多年的探索过程中逐渐完善。这种经济管理体制具有以下特点：（1）战时经济体制，经济工作的目标是革命第一、改善人民生活第二。（2）以个体经济、私营经济为主体，多种经济成分并存。解放区经济以分散的落后的传统农业和传统手工业及集市贸易为主，几乎没有大规模的现代工矿交通运输业。（3）统一领导、分散经营的管理体制。一般来说，经济管理权限都集中在解放区政府手中。针对公营工商企业，实行统一领导，分散经营。针对私营工商企业，主要根据政府政策法令间接调控。（4）实行党对经济工作的一元化领导。在解放区，实际上是实行党一元化领导的，政治、经济、军事、文化等一切工作，都是在中国共产党的统一领导下，党有最后的决定权。●

（二）中华人民共和国成立时国际环境

中华人民共和国的成立结束了100多年来丧权辱国的外交历史，中国人民能够自己当家做主了。但是，中华人民共和国的成立正值"二战"后，国际上形成了两大阵营，即以苏联为首的人民民主阵营和以美国为首的帝国主义阵营。这两大阵营的施政方针、外交原则截然相反。以苏联为首的人民民主阵营支持亚非拉各国的民族独立和解放运动，而以美国为首的帝国主义阵营则反对亚非拉各国的民族独立和解放运动。中华人民共和国是在半殖民地半封建社会的基础上建立起来的国家。在解放战争时，美国出钱、出枪，公然支持国民党政府发动内战，而苏联坚决支持中国共产党反内战。由于中国革命及上述两大阵营的性质，导致中国共产党必然站到苏联一方。

中华人民共和国成立后，为争取苏联的理解和支持，表明我国政府的态度，我国采取了"一边倒"的外交方针，紧紧地和苏联站在一起。1949年12月，毛泽东、周恩来访问苏联，并与苏联签订了《中苏友好同盟条约》《关于苏联政府贷款给中国政府的协定》和《关于苏联将中东铁路及旅顺港归还给中国的协定》等。这些条约和协定的签订，表明苏联帮助中国人民的诚心，

● 武力. 中华人民共和国经济史（增订版）（上卷）[M]. 北京：中国时代经济出版社，2010：57.

● 武力. 中华人民共和国经济史（增订版）（上卷）[M]. 北京：人民出版社，2010：57-58.

也说明中国共产党的选择是正确的。在苏联的帮助下，中国加入了社会主义阵营，纷纷和"二战"后成立的其他社会主义国家建立外交关系，展开经济贸易。除此之外，为改善我国的生存环境，让世界上更多国家承认中华人民共和国的合法性，中国积极主动地和欧洲一些资本主义国家建立外交关系，如1950年中国与北欧的许多国家建立外交关系，和英国也进行了建交谈判。同时，与美国的经贸往来恢复起来。

但是，以美国为首的西方国家并不希望中国独立和富强。1950年6月，美国打着联合国军的旗号，侵略朝鲜，中国的边疆受到威胁。毛泽东经过深思熟虑，决定派中国人民志愿军奔赴朝鲜，保家卫国，由此导致中国与美国为首的西方国家的公开武装对抗。以美国为首的西方资本主义国家对中国进行经济制裁和封锁，中国的国际经济环境迅速恶化。在这种情况下，中国更加依赖苏联，向苏联靠拢，争取苏联的帮助。另外，中国政府决定聚全国人力、财力、物力，优先发展重工业，加强国防，以应对当时来自外部的威胁。所以，新中国成立时制定的"公私兼顾、劳资两利、城乡互助、内外交流"的经济制度逐渐转变为优先发展重工业的经济发展战略。

三、中华人民共和国经济纲领的确立

马克思曾说，人们不是随心所欲地创造自己的历史，而是在直接面对的、现实的、从历史继承下来的环境下创造。[①]中华人民共和国的成立为中国的进步打开了闸门，但是中华人民共和国的经济建设必须在旧中国遗留下来的经济基础上进行。前文所述中华人民共和国成立时的国民经济状况和国际环境，是中华人民共和国经济发展的初始条件，也是中华人民共和国经济纲领确立的物质基础。

1945年4月，毛泽东在中共七大政治报告中指出，抗日战争胜利以后，我们应该建立新民主主义国家。这样的国家，在政治上实行人民当家做主，在

---

① 马克思恩格斯选集（第1卷）[M].北京：人民出版社，1972：603.

经济上实行"节制资本""平均地权"。● 然而，中华人民共和国成立后，由于落后的生产力水平，还不能立即取消资本主义剥削，只能让私人资本主义获得进一步的发展，但是不允许其操纵国民生计。●

1947 年 12 月中共中央扩大会议提出新民主主义革命时期的经济纲领，主要内容有把封建地主阶级的土地没收过来，分配给农民；把官僚资本主义的企业没收过来，归国家所有；对民族资产阶级创办的企业实行保护，促使其发展。

1949 年 2 月中国共产党七届二中全会提出了比较明确的新中国经济纲领。主要内容包括：（1）在一个相当长的时期内，对农业和手工业基本上实行个体经营。（2）没收官僚资本，归国家所有，并使其成为人民共和国国民经济之基础。（3）对有利于国民经济发展的城乡私人资本主义经济，应允许存在和发展。（4）引导个体农业、个体手工业向现代化、集体化的方向发展。建立各级合作社和合作社的领导机关。（5）必须统制对外贸易。（6）为了强化新中国政权，应坚持两个基本政策，即对内节制资本和对外统制贸易。●

1949 年 4 月 15 日，毛泽东在接见陶鲁笳时提出我们的经济政策概括为一句话就是"四面八方"，即公私、劳资、城乡、内外四对关系、八个方面。只有实行公私兼顾、劳资两利、城乡互助、内外交流，才能处理好"四面八方"的关系。●

1949 年 9 月，中国人民政治协商会议第一届全体会议审议通过了具有临时宪法性质的《共同纲领》。《共同纲领》规定了中华人民共和国基本经济制度和经济体制：（1）在基本经济制度方面，实行国有经济为领导、多种经济成分并存；（2）优先发展国有经济，鼓励和扶持合作经济和公私合营经济，利用、限制和改造私人资本主义经济。●

● 武力. 中华人民共和国经济史（增订版）（上卷）［M］. 北京：中国时代经济出版社，2010：58.

● 毛泽东选集（第3卷）［M］. 北京：人民出版社，1991：978－1047.

● 中国共产党第七届中央委员会第二次全体会议决议［A］. 1949－03－13.

● 陶鲁笳. 毛主席教我们当省委书记［M］. 北京：中央文献出版社，1996：128.

● 中国人民政治协商会议共同纲领［A］. 1949－09－29.

第二节　经济权力的逐渐集中

国民经济恢复时期，摆在党和人民面前有两大历史任务：一方面，继续革命，解放全中国；另一方面，恢复与发展被战争破坏的国民经济，建设新中国。鉴于中华人民共和国成立时国民经济十分落后、地区经济发展不平衡、国民经济成分复杂、新中国经济纲领确立等国内经济背景和以美国为首的西方国家对中国实行经济封锁、中国政府采取"一边倒"的外交方针等国际背景，中央政府为完成上述两大历史任务，制定并实施了一系列走向集权的经济管理政策。

一、建机立制，统一财政收支管理

中华人民共和国成立后，为继续完成新民主主义革命遗留的历史任务和恢复、发展国民经济，政府需要庞大的财政开支。当时，中央政府财政非常紧张。这不仅是因为经济非常落后，而且因为在新民主主义革命时期，由于革命战争的需要，解放区有较大的财权，往往出现军费由中央支出，而税收由地方收支的现象。[1] 为弥补巨额财政赤字，1950 年 3 月以前，中央政府只能大量发行货币。这种方法不能从根本上解决问题，而且进一步加剧了通货膨胀。为解决这一难题，1949 年 10 月 21 日，中央财政经济工作委员会（以下简称中财委）正式成立。陈云任主任，负责领导全国的财政经济工作。成立后，中财委开始组建中央财政经济管理部门和全国各地垂直的、相应的经济管理机构。同时，中财委与政务院多次召开会议，制定了一系列的经济政策，逐渐实现财政收支的集中统一管理。

（一）统一税政税制

中华人民共和国成立时，全国各地实行的税政、税种、税目和税率极不一

---

❶　武力.中华人民共和国经济史（增订版）（上卷）[M].北京：中国时代经济出版社，2010：75.

致。要使国家收入中主要部分的中央收入集中用于国家的主要开支，实现财政收支平衡，必须实行财政税收的集中统一管理。1949年12月28日，陈云同薄一波联名给各大区财委复电指出：五六百万主力部队与大区直属部队，须按月由中央开支，而开支主要靠货币发行；公粮、税收等收入均在地方，中央无法确实掌控；关内币制已统一，汇兑、交通已畅通，一遇金融物价风潮，必然牵动全国，除东北外无一地区能自保。因此，实行统一遇到的困难小，危害亦小，不统一带来的困难大，危害亦大。望说服各地同志，既交出权力，又勇于负责，以此精神共渡难局。[1] 1950年1月6日，陈云在给毛泽东的电报中指出，要解决财政税收统一问题，实现平衡负担。[2] 11日，中财委复电西南财委时强调：首先应把公粮、主要税收上交中央，其次中央统一规定税则、税目、税率及管理制度、税收任务。27日，政务院会议通过《关于关税和海关工作的决定》。31日，政务院第三号通令颁布了《关于统一全国税政的决定》及相关文件，其主要内容可以概括为三个方面：（1）关于统一全国税政；（2）关于建设新税制；（3）关于加强税务工作。2月13～25日，中财委召开第一次全国财政会议。陈云在开幕会上讲话指出，我们的对策是实行财经统一。财经统一也有困难，但是小困难，不统一是大困难。因为全局不乱，尚可照顾局部，如全局波动，后果严重。他还在这次会议上做了题为"关于财经工作统一的决定"的报告，指出1950年财经工作总的方针是集中一切财力、物力做目前最必要做的事。3月3日，政务院会议通过了《关于统一国家财政经济工作的决定》。该决定指出：除地方附加粮和经批准的地方税外，公粮和其他税收都由财政部统一调配。24日，政务院会议又通过《关于统一国家公粮收支、保管、调度的决定》和《关于统一管理一九五〇年度财政收支的决定》。该决定指出，征收国家公粮的税则和税率，统由中央人民政府政务院规定。国家公粮的调度权属于中央人民政府财政部，[3] 明确具体地划分了中央人民政府和各大行政区及其所属省（市）人民政府的财政收支范围、渠道、权限。[4] 4月11日，陈云签

❶ 朱佳木. 陈云年谱（修订本）（中卷）[M]. 北京：中央文献出版社，2015：24-25.

❷ 朱佳木. 陈云年谱（修订本）（中卷）[M]. 北京：中央文献出版社，2015：28.

❸ 中央财经领导小组办公室. 中国经济发展五十年大事记（1949.10-1999.10）[M]. 北京：人民出版社、中共中央党校出版社，1999：10-11.

❹ 朱佳木. 陈云年谱（修订本）（中卷）[M]. 北京：中央文献出版社，2015：55.

发中财委《关于加强公粮保管工作给各级地方财经领导机关及财政粮食管理部门的指示》。该指示要求各级地方财经领导机关、财政及粮食管理部门提高政治责任心和警惕性，严防敌特匪徒破坏、抢劫、纵火以及有组织有计划的偷盗……加强领导，建立与健全公粮管理机构。❶ 6月6日，在七届三中全会上，毛泽东在《为争取国家财政经济状况的基本好转而斗争》的报告中强调，必须统一财政经济工作，平衡财政收支，稳定物价。❷ 1952年4月19日，陈云在国务会议上指出，过去城市不少税收被偷漏，估计占税收的30%左右。乡村则有摊派、超征现象。乡以下经费中央不管，靠20%的公粮附加。今后，公粮和附加要统合，就是250亿斤加上20%的附加，共300亿斤，一次征收，不许再摊派，乡村开支由中央统筹。❸

（二）建立物资机构，统一物资调配

中华人民共和国成立后，物资极度缺乏。一方面，国家要保证前线战略物资的及时到位；另一方面，由于战争导致国内市场紊乱，物价上涨，私人资本家囤积居奇。为了集中物力，保证急需，中财委先后制定了一系列经济政策。

第一，建立物资管理机构。中华人民共和国成立初期，国家为了掌握和管理重要物资，在政务院财政经济委员会计划局内设置物资分配处；建立全国性质的花纱布公司和土产公司。❹ 1950年3月3日，政务院会议决定成立全国仓库清理调配委员会。10日，政务院会议通过《关于全国仓库清理调配的决定》。清理委员会根据决定，对全国各地区、各部门所有由人民政府接管的敌伪仓库及各企业、各部门的自备仓库存放的物资，进行彻底清查。21日，中财委通过《关于执行仓库清理调配工作的实施办法》，决定以上海、桂林、重庆为重点，分别组织工作团负责。1951年3月19日，中财委向毛泽东报送《关于仓库清理调配工作的总结报告》。该报告说，1950年清仓所得物资总值约为116亿斤米，除去企业保留20亿斤不计外，可抵财政收入96亿斤。报告提出，今后拟由财政部成立中央物资管理局负责这项工作，取消现有仓库清理

❶ 朱佳木.陈云年谱（修订本）（中卷）[M].北京：中央文献出版社，2015：60.
❷ 毛泽东文集（第6卷）[M].北京：人民出版社，1999：70-71.
❸ 朱佳木.陈云年谱（修订本）（中卷）[M].北京：中央文献出版社，2015：212-213.
❹ 陈云文集（第2卷）[M].北京：中央文献出版社，2005：3-4.

调配委员会及分会。

第二，实行物资统一调配。1949 年 12 月 10 日，中财委举行第六次委务会议，讨论要有计划地组织全国物资供应及保证物资供求平衡，以稳定 1950 年物价等问题。12 日，陈云在中财委召开的全国城市供应会议上讲话，针对主要物资供求失调，特别是粮食和花纱布短缺问题指出，我们的政策应该是集中统一，越是力量不足，越是要集中使用。集中与统一，是有困难的，但这困难，比不统一造成的物价大波动的损失，要小得多。会议对全国粮食、花纱布等主要物资的统一调度作了具体部署，有效地制止了投机资本家在 1950 年春节期间制造物价波动的企图。14 日，陈云向毛泽东报告物价情况时说，"必须统一指挥，集中使用力量，灵活调动物资，全面指导物价，否则就不能在全国范围内进行有计划的物资吞吐"。[1] 31 日，中财委要求所属各部、署、行及关内所属企业今后不得在东北采购木材，而在其上解木材中统一分配，以避免私商图利滥伐森林。[2] 1950 年 1 月 6 日，陈云在政务会议上指出：统一指挥贸易和城市物资供应，集中力量打击奸商的囤积居奇。[3] 11 日，由于上海粮价接连数日上涨 23% 强，中财委要求华中、东北短期内运粮济沪以应急。[4] 3 月 3 日，政务院会议通过《关于统一国家财政经济工作的决定》。该决定要求统一全国物资调度。从 1950 年起，中财委对主要物资实行各大区之间计划调拨的制度，互通有无，保证需要。1950 年为 8 种，1951 年为 33 种，1952 年为 55 种。[5] 10 月 20 日，中财委发出《关于防止物价波动问题的指示》指出，由于国内经济发展情况和工农业产品生产不平衡以及朝鲜战争的影响，物价不断呈现波动。为稳定物价，对重要商品，在紧急情况下，实行统购统销。[6] 26 日，中财委给毛泽东并中共中央报告，提出对花纱布和主要纺织品采取统购配给政策。1951 年 1 月 4 日，中财委颁布《关于统购棉纱的决定》，规定棉纱、棉布均由国营花纱布公司统购和承购。禁止其在市场上销售。1 月 6 日，中财委下达《一九

---

❶ 朱佳木. 陈云年谱（修订本）（中卷）[M]. 北京：中央文献出版社，2015：21.

❷ 朱佳木. 陈云年谱（修订本）（中卷）[M]. 北京：中央文献出版社，2015：25.

❸ 陈云文集（第 2 卷）[M]. 北京：中央文献出版社，2005：52.

❹ 朱佳木. 陈云年谱（修订本）（中卷）[M]. 北京：中央文献出版社，2015：30.

❺ 当代中国丛书编委会. 当代中国物资流通 [M]. 北京：当代中国出版社，1993：5-6.

❻ 朱佳木. 陈云年谱（修订本）（中卷）[M]. 北京：中央文献出版社，2015：97-98.

五一年上半年关内水泥分配数量及各项有关决定》。2 月 13 日，中财委第四十七次委务会议指出，木材要统一调配，合理使用。

（三）建立投资机构和制度，统一投资管理

国民经济恢复时期，投资管理体制从无计划到有计划，从无规章到有规章，从无专业机构管理到有专业银行管理，实现了投资的逐渐集中统一管理。

1. 从无计划到有计划

中华人民共和国成立至 1952 年以前，基本建设工作归各部门、各地区分管，没有全国统一的基本建设计划。有些部门和地区，特别是新解放区，自己也没有单独的年度基本建设计划，而是把基本建设工作归入经济建设总体计划之中，需要兴建工程，随批随干。[1] 1951 年 1 月 27 日，中财委作出《关于做好一九五一年基本建设计划的指示》。该指示要求，1951 年基本建设计划要吸取 1950 年工作中的经验，如由上而下的控制数字与由下而上的具体计划相结合，才能制订一个有政策有方针能实行的现实的计划。同时要求 1951 年基本建设计划必须先有设计，编制施工计划，经批准后，方予拨款施工。[2] 1952 年 1 月 9 日，中财委发出《基本建设工作暂行办法》。该办法指出，基本建设计划要做到"两下一上"，即首先由中财委逐级下发年度投资控制数字，然后由建设单位自下而上在控制数字范围内，编报基本建设计划，最后自上而下审批下达。在项目管理上，规定把建设单位按投资额的大小划分为限额上下和甲乙丙丁四类。全部投资在 1000 万元以上为甲类项目，计划任务书由政务院批准；限额以上，投资不足 1000 万元的为乙类项目，计划任务书由中央主管部提出审核意见后报中财委或政务院批准；限额以下，投资在 20 万元以上的为丙类项目，计划任务书由中央主管部或大区指定的机关批准；投资不足 20 万元的为丁类项目，由省决定，报中央有关部门备案。[3] 11 月 18 日，《人民日报》发

---

[1]　当代中国丛书编委会. 当代中国的固定资产投资管理［M］. 北京：中国社会科学出版社，1989：14.

[2]　建国以来重要文献选编（第 1 册）［M］. 北京：中央文献出版社，2011：20 - 21.

[3]　当代中国丛书编委会. 当代中国的固定资产投资管理［M］. 北京：中国社会科学出版社，1989：14 - 15.

表《把基本建设放在首要地位》的社论。社论指出，增长基本建设力量，不允许也不应该是盲目的，而必须按照计划有步骤有领导地进行。抽调人员、训练人员以及扩大固定工人，各部门都应该有计划地进行，否则手忙脚乱，将会造成严重的损失和浪费。❶

2. 从无规章到有规章

1951 年以前，基本建设工作没有统一的规章制度。为加强基本建设的统一管理，《关于做好一九五一年基本建设计划的指示》还要求基本建设计划必须按照先设计后施工的步骤制订。基本建设与生产管理应严格分开，不能互相挪用经费。3 月 28 日，中财委颁发的《基本建设工作程序暂行办法》规定，建设单位在施工以前，必须编制设计文件，并且设计工作分为"初步设计""技术设计""施工详图"三个阶段依次进行。❷ 8 月 10 日，中财委又颁发《关于改进与加强基本建设计划工作的指示》。该指示要求，不经过主管部门批准的新建工程，不准施工；新建单位的设计材料必须充足且正确。❸

3. 从无专业机构管理到有专业银行管理

1951 年 2 月，中国人民银行指定管理公私合营企业公股股权的交通银行兼办基本建设投资拨款。随即召开了第一次全国基本建设投资拨款会议，确定把按计划及时供应资金和监督专款专用作为交通银行的任务。4 月，交通银行华东分行率先会同上海市财政局拟定了上海市属基本建设拨款办法。到 6 月，交通银行在关内各地普遍办理了基本建设投资拨款。1952 年 6 月，政务院批准成立东北区基本建设投资银行，从而在全中国范围内形成专业银行管理基本建设投资的网络。❶

1950～1952 年，固定资产投资完成 78.36 亿元，新建阜新海州露天煤矿、山西榆次经纬纺织机械厂、成渝铁路等 14 个限额以上建设单位，完成荆江分洪工程，开始根治淮河，恢复、扩建鞍山钢铁基地和整个东北工业基地，建设

---

❶ 建国以来重要文献选编（第 3 册）[M]. 北京：中央文献出版社，2011：432.
❷ 当代中国丛书编委会. 当代中国的固定资产投资管理 [M]. 北京：中国社会科学出版社，1989：15.
❸ 建国以来重要文献选编（第 2 册）[M]. 北京：中央文献出版社，2011：388.
❶ 当代中国丛书编委会. 当代中国的固定资产投资管理 [M]. 北京：中国社会科学出版社，1989：16.

了一批中小企业，取得较好的成效。❶

（四）建立预决算及工资制度，统一财政支出管理

1950 年 1 月 5 日，中财委通知，"自 1 月起，中央政府各委、部、会、院、署、行、厅之经常费预算与临时费预算，一律送财政部审核；各企业单位之建设费用，应详制预算并附工程计划，报中财委审核"。❷ 3 月 24 日，政务院颁布《关于统一管理一九五〇年度财政收支的决定》。该决定要求各地各机关严格执行预决算、审会计制度及财政监察制度。12 月 1 日，政务院会议通过了《关于决算制度、预算制度、投资的施工计划和货币管理的决定》。该决定要求一切军政机关、国家企事业单位均须每年定期向中央或各级政府财政部门作决算报告，凡预算所余款项，均需缴回国库。

中华人民共和国成立时，政府机关和企事业单位的工作人员实行供给制和工资制两种分配制度。一般来说，党政机关工作人员享受供给制，而工人、教师、技术人员、职员、店员享受工资制。全国各地的工资标准多达数百种。为了节约开支，1950 年 3 月 3 日，政务院决定成立薄一波为主任的全国编制委员会，在各级各单位搞定员、定额，逐步从供给制走向工资制。1951 年 2 月12 日至 3 月 6 日，中财委召开第一届全国工业会议。决定在工资问题上，由地区到全国，逐步清理，逐步调整，逐步统一。统一工作大体分三步：一是实行地区调整，低的地区可适当提高；二是在已实行经济核算制的企业实行八级工资制；三是在经营管理基础好、产供销均衡发展的企业实行计件工资制。1952 年 6 月，政务院会议通过《各级人民政府供给制工作人员津贴标准及工资制工作人员标准的通知》，要求把党政机关工作人员自上而下分为 29 级，以实物为基础进行折算。这次工资改革实行低薪制，最苦的是科长、科员、办事员这几个级别的人员。

实行统一的预算、决算及工资管理制度，实现了对财政资金的有效管理。

---

❶　当代中国丛书编委会．当代中国的固定资产投资管理［M］．北京：中国社会科学出版社，1989：13.

❷　朱佳木．陈云年谱（修订本）（中卷）［M］．北京：中央文献出版社，2015：27.

二、把大中型企业划为中央国营企业

中华人民共和国成立后，为恢复和发展生产，保障供给，中央政府需要对企业实行集中统一管理。1950年1月，全国邮政会议、交通会议、有色金属会议分别决定成立全国邮政总局，统一邮政管理；组建长江航务局，统一长江航运管理；统一公路建设管理和维护管理；对有色金属投资3.2亿斤小米，并集中使用采矿技术人员，抓好重要厂矿的恢复和建设。❶ 3月，中财委下达《关于各公营、公私合营及工业生产合作社的工矿企业进行统一的全国普查的训令》。7月26日，中财委下达《关于统一航务港务管理的指示》，明确了统一航务及港务管理的规章制度，建立航务港务管理的统一机构。❷ 1951年1月，中央重工业部发出对全国工业的意见：（1）全国的工业计划，包括新建工业的设计，必须是统一的，不可能也不允许各地自制一个工业计划，中央必须统一各地工业计划的审查编订与批准。（2）中央必须掌握物资的分配与调拨，一年来证明，只有在中央统一的供销计划下，产销平衡才有可能。（3）工业干部必须全国统一调配。（4）工资标准统一解决，如全国统一尚有困难时，至少应先从地区做起。（5）工业技术（规格、标准、度量衡）的统一。❸ 为加强对企业的集中统一管理，依据公营企业的重要程度及规模大小把公营企业分为国营企业和地方企业，实行三种管理办法，即中央所有且直接管理、中央所有但交给地方管理、地方所有且直接管理。一般情况下，中央所有的企业都是规模较大、现代化程度较高、关系国计民生的大中型企业；地方所有的企业多是规模较小，技术落后的小型企业。中央所属委托各大行政区或各省市暂管的企业，其在政策方针、主持人及副主持人、工作计划、预算、决算等方面均须由中央主管部门同意、审核，其企业年终盈余全数上缴中央，亏损由中央拨补，物资及产品调拨分配由中央统筹。通过这些政策的制定和实施，中央政府逐渐实现了对企业的集中统一管理。

---

❶ 朱佳木. 陈云年谱（修订本）（中卷）［M］. 北京：中央文献出版社，2015：32－33.
❷ 朱佳木. 陈云年谱（修订本）（中卷）［M］. 北京：中央文献出版社，2015：87－88.
❸ 中国社会科学院，中央档案馆. 中华人民共和国经济档案资料选编（1949～1952）（工商体制卷）［A］. 北京：中国社会科学出版社，1993：172.

三、建立国家银行，统一金融货币管理

1. 国家银行的建立及统一管理体制的形成

中华人民共和国成立前夕，为统一各解放区银行和货币工作，中共中央决定建立统一的发行库，由中财委统一领导。中财委在华北银行、北海银行及西北农民银行的基础上成立中国人民银行。1948 年 12 月，中国人民银行在石家庄成立。随着全国各地陆续解放，中国人民银行根据"边接管、边建行"的方针，接管了各地的国民党遗留下来的官僚资本银行，并把这些银行改组成中国人民银行在各地的分支机构。按照行政区划，中国人民银行先后建立起总行、区行、分行、支行四级机构。在改组中国银行和交通银行过程中，均采取总管理处、分行、支行三级制，总管理处下属的行处受本行总管理处和当地人民政府的双重领导。改组后的中国银行和交通银行分别成为国家经营管理外汇和投资的专业银行。1949 年 10 月 20 日，中国人民保险公司成立，总公司设在北平，由中国人民银行总行直接领导管理。12 月 19 日，中财委发出《关于国营工业企业必须进行保险的指示》，要求各地国营公营企业及仓库均须到中国人民保险公司及其代理机构进行投保，并接受保险公司有关设备之指导和监督。❶ 1950 年 4 月 2 日，陈云就关于全国金融会议情况的报告致电毛泽东时说，要进一步统一机构建设，健全银行系统的垂直领导。❷ 7 月，由于统一财经和物价稳定，人民币实行了全国统一的汇价，由中国人民银行总行公布。此后，国家银行控制了全国存款总额的 90%，贷款总额的 97.7%，确立了不可动摇的主体地位。❸ 11 月 7 日，陈云复电黄敬说：对金融工作，统一集中掌握有利，分散则不利，故金融管理处工作仍由中国人民银行总行直接管理为宜。1951 年 8 月，为加强农村金融工作，成立农业合作银行。1952 年，为加强对金融机构的集中统一管理，银行管理体系再次调整。如交通银行受财政部领

❶ 陈云文集（第 2 卷）［M］. 北京：中央文献出版社，2005：47.
❷ 朱佳木. 陈云年谱（修订本）（中卷）［M］. 北京：中央文献出版社，2015：58.
❸ 武力. 中华人民共和国经济史（增订版）（上卷）［M］. 北京：中国时代经济出版社，2010：154 – 155.

导；中国银行和中国人民银行的国外业局合署办公。农业合作银行改为全行业公私合营银行总管理处，负责经营管理私营工商业存贷款业务。到1952年年底，由中国人民银行统一领导的银行管理体制初步形成。

2. 统一货币管理制度的形成

政务院为有计划地调节现金流通及节约现金使用，从1949年11月开始人民银行普遍建立发行库，总行设总库，省、自治区、直辖市分行设分库，地市中心支行设支库，一般县支行酌设保管库。发行分库、支库、保管库负责办理所辖区域的现金调拨。但是，动用发行库款必须征得中国人民银行同意。1950年3月，《关于统一国家财政经济工作的决定》规定：人民银行是现金调拨的总机构，统一管理外汇牌价、外汇调度。机关和公营企业的现金除留近期使用者外，一律存入国家银行。国家银行使用公私存款的限度不能超过中财委规定。同月，政务院公布《中央金库条例》，要求在中央、大行政区、各省（市）、各县（市）四级政府设立金库，由各级人民银行代理。各级金库负责各级政府财政收入的管理。中央总金库负责各级金库间存款的运解调度。财政部统一支配金库款。❶ 此外，贸易部、铁道部、燃料工业部、重工业部等在中国人民银行建立代理金库与调拨合同。4月，政务院作出《关于实行国家机关现金管理的决定》，要求中国人民银行负责各公营企业、机关、部队及合作社等的现金管理；在交易和收付时，禁止使用现金，采用转账支票。

在存贷款方面，利率委员会决定各地的存贷款利率。实际上，当地的存贷款利率由人民银行根据国家政策、上级规定及本地情况变化决定。人民银行除开办活期、定期存款外，还举办折实储蓄、保值储蓄等。在1952年私营金融业全行业社会主义改造完成以前，国家银行的信贷基本上实行的是自上而下的计划管理。对于公私合营银行，则通过建立财务计划制度、业务汇报制度、放款审核小组以及加强与国家银行的业务联系等方式，以公股董监事参与管理的办法，使其接受国家银行的指导性计划。对于私营行庄，则通过组织联合放款银团、成立利率委员会，转存以及业务监督等方式，积极引导私营行庄的资金

---

❶ 武力. 中华人民共和国经济史（增订版）（上卷）[M]. 北京：中国时代经济出版社，2010：78.

投放和经营。❶ 1950 年 9 月 1 日，中财委通令苏联对我国贷款统一由中央人民政府财政部管理。

四、建立国内外贸易机构，统一贸易管理

1949 年 10 月 1 日，根据《中华人民共和国中央人民政府组织法》成立中央人民政府贸易部，并在贸易部内设立对外贸易司。贸易部在中财委的指导下开展工作，其主要职责是根据中央人民政府财政经济工作总计划制订国营商业企业和合作社商业企业贸易计划，报政务院批准后付诸实施。1952 年 8 月，为了加强商业工作和使国内贸易与对外贸易更好地为即将开始的第一个五年计划经济建设服务，中央政府决定，撤销中央人民政府贸易部，分别成立中央人民政府商业部和中央人民政府对外贸易部。

1. 建立国内贸易机构，统一国内贸易管理

1950 年 1 月 6 日，陈云出席政务院第十四次政务会议并在讨论城市供应问题时发言指出，贸易和城市物资供应工作要统一指挥，统一行动。只要把统筹运输物资、抛售物资、冻结物资、停止支付等措施协同使用，一定可以打垮奸商，避免物价暴涨。❷ 12 日，陈云致电毛泽东关于全国猪鬃会议、皮毛会议、油脂会议的综合报告时说，会议决定成立全国性的猪鬃、皮毛、油脂专业公司，并在各地设立分支机构，统一由贸易部领导。14 日，陈云关于全国猪鬃、皮毛、油脂会议的情况续报和全国城市供应会议的总结报告向毛泽东致电说，煤盐产量有余，紧缺的是粮布。为完成城市供应任务，国内外贸易必须基本统一。只有做好调剂物资、统一贸易这两件事，才有希望免除粮荒、回笼货币、掌握物价。3 月 10 日，为统一全国的国营贸易，领导国内市场，调节全国的和地方的物资供求，政务院颁发《关于统一全国国营贸易实施办法的决定》，规定中央人民政府贸易部负责领导全国的国营和私营贸易，设立全国性的贸易专业总公司，如按行业分别设立粮食、花纱布、百货业、医药、煤炭、

---

❶ 武力. 中华人民共和国经济史（增订版）（上卷）［M］. 北京：中国时代经济出版社，2010：79.

❷ 朱佳木. 陈云年谱（修订本）（中卷）［M］. 北京：中央文献出版社，2015：27－28.

土产等总公司。大行政区和中央直属省市人民政府的贸易部门由中央人民政府贸易部和当地政府财经委员会双重领导。在各大行政区设区公司，区公司受总公司与贸易部的双重领导；各大城市的国营批发贸易，分别由该行业全国专业总公司或区公司直接领导。国营零售贸易由市政府的贸易部门领导，划清了各贸易机关的工作职权。通过这些机构的设置和职权的划分，中央政府统一了国内贸易管理。

为加强国内商业贸易的集中统一管理，贸易部还规定，非经中央贸易部批准，各地贸易机构和公司不得改变中央贸易部规定的业务计划。一切部队、机关、政治团体，不得经商。

2. 建立国外贸易机构，统一对外贸易管理

1949 年 3 月，在七届二中全会上，毛泽东在报告中指出，为恢复和发展国民经济，必须统制对外贸易。在经济斗争过程中，必须坚持对内节制资本和对外统制贸易。[1] 10 月 8 日，陈云在《在全国海关工作座谈会上的讲话》中指出："上海海关属华东区，汉口海关属华中区，天津海关属华北区，东北各海关属东北区，但这是暂时现象，最终要走向统一的"。[2] 在毛泽东和中国共产党的领导下，中华人民共和国成立后，从中央到地方逐渐建立了垂直统一的对外贸易机构。地方贸易部或商业厅（局）先由中央贸易部直接领导，后改为中央与地方双重领导。在中央贸易部下设立国外贸易司，主管与苏联和西方国家贸易的中国进出口公司。[3] 1950 年 2 月 21 日，中央贸易部公布《关于出口货物统购统销的决定》，决定钨、锑、锡金属矿砂实行统购统销；大豆、猪鬃实行统销，其中猪鬃在东北实行统购。[4] 11 月 11 日，陈云致电中共上海、天津、广州、福州、汉口、旅大市委并告各中央局，指出，为加强进出口贸易工作的领导和管理，决定各口岸的对外贸易管理局直接受中央贸易部领导，其党的工作仍由当地党委领导。[5] 12 月 8 日，政务院颁布《对外贸易管理暂行条例》，规定中央人民政府贸易部统一领导全国各地的对外贸易管理局及其分

[1] 江苏省档案馆. 全宗号：3037，目录号：4，宗卷号：16：2.
[2] 陈云文集（第 2 卷）[M]. 北京：中央文献出版社，2005：11.
[3] 当代中国丛书编委会. 当代中国对外贸易（上）[M]. 北京：当代中国出版社，1992：61 – 62.
[4] 朱佳木. 陈云年谱（修订本）（中卷）[M]. 北京：中央文献出版社，2015：45.
[5] 朱佳木. 陈云年谱（修订本）（中卷）[M]. 北京：中央文献出版社，2015：102.

局，从事对外贸易管理。1951 年，全国先后成立天津、上海、广州（以上为一等局）、青岛、旅大、武汉（以上为二等局）、福州、昆明（以上为三等局）8 个对外贸易管理局。这些外贸管理局由中央和地方双重领导。在纵的方面，各地区的外贸管理局及其分支机构，一方面直接受中央贸易部（后改为外贸部）的领导，在业务上由中央根据全盘计划统一指挥；另一方面各地外贸管理局及其分支机构还要接受当地党组织及财经委员会、贸易部的领导和监督。在横的方面，则由政务院财经委员会及地方各级财经委员会领导协调外贸、海关、银行、运输、税务、商业等部门之间的业务关系，使各有关部门能够在对外贸易工作中分工合作，提高效率，避免扯皮和推诿。❶

第三节　逐渐集中的成效

一、财政收支基本平衡，物价基本稳定

1. 财政收支基本平衡

中华人民共和国成立后，通过财政经济的逐渐集中统一管理，到 1950 年 3 月，实现财政收支的基本平衡。31 日，陈云在中共中央政治局会议上作关于财经问题的报告。他指出财经统一后，财政情况有所好转。1949 年赤字达财政收入的 65.8%，1950 年 3 月后收支差额已接近平衡。4 月 12 日，陈云在全国政协常务委员会第四次会议（扩大）作关于财政和粮食状况的报告。他说：现在财政收支接近平衡，全国财政状况有好转可能。除东北以外的公粮总数为 143 亿斤，已征收到 77%。军队 560 万人，行政人员 240 万人，加上县以下工作人员和小学教师，不超过 900 万人。每月除吃、穿以外，平均支出 32.8 亿斤，收入 30.3 亿斤。收支相差不远，不用再发钞票弥补赤字。❷

三年之间，国家财政总收入为 382.05 亿元，总支出为 366.56 亿元，结余

---

❶　武力. 中华人民共和国经济史（增订版）（上卷）[M]. 北京：中国时代经济出版社，2010：122.

❷　朱佳木. 陈云年谱（修订本）（中卷）[M]. 北京：中央文献出版社，2015：60.

15.49 亿元，实现财政收支的基本平衡，并略有结余的目标。在财政支出中，基本建设拨款为 86.21 亿元（重点是水利和铁路交通事业），占三年财政支出总和的 23.5%。1950 年公营经济向国家提供了 21.75 亿元财政收入，占国家财政总收入的 33.4%；1951 年则提供了 59.74 亿元，占国家财政收入的 47.8%；1952 年又增加到 101 亿元，占国家财政总收入的 58.1%。❶ 这说明，一方面，公营经济在不断发展，规模在不断扩大；另一方面，为恢复和发展国民经济，国家十分重视基本建设投资（见表 1－2）。

表 1－2　1950～1952 年国家财政收支情况❷　　　　　　　（亿元）

科目	1950 年	1951 年	1952 年
总收入	65.19	133.14	183.72
总支出	68.08	122.49	175.99
结余	－2.89	10.65	7.73

而这种财政收支基本平衡，是低水平的平衡。它是全国人民在党中央的领导下，厉行节衣缩食，减少支出，鼓足干劲，扩大生产的情况下实现的。一方面，紧缩军政公教人员待遇，继续过艰苦的供给制或低薪生活；另一方面，中华人民共和国的成立鼓舞了广大劳动人民劳动和生产的积极性，公粮、税收、公债大体达到了预期目的，使财政支出由依靠发行货币解决转变为依靠税收解决。

2. 物价基本稳定

财政收支的基本平衡，为物价稳定创造了基本条件。同时，人民政府采取收支、物资调度、现金的中央集中统一管理，具体运用抛售物资、折实存款、紧缩银根、整顿税收等经济手段并惩治违法投机商。1949 年 12 月 14 日，陈云关于物价情况致信毛泽东时说，目前全国物价皆已平稳。此次斗争证明，必须统一指挥，集中使用力量，灵活调动物资，全面指导物价，否则就不能在全国

❶　武力. 中华人民共和国经济史（增订版）（上卷）［M］. 北京：中国时代经济出版社，2010：153－154.

❷　财政部综合计划. 1950～1985 年中国财政统计［A］. 北京：中国财政经济出版社，1987：15.

范围内进行有计划的物资吞吐。[1] 1950 年 3 月 15 日，陈云在起草的中财委《关于抛售物资、催收公债、回笼货币、稳定物价的指示》中说，全国物价稳中有降，3 月，上海、天津等六大城市比 2 月底下降 15%；4 月，又有较大下降。持续了 12 年的恶性通货膨胀被制止，中华人民共和国成立初期平抑物价、统一财经的斗争取得重大胜利。对此，毛泽东曾给予高度评价，认为其意义"不下于淮海战役"。[2] 物价稳定后，货币流速大为降低，扭转了新中国成立前商业资本比重较大的畸形经济发展现象，货币回笼大为减少，银行存款大为增加。

从 1949 年 4 月到 1950 年 3 月，历时一年的稳定物价斗争，是中华人民共和国成立前后经济战线上的一次重大战役。物价的基本稳定，结束了因通货膨胀造成的数次物价大波动的局面，也结束了国民党统治下延续十多年、中外历史上罕见的恶性通货膨胀和物价暴涨的混乱局面，建立起稳定的新民主主义经济新秩序，为恢复和发展国民经济创造了良好的环境。[3]

二、经济效益提高，产业结构优化

1. 经济效益提高

财政经济的逐渐集中统一管理，为恢复和发展国民经济创造了有利条件。1950 年 9 月 25 日，陈云在全国战斗英雄代表会议上说，实行中国财政经济的统一管理，工农业生产呈现逐步上涨的局面。粮食已能自给，棉花接近纺织工业的需要。全国铁路已能恢复通车，若干企业若干单位的生产水平已超过战前。私营工商业也开始有所好转，私营企业劳资关系很有改善。[4] 1951 年 7 月 1 日，陈云在《人民日报》发表《中国共产党领导着国家建设——为纪念党的三十周年而作》一文指出：中央人民政府成立一年半来，接收了日本帝国主义和国民党官僚资本的工矿企业；制止了十二年来的恶性通货膨胀；增加了农

---

[1] 朱佳木. 陈云年谱（修订本）（中卷）[M]. 北京：中央文献出版社，2015：21.
[2] 朱佳木. 陈云年谱（修订本）（中卷）[M]. 北京：中央文献出版社，2015：51-52.
[3] 薛暮桥，吴凯泰. 新中国成立前后稳定物价的斗争 [J]. 经济研究，1985（2）：33.
[4] 朱佳木. 陈云年谱（修订本）（中卷）[M]. 北京：中央文献出版社，2015：92-93.

业产量，1950 年粮食总产量比 1949 年提高 14%，大部分老解放区达到了战前产量，1951 年棉花产量将超过历史上最高的 1936 年；国家对恢复经济的投资不断增加，1950 年和 1951 年投资都超过了国民党政府统治时期的任何一年，农田水利的投资和贷款总值远远超过了 22 年用在这方面的全部总值。❶

经过三年时间，经济大部分恢复到历史最高水平。在农业方面，粮食、棉花、糖料、黄红麻、烤烟等农产品产量超过历史最高水平，其中 1952 年粮食产量超过历史最高水平 9.3%，棉花超过 53.6%。❷ 农副产品的采购量迅速增加，1950 年为 80 亿元，1952 年达 129.7 亿元，增长 62.1%。❸ 在工业方面，1949～1952 年，平均每年递增 34.8%。1952 年的工业总产值与 1936 年相比，也增长 22.5%。❹ 主要工业产品产量，1952 年比 1949 年有了大幅度的增长：电力设备的利用率提高 82%；国营煤矿的总回采率已从 30% 提高到 75%，煤矿工人的全员劳动生产率由 0.33 吨提高到 0.62 吨，炼铁高炉的利用系数已接近苏联的水平；机器工业学习了高速切削法和多刀多刃切削法，使各种机床的生产能力普遍提高 4～5 倍；纺织工业的每个纱锭的产量增长 15%，每台布机的产量增长 26%，每一织布工人看管的普通布机由 4 台增加到 24 台、自动布机由 10 台增至 32 台。同时，工业部门新产品的生产已大大增加，如钢轨、各式刨床、矿山机器、巨型的钢铁闸门、纺织机等，已经能够制造。❺ 在工农业总产值方面，1949～1952 年增长 77.5%，达到 827.2 亿元，三年中平均年递增率为 21.1%。❻ 在商业方面，1950 年全社会商品零售额为 170.56 亿元，1951 年增长为 208.84 亿元，1952 年增加到 246.88 亿元。三年中，商业社会总产值由 1949 年的 68 亿元，增加到 1952 年的 113 亿元，增长 66.2%，商业部门上缴国家财政的收入，也由 1950 年的 10.7 亿元，增加到 1952 年的 41.73

---

❶ 朱佳木. 陈云年谱（修订本）（中卷）［M］. 北京：中央文献出版社，2015：163.
❷ 当代中国丛书编辑委员会. 当代中国的农业［M］. 北京：中国社会科学出版社，1992：78.
❸ 董志凯. 1949～1952 年国民经济分析［M］. 北京：中国社会科学出版社，1996：181－182；国家统计局. 中国商业历史资料汇编.
❹ 武力. 中华人民共和国经济史（增订版）（上卷）［M］. 北京：中国时代经济出版社，2010：139.
❺ 李富春选集. 北京：中国计划出版社，1992：98－99.
❻ 刘武生. 三年经济恢复时期周恩来领导恢复和发展国民经济的努力［J］. 党的文献，2008（2）：50.

亿元。❶

2. 产业结构优化

财政经济的逐渐集中统一管理，改变了旧中国农业、工业十分落后，商业畸形发展的状况。1949～1952年，第一产业占国民收入的比重由68.4%下降到57.7%，第二产业由12.9%上升到23.1%（其中工业由12.6%上升到19.5%，建筑业由0.3%上升到3.6%），第三产业中的运输业和商业由18.7%上升到19.2%（其中运输业3.3%上升到4.3%，商业由15.4%下降到14.9%）。❷从中可以看出，第二产业的发展速度超过了第一产业和第三产业，这符合工业化的基本规律。第一产业和第三产业在国民收入中占比的下降不代表这三年它们没有发展。相反地，三年中，它们增速都比较快，只不过相对于第二产业发展速度来说，慢了一些。1950～1952年，国民收入增速中农业分别依次为17.1%、10.1%和15.2%，工业为33.3%、40.0%和31.0%，建筑业为400.0%、80.0%和123.3%，运输业为16.7%、28.6%和38.9%，商业为9.1%、16.7%和25.7%。从这一数字可以看出，与中华人民共和国成立前比，三大产业都有了较大发展。❸不仅如此，第二产业内部结构也发生了较大的变化。三年中，重工业比轻工业有更大的发展，特别是钢材和机器制造，各种机器与工业器材的国内自给率正在逐渐提高。1949年工业中生产资料与消费资料生产的比例为32.5%∶67.5%，到了1952年变成为43.8%∶56.2%。❹三大产业的发展及结构优化，促进了城乡关系、工商关系的改善，有利于国民经济的恢复和发展。

三、货币统一，金融稳定

全国金融机构的建立，为人民币占领市场和货币统一创造了前提条件。1948年12月，在石家庄成立中国人民银行，发行人民币。为使人民币成为全

---

❶ 董志凯. 1949～1952年国民经济分析［M］. 北京：中国社会科学出版社，1996：182.

❷ 国家统计局. 中国统计年鉴（1986）［A］. 北京：中国统计出版社，1986：55.

❸ 国家统计局. 新中国六十年统计资料汇编［M］. 北京：中国统计出版社，2010：14.

❹ 李富春选集［M］. 北京：中国计划出版社，1992：99－100.

国唯一合法的货币，中央政府采取行政手段，在各解放区用人民币代替各解放区货币。随着解放战争的全面胜利和中国人民银行分支机构在全国的设置，人民币代替了国民党时期的法币和金圆券，成为全国统一的货币。

全国金融机构的建立和货币的统一，使国家有能力控制贷款的方向和规模，逐渐降低存贷利率。1951年国家按照调整利率必须照顾到三个方面（存款人乐于存储，有益于国计民生事业的经营，适当照顾公私金融业的业务）的原则，将私人存款利率（一年期）由3.6%下调到2.7%，私人放款利率（一年期）由3.9%下调至3%，接近抗战前的水平（存款最高二分，贷款最高三分）。1952年6月以后，国家银行再次下调存贷利率并要求私营行庄看齐。通过调整，全国银行对私营存贷利率比6月以前下调20%～50%，使存贷利率低于抗战前水平。❶

全国金融机构的建立和货币的统一，加强了对外汇的管理和灵活掌握汇价，实现外汇收支平衡。国家依据多创外汇、发展经济的原则，通过鼓励出口、限制进口、吸收侨汇等手段，使外汇收支实现平衡并略有结余。经过三年的恢复，新中国的国际收支发生了根本性的转变：（1）从负债到盈余，新中国连年结余；（2）过去收支总量年趋萎缩，新中国则年年累增；（3）从消费到建设，过去外汇用于建设物资与消费品的进口比例为2∶8，新中国则为8∶2；（4）从资本主义货币体系到社会主义货币体系，1952年对苏联和其他新民主主义国家的收支比重已占全部国际收支比重的65%以上。❷

四、城乡互助，内外交流

1. 城乡互助

国民经济恢复时期，农副产品的采购量迅速增加，人民政府以合理的价格大量收购农产品，以极大力量协助农民销售副业产品，1950年为80亿元，

---

❶ 武力. 中华人民共和国经济史（增订版）（上卷）[M]. 北京：中国时代经济出版社，2010：155.

❷ 武力. 中华人民共和国经济史（增订版）（上卷）[M]. 北京：中国时代经济出版社，2010：156.

1952 年达 129.7 亿元，增长 62.1%；农民的净货币收入，从 1949 年的 68.5 亿元，增加到 1952 年的 127 亿元，增长 86.7%，农民购买力提高近 80%。❶ 1950 年全社会商品零售额为 170.56 亿元，1951 年增长为 208.84 亿元，1952 年增加到 246.88 亿元。三年中，商业社会总产值由 1949 年的 68 亿元，增加到 1952 年的 113 亿元，增长 66.2%，商业部门上缴国家财政的收入，也由 1950 年的 10.7 亿元，增加到 1952 年的 41.73 亿元。❷ 1950～1952 年，国营商业在批发额中所占比重，从 23.2% 上升到 60.5%，国营商业和供销合作社在零售额中所占比重，从 11.6% 上升到 34.4%。在农村，不但供销合作社已经普遍建立起来，而且生产力方面的互助合作运动也有了初步的发展。到 1952 年年底，建立了主要物资储备制度（见表 1－3）。

表 1－3　1952 年全国 5 种物资储备构成❸

	成品储备	材料储备	商业储备	合计
原煤：数量（万吨）	311.4	315.3	1076.4	1703.1
比重（%）	18.3	18.5	63.2	100.0
生铁：数量（万吨）	11.1	15.9	3.5	30.5
比重（%）	36.4	52.1	11.5	100.0
钢材：数量（万吨）	10.6	44.9	13.4	68.9
比重（%）	15.4	65.2	19.4	100.0
木材：数量（万立方米）	270.3	201.8	182.4	654.5
比重（%）	41.3	30.8	27.9	100.0
水泥：数量（万吨）	13.8	23.0	7.8	44.6
比重（%）	30.9	51.6	17.5	100.0

---

❶ 董志凯. 1949～1952 年国民经济分析［M］. 北京：中国社会科学出版社，1996：181－182.
❷ 董志凯. 1949～1952 年国民经济分析［M］. 北京：中国社会科学出版社，1996：182.
❸ 国家统计局. 几年来主要物资储备情况［A］. 1957－05－29；国家统计局档案 157－3－52 卷。

2. 内外交流

国民经济恢复时期，贸易的逐渐集中统一管理，促进了内外交流。1950年外贸总值超过九一八事变后的任何一年，而且是73年来的第一次出超，完全实现了1842年以来的海关自主。❶ 1950～1952年，出口额不断增加（见表1-4）。

表1-4　1950～1952年中国进出口贸易增长情况❷

年份	进出口增长情况（亿美元）			在世界贸易中所占比重（%）		
	进出口总额	出口额	进口额	进出口总额	出口额	进口额
1950	11.3	5.5	5.8	0.9	0.91	—
1951	19.6	7.6	12.0	1.2	0.92	—
1952	19.4	8.2	11.2	1.2	1.02	—

第四节　逐渐集中的改进措施与"条块"关系的形成

一、逐渐集中的改进措施

一系列税政政策的制定和执行，实现了税政工作的集中统一管理。但是，权力集中在中央，地方的灵活性或主动性受到限制。因此，中央决定重新划分中央与地方财政收支和物资分配管理权限。

（一）重新划分中央与地方财政收支和物资分配管理权限

1. 重新划分中央与地方财政收支管理权限

1951年3月3日，周恩来在《目前形势和我们的工作》的报告中指出，我们进行准备建设的工作，还要努力做到实行统一领导、统一计划、统一政

---

❶ 朱佳木. 陈云年谱（修订本）（中卷）［M］. 北京：中央文献出版社，2015：163.

❷ 国家统计局. 全国财贸统计资料（1949～1978）［A］. 北京：中国统计出版社，1979：289，295.

策，但同时又要注意不妨碍地方的因地制宜，不妨碍地方的积极性。^❶ 根据周恩来的讲话和《中国人民政治协商会议共同纲领》第 40 条"建立国家预算决算制度，划分中央与地方的财政范围"的规定，28 日政务院发出《关于 1951 年度财政收支系统划分的决定》，把从 1950 年 3 月以来实行的"财政力量高度集中于中央"的方针，转变为"统一领导、分级管理"的方针。在财政方面，重新划分中央与地方收支范围。在收入方面，中央收入包括农业税、关税、盐税、公债以及中央经营的国营企业的利润、中央级行政司法规费等。地方收入包括屠宰税、契税、房地产税、特种消费行为税、使用牌照税以及地方经营的国营企业利润、地方行政司法规费等。中央与地方按比例分成的收入包括货物税、工商业税、印花税、交易税、存款利率所得税、烟酒专卖利润等。超过计划征收的农业税的一半归地方。在支出方面，中央支出包括国防费、外交费、公债外债还本付息、中央级行政经费。其余按照 1950 年划分的中央与地方支出范围执行。^❷ 另外，地方工业利润（除去应上缴国库的任务外）可用来发展地方工业；地方企业向国家缴纳的折旧费，也可用来发展地方工业。^❸

2. 重新划分中央与地方物资分配管理权限

1949 年 12 月 14 日，陈云致信毛泽东说："今后中央将负责掌握全国各大城市，主要力量亦使用在各大城市。各大行政区可根据中央方针掌握中小城市，各省市则把各中小城市与农村大集镇物价掌握起来，从而在全国把各大中小城市和农村联系起来，统一步调，统一行动。"^❹ 根据陈云的建议，中央制定了"主要物资由中央掌握调配；一般物资划归大行政区主管机关掌握决定；划给地方处理的一般物资中如有适于中央处理者，应报请中央调配处理"的原则。^❺ 国家根据各种物资对国民经济的重要性和供需状况，实行不同的管理办法：（1）关系国计民生最重要的和紧缺的通用物资，包括钢材、有色金属

---

❶ 力平，马芷荪．周恩来年谱（1949～1976）（上卷）[M]．北京：中央文献出版社，1997：137.

❷ 朱佳木．陈云年谱（修订本）（中卷）[M]．北京：中央文献出版社，2015：131.

❸ 武力．中华人民共和国经济史（增订版）（上卷）[M]．北京：中国时代经济出版社，2010：76.

❹ 朱佳木．陈云年谱（修订本）（中卷）[M]．北京：中央文献出版社，2015：21.

❺ 中国社会科学院，中央档案馆编．中华人民共和国经济档案资料选编（1949～1952）（工商体制卷）[M]．北京：中国社会科学出版社，1993：174.

原料及其制品、木材、水泥、煤炭、烧油、橡胶、纯碱、烧碱、汽车及各种重要的通用设备等，由国家统一分配（简称统配物资）。（2）在国民经济中比较重要的物资，多数是专用性较强的物资或中间产品，如纺织机器和纺织专用设备，由纺织部平衡分配；铁矿石、铁合金等由冶金部平衡分配。（3）除由统配、部管物资和商业部统一经营的一、二类商品以外的工业品生产资料，如砖、瓦、灰、沙、石，一些小型机械，以及一些非金属矿产品等，由地方管理物资。❶

（二）重新划分中央与地方国营企业管理权限

中华人民共和国成立时，在经济十分落后的情况下，组织全国人力、物力、财力进行大规模工业生产，有利于增强中央政府的财力和宏观调控能力。但权力过分集中，使得经济工作的灵活性和地方政府的积极性都受到束缚。1951 年 4 月 4 日，陈云在中共中央召开的第一次全国组织工作会议上作报告，重申集中统一的管理还要保持，同时，分一点权给地方，这样可以调动地方办工业的积极性。❷ 4 月 6 日，陈云在政务院第七十九次政务会议上讲话，要"尽量发挥地方积极性"。他说，"我看过许多地方的干部，能力都很强，不少超过了中央主管企业的干部。再来看集中地方领导注意力问题，不由他管时，他一方面由于不好管理，另一方面也懒得去管理；归他管了，就好办一些。我们都不是专家，无法管的太细了"。❸ 这次会议上，周恩来还说："划分中央与地方工业的范围，还有一个好处，就是中央部门不会忙于企业事物，不会成为企业机关，而成为全国领导企业的机关。"❹ 同日，政务院发出《政务院关于一九五一年国营工业生产建设的决定》，重新划分了中央与地方的经济权限。其中，国营地方工业的经营范围包括网外的发电厂、小型矿山、小铁工厂、砖瓦厂、锯木厂、纺织厂、小食品厂、造纸印刷厂、日用化工厂等。❺ 4 月 10日，陈云在中财委第五十二次委务会议上讲话，表明由省、市举办一些适应农民购买力的工业，各地是愿意的，而且能够在正常经费开支内挤出一部分资金

❶ 当代中国丛书编委会. 当代中国物资流通 [M]. 北京：当代中国出版社，1993：102.
❷ 朱佳木. 陈云年谱（修订本）（中卷）[M]. 北京：中央文献出版社，2015：134.
❸ 陈云文集（第2卷）[M]. 北京：中央文献出版社，2005：234－235.
❹ 力平，马芷荪. 周恩来年谱（1949～1976）（上卷）[M]. 北京：中央文献出版社，1997：146.
❺ 政务院关于1951年国营工业生产建设的决定 [A]. 1951－04－06.

来投资这些工业。❶ 5 月 4 日，政务院颁布《关于划分中央与地方在财政经济工作上管理职权的决定》。该决定指出，散在各地的中央经营的国营企业，在政治工作方面受地方当局领导，在业务和技术方面，受中央各部领导；中央委托地方代管的企业和若干地方自管的重要企业，地方当局均应向有关的中央部门作必要的业务与工作报告，并在业务和技术方面接受中央各部门指导；地方经营的重要企业的生产计划与基本建设计划，则应经有关的中央部门及政务院财政经济委员会批准。❷ 7 月 3 日，中财委下发《关于一九五一年至一九五二年西北地方工业建设原则的决定》，规定地方工业发展的方向主要应该是轻工业，包括纺织工业。❸ 10 月 3 日，中财委签发《中央所属企业委托大行政区或省市代管暂行办法》，表明全国国营工业单位将分为由中央各主管工业部和省市人民政府工业部代管两大类。❹

二、"条块"关系的形成

所谓"条条"管理，就是指中央政府及其各部委直接领导地方政府各相关垂直部门的一种管理体制。所谓"块块"管理，就是指在中央政府的统一领导下，地方政府有较大的自主权，能够统筹安排地方事务。国民经济恢复时期，伴随经济权力的逐渐集中，中央与地方的关系即"条条"与"块块"的关系逐渐形成。在政治上，以民主集中制为原则构建了从中央到地方垂直统一的各级人民政府，逐步形成单一制、多层级的政治管理体制；在经济上，以分散的集中制为基础构建从中央到地方垂直统一的生产资料所有制，逐渐形成统一领导、分级管理的经济管理体制。

1. 单一制、多层级政治管理体制的形成

从历史上看，自秦朝统一以来，除封建割据以外，中国一直是中央集权的单一制国家。这样的结构形式，对幅员辽阔、人口众多、政治与经济发展不平

---

❶ 陈云文集（第2卷）[M]．北京：中央文献出版社，2005：236.

❷ 陈云文集（第2卷）[M]．北京：中央文献出版社，2005：243 –244.

❸ 朱佳木．陈云年谱（修订本）（中卷）[M]．北京：中央文献出版社，2015：165.

❹ 朱佳木．陈云年谱（修订本）（中卷）[M]．北京：中央文献出版社，2015：179.

衡的多民族的中国来说，有利于国家的统一。中华人民共和国成立后，中国共产党为了国家和人民的利益，不仅继承了这一历史传统，而且实行多层级的政治管理体制，丰富和发展了单一制结构的内涵。

1949 年 9 月 22 日，周恩来在《关于〈中国人民政治协商会议共同纲领〉草案的起草经过和特点》的报告中指出，新民主主义的政权制度是民主集中制的人民代表大会制度。从人民选举代表、召开人民代表大会、选举人民政府直到由人民政府在人民代表大会闭会期间行使国家政权的这一整个过程，都是行使国家政权的民主集中的过程，而行使国家政权的机关就是各级人民代表大会和各级人民政府。❶ 29 日，中国人民政治协商会议第一届全体会议通过了《中国人民政治协商会议共同纲领》（以下简称《共同纲领》）。《共同纲领》规定国家最高政权机关为全国人民代表大会，中央人民政府为行使国家政权的最高机关。❷ 这说明新中国政府即将构建单一制、多层级的政治管理体制。为了促进单一制、多层级政治管理体制的构建和保证其正常运行，《共同纲领》还规定，刚解放的地方，必须实行军事管制，领导人民建立革命秩序，召集各界人民代表会议；各级政权机关必须实行民主集中制，坚持少数服从多数，地方服从中央。❸

国民经济恢复时期，中国共产党严格遵守《共同纲领》。一方面，继续完成新民主主义革命遗留下来的历史任务——消灭国民党的残余部队和国民党潜伏下来的特务，解放全中国；另一方面，积极酝酿召开各级人民代表大会和组建各级人民政府。1951 年 5 月西藏和平解放后，中国大陆实现了彻底解放。同时，中国共产党领导的单一制、多层级政治管理体制开始形成。

2. 统一领导、分级管理经济管理体制的形成

国民经济恢复时期，各级人民政府的主要经济任务就是组织生产单位、生产者个人进行生产，恢复和发展被战争破坏的极其落后的国民经济。为顺利完成此项任务，必须首先划清各级人民政府的经济职能。尤其在新民主主义社会国家经济多种经济成分并存的情况下，划清中央与地方政府经济职能，是一个

---

❶ 建国以来重要文献选编（第 1 册）[M]. 北京：中央文献出版社，2011：17 – 18.
❷ 建国以来重要文献选编（第 1 册）[M]. 北京：中央文献出版社，2011：4.
❸ 建国以来重要文献选编（第 1 册）[M]. 北京：中央文献出版社，2011：5.

关系经济建设成败的大问题。

中华人民共和国成立前夕，毛泽东和中国共产党就认识到这个问题。1949年制定的《共同纲领》规定，中央人民政府应规定中央与地方在经济建设上分工合作的范围，建立中央各经济部门与地方各经济部门之间的联系，发挥中央与地方各自的创造性和积极性。❶ 这就是说中央人民政府可以根据实际需要调剂中央政府各经济部门与地方政府各经济部门之间的管理权限。《共同纲领》还规定，划分中央与地方经济管理权限，应坚持既有利于国家统一又有利于因地制宜的原则，按照各项事务的性质，由中央人民政府依法规范。❷ 由此可见，尽管经济建设要在中央人民政府的统一领导之下展开，但是必须根据经济建设的客观需要，科学合理地划分中央人民政府和地方人民政府的经济管理权限，也就是说，经济建设要实行分级管理。

国民经济恢复时期，中央人民政府为了国家统一和完成民主革命遗留的历史任务，在政治上，逐渐实行中央集权，建立单一制结构；在经济上，逐渐把以前分散在解放区的经济管理权限集中起来，统一领导。但是，在实际工作中，经济建设必须实行分级管理。尤其当地方不能因地制宜时，中央政府必须重新划分中央与地方经济管理权限。

因而，无论从政策层面看，还是从实践层面看，国民经济恢复后期我国已经形成统一领导、分级管理的经济管理体制。

小　结

国民经济恢复时期经济权力的逐渐集中总的来说，有三个特点。一是建立新的国家机器的内在要求。从历史上看，任何新政权的建立在某种程度上都加强了中央集权。国民经济恢复时期正是建立和巩固新政权的时期。新政权需要改变旧中国军阀割据、社会动荡、一盘散沙的局面，构建政治经济新秩序，实行人民民主专政，必须实行经济权力的逐渐集中。刘少奇说："中国原来是一

---

❶　建国以来重要文献选编（第1册）［M］. 北京：中央文献出版社，2011：8.

❷　建国以来重要文献选编（第1册）［M］. 北京：中央文献出版社，2011：5.

个不统一的国家，四分五裂。解放以后，我们把中国统一起来了，这是很大的进步，有决定意义的进步。中国的统一是从军事开始的，后来是政治上的统一，再后来是财政、经济、文化教育事业等方面的统一。中国的统一不是一下子完成的。"❶ 二是党对政府经济工作的直接领导。具体地说，有两种方法，一种方法是党的各级组织（从中央政治局到地方党委）直接抓经济工作，另一种方法是通过在政府里的党员及其组成的党团、党组等，间接地领导经济工作。❷ 三是经济权力的逐渐集中是在市场机制下进行的。这一时期，对社会主义性质的国营经济、集体经济和半社会主义性质的合作社经济实行逐渐集中统一管理；对私人资本主义经济、个体经济实行市场调节为主，并在国家的引导下朝着社会主义方向发展。

在生产力水平低下且市场秩序混乱的经济背景下，实行经济权力的逐渐集中统一管理，为恢复和发展国民经济，是必要的。陈云认为，"这样的统一管理，在我国的历史上是一大进步"，❸ 但是中央逐渐经济集权可能发生下级同志不关心收入，只伸手向上要的情况。尽管中央领导阶层意识到集中统一可能带来的弊端，也采取了一些放权改革的措施，促使中央与地方"条块"关系的形成，但是他们没有制定有效的制度来防止这种现象发生，只是从思想上"说服各地同志，既交出权力，又勇于负责，以此精神共度难局"。❹ 注重思想教育，一直是中国共产党宣传动员的重要方法，也是基本经验。但中华人民共和国成立后，恢复和发展经济是中国共产党领导中国人民的共同任务，只靠思想教育各地同志，是不够的，必须用制度进行激励和约束。如对工作积极，任务保质保量完成的地方应予一定奖励，包括物质奖励。反之，对工作被动，任务不能及时完成（除不可抗拒的自然力影响外）的地方应予以处罚措施，这样才能调动中央和地方的积极性，而不能干好干坏都一样。

❶ 刘崇文，陈绍畴：刘少奇年谱（下卷）［M］. 北京：中央文献出版社，1996：408.

❷ 武力. 中华人民共和国经济史（增订版）（上卷）［M］. 北京：中国时代经济出版社，2010：72.

❸ 陈云文集（第2卷）［M］. 北京：中央文献出版社，2005：172.

❹ 朱佳木. 陈云年谱（修订本）（中卷）［M］. 北京：中央文献出版社，2015：24－25.

第二章 "一五"时期经济权力的
高度集中和放权改革设想

　　1952～1957年，是我国进行大规模经济建设的第一个五年计划时期。依据当时的国内经济状况和国外经济环境，中央先后制定了"一化三改"的过渡时期总路线、优先发展重工业、实行计划经济体制、区域经济协调发展的重大经济决策。在这些决策的指导下，中央对财政、企业、金融、贸易实行高度的集中统一管理。在当时，这种管理体制优化了产业结构，促进了供求平衡，实现了高积累、低消费，提高了投资效益，改善了生产力布局，加快了经济发展速度。但是，也存在一些弊端。如中央事无巨细，管得太多，地方的活力受到压制。于是，"一五"计划后期，中央决定改革高度集权的经济管理体制。

第一节　高度集中的经济背景

　　在中华人民共和国经济纲领的指导下，经过三年的恢复，建立了国民经济的新秩序，改变了新中国成立时非常落后、动荡不安、一盘散沙的政治经济局面。1952年年底，恢复任务完成后，中国开始进入"一五"计划时期，进行大规模的国民经济建设。依据国内经济状况和国外经济环境的变化，党的经济思想和经济政策发生了从新民主主义向社会主义的重大转变。这些变化和转变是中央高度经济集权形成的经济背景。

一、社会主义工业化起步时的经济条件

　　1953年，在提出"一化三改"过渡时期总路线和优先发展重工业的工业

化道路后，中国共产党便开始大规模的经济建设。此时，尽管中国共产党和中国人民信心十足、干劲很大，但是农业落后、资金短缺、劳动力素质低、农村劳动力相对过剩等客观经济条件成为长期制约工业化进程的不利因素。

1. 农业靠天吃饭且剩余有限

经过三年的国民经济恢复，虽然产业结构实现优化，农业和工业产值占比上升，商业占比下降，但是从工业化的要求看，产业结构仍不合理。我国仍然是一个落后的农业大国。1952 年年底，农业总产值超过工业总产值，占工农业总产值的 56.9%。1957 年农业总产值占工农业总产值的 43%。在工业内部，轻工业和重工业结构也不合理。1952 年，轻工业产值占全部工业产值的 64.4%，而以农产品为原料的轻工业产值占整个轻工业产值的 87.5%。此外，我国出口产品主要是农副产品及其加工品。农副产品及其加工品占出口总额的比例 1952 年为 82.1%，1957 年为 71.6%。[1] 这说明我国重工业的基础很薄弱，无法为农业的发展提供先进的机械设备和建设资金，支持农业的发展。相反地，重工业的自身发展还需要增加农业积累，以牺牲农业为代价，为工业化的起步提供资金来源。农业本身是靠天吃饭，土壤和气候决定农业的生命。在当时缺乏农业资金、农业机械和先进技术的条件下，农业是否丰收，只靠农民的积极性是不够的，还主要依靠天气、降水等自然条件。农业的靠天吃饭及其收成的不稳定，会引起工业发展的不稳定。

在"一五"时期，尽管农业在国民生产总值中占比最大，成为国民经济的基础，但是农业生产条件很差，靠天吃饭，农业劳动生产率低下，每个劳动力创造的净产值 1952 年为 419 元，1957 年为 452 元。[2] 这导致农业剩余有限，为工业化提供积累资金也是有限的。这些因素制约了工业发展的速度和规模。

2. 工业化所需资金严重短缺

优先发展重工业是"一五"时期中国工业化道路的必然选择，也是关键环节。从某种意义上讲，新中国优先发展重工业的根本原因在于建设资金不足而不能做到全面展开、百废俱兴。但是，重工业的优先发展也需要庞大的建设

---

❶ 朱佳木. 陈云年谱（修订本）（中卷）［M］. 北京：中央文献出版社，2015：173.
❷ 武力. 中华人民共和国经济史（增订版）（上卷）［M］. 北京：中国时代经济出版社，2010：173.

资金。吴景超估计,战前中国每年用于经济建设的款项仅有 5 亿美元。而按照"一五"计划的设想,五年内政府的基本建设投资为 427.4 亿元,按照 1952 年的汇价折合美元 163.3 亿元,即平均每年需拿出 32.66 亿美元,才能达到预期工业化目标。❶ 当时,无论农业还是轻工业积累率都很低。在农业方面,中国仍然是一个落后的农业国,农田耕作主要靠原始的人力和畜力,机械化水平很低,农业靠天吃饭且剩余不多,能为工业化提供的积累资金十分有限。在工业方面,工业的积累率更低,不仅轻工业产品满足不了劳动人民的生活需要,而且重工业基础相当薄弱,已经成为制约农业和轻工业发展的"瓶颈",更谈不上剩余。在利用外资方面,困难重重。朝鲜战争爆发后以美国为首的西方资本主义世界对中国实行经济封锁,而苏联自己也因资金短缺拿不出更多的援助。

3. 人口多底子薄,农村劳动力相对过剩

旧中国由于战乱、饥荒,很多农民颠沛流离。中华人民共和国成立后,社会秩序稳定。尤其是农村土地改革使农民分到了土地,过上了稳定的生活。1952 年农业人口占总人口的 85.6%,1957 年仍然占 83.6%。据统计,1952 年全国共有农业剩余劳动力(全劳动和半劳动)4039 万人,占农业劳动力总数的 16.8%。农业人口增加,而耕地面积没有增加,这就导致农业剩余劳动力增多。据统计,尽管东北地区地多人少,但是仍然存在 123 万人的剩余劳动力。❷ 农业剩余劳动力的增加降低了农业劳动生产率,使农业剩余更为减少。另外,"一五"计划正处于百年社会动乱结束后的人口增长高峰期,人口自然增长率达到 21‰ 以上,五年内我国净增人口 7171 万人。由于人口增长过快,人民的生活消费需求也大大增加。因此,积累与消费的关系一直比较紧张。❸

4. 高素质劳动力短缺

工业化建设需要懂技术、会管理的高素质人才,而旧中国广大劳动人民没有条件接受教育,尽管农业劳动力剩余,但这并不能给工业化带来富余的劳动

---

❶ 武力. 中华人民共和国经济史(增订版)(上卷)[M]. 北京:中国时代经济出版社,2010:174.

❷ 国家统计局.1952 年全国劳动就业情况调查报告 [R]. 1953 – 03.

❸ 武力. 中华人民共和国经济史(增订版)(上卷)[M]. 北京:中国时代经济出版社,2010:176.

力。据1954年全国干部统计资料（县以上国家机关及企事业单位中办事员以上的干部和技术人员，但不包括党委系统、群众团体系统、合作社系统、公私合营企事业、军事系统、教育行政管理部门主管的中等师范学校和中小学），在376.14万人中，专业技术人员只有58.35万人，而工程技术人员仅有22.15万人（内有工程师以上技术职称者2.14万人），农业技术人员5.25万人（内有技术以上职称者966人）。● 大部分干部文化程度较低。从建筑行业看，1952年的就业人员中，有技术的职工仅占职工总数的10%～20%，80%～90%的职工没有专门技术，是一般劳动力，因此当1953年大规模基本建设开始后，建筑行业的技术人员尤为短缺。1954年春，中央农村工作部部长邓子恢即指出："区一级干部，不只是质量弱而且数量也少。现在好多地方，一个区只有三、五人可以办合作社，每人管三四十个，确实抓不起来"，"合作社是改造小农经济，比之土改既要更复杂，更艰苦得多，没有专职干部，确实难以办好"。❷ 另据1955年7月召开的全国农业生产合作社财务会计工作会议反映，尽管一年来共培训了55.4万名会计，但财会工作仍然是合作化运动的薄弱环节，全国农业合作社尚有10%的会计没有训练，在经过培训的55.4万名会计中，只有40%能独立工作。现有合作社真正做到账目清楚、财务制度健全、社员满意的，在一般地区只有占总社数的20%～30%，多数社存在或多或少的问题，有20%～30%的社混乱比较严重，约有5%的社还没有账。❸

二、优先发展重工业的战略

中华人民共和国成立前后，中国共产党对新中国工业化建设道路进行了积极探索。在实现社会主义工业化这一基本问题上，党中央的思想是一致的。但如何实现社会主义的工业化，中国共产党经历了反复思考、讨论和最终决策的过程。1949年9月29日，中国人民政治协商会议《共同纲领》规定：应恢复和发展重工业，为工业化打下基础；应恢复和增加轻工业，满足人民消费需

● 国务院人事局. 历年全国干部统计简要资料（1952～1956）［A］. 1957－12.

❷ 中华人民共和国国家农业委员会办公厅. 农业集体化重要文件汇编（上）［M］. 北京：中共中央党校出版社，1981：307.

❸ 人民日报［N］. 1955－07－04.

求。这说明中华人民共和国成立时,中国共产党选择的工业化道路是对重工业要重点恢复和发展,同时对轻工业应恢复和增加。这种战略还不是优先发展重工业。1950 年,刘少奇在一份手稿中专门谈到了中国的工业化问题。他认为,国民经济恢复任务完成后,首先应大力发展农业和轻工业,以及一些国防工业,然后大力发展重工业,最后以重工业为基础,大力发展轻工业。❶ 这说明,在国民经济恢复时期,党中央还没制定优先发展重工业的决策。

国民经济恢复任务完成后,国内外环境发生变化。在国内,工业虽然恢复,但缺乏独立性、完整性,重工业与轻工业相比,过于薄弱,成为工业发展的"瓶颈"。尽管轻工业的利润高、投资回收快,但它的发展受到原料和能源不足的制约,如果把公私企业和手工业加在一起,其生产能力是过剩的,它的发展必须依赖农业和重工业的进一步发展。❷ 在国际上,朝鲜战争爆发后,我国周边环境迅速恶化。为了巩固国防,必须优先发展重工业。此外,在 20 世纪二三十年代,苏联为应对法西斯的侵略和威胁,优先发展了重工业,不仅增强了国防力量,也为工业化奠定了经济基础。苏联优先发展重工业的工业化道路对我国产生了重大影响。同时,苏联决定在技术上和机械设备上帮助中国进行工业建设。这些国内外因素促使党中央形成优先发展重工业的经济战略方针。1953 年年底,中共中央发出《为动员一切力量把我国建设成为伟大的社会主义国家而斗争——关于党在过渡时期总路线的学习和宣传提纲》,明确了我国的工业化道路必须是优先重工业发展。

优先发展重工业,必须集中全国有限的人力、物力、财力,完成重大项目建设。为此,中央提出了过渡时期的总路线,对生产资料私有制进行社会主义改造,并实行计划经济体制,加强了财政经济的集中统一管理。

三、"一化三改"总路线的提出

1. "一化三改"总路线形成的背景

为什么要实现工业化?从历史上看,中国是一个农业大国,自给自足的自

---

❶ 刘少奇论新中国经济建设 [M]. 北京:中央文献出版社,1993:173.
❷ 武力. 中华人民共和国经济史(增订版)(上卷) [M]. 北京:中国时代经济出版社,2010:189.

然经济长期占据统治地位。在两千多年的封建社会里，中国的经济实力和综合国力曾经领先世界一千多年。唐朝是中国封建社会的鼎盛时期，当时的农业经济发展是世界古代经济史中的最高峰。但是，到了近代，西方国家的资本主义经济迅速发展，促进了生产力呈几何倍数的飞跃式发展和生产方式的革命性变革。传统农业经济开始瓦解。西方资本主义国家凭借先进的科学技术和雄厚的经济实力向海外扩张，把亚非拉经济落后的国家变为它们的原料产地和商品倾销市场。中国就是其中的一个例子。1840年的鸦片战争就是西方现代工业文明和中国传统农业文明的冲突，中国的战败意味着西方工业文明的先进和中国传统农业文明的落后。从那时起，把中国变成一个工业化的国家便成为中国仁人志士梦寐以求的夙愿。但是，在一百多年的半殖民地半封建社会，由于资本主义国家工业文明过于强大和中国农业文明过于落后以及西方列强的殖民掠夺，中国没有走上工业化的道路。1949年，中华人民共和国的成立实现了民族的独立和人民的解放，为工业化准备了条件。经过三年的国民经济恢复，进入"一五"时期，实现中国的工业化便成为摆在中国共产党面前的重大历史任务。

我国应该选择哪一种类型的工业化道路呢？世界上成功的工业化道路归纳起来有三种类型：一是依靠殖民掠夺，如英国、美国、法国；二是对外侵略掠夺和对内实行高积累（封建剥削），如德国、日本；三是对内高积累和优先发展重工业，如苏联。❶ 显然，我们不能选择老牌的资本主义国家所走过的工业化道路，也不能选择后起的资本主义国家所走过的工业化道路。这是因为，首先，中国是一个刚从半殖民地半封建基础上脱胎而来的落后的发展中国家，经济发展水平很低，工业基础十分薄弱，温饱问题仍没解决，虽然对外有一些农产品出口，但是不可能有大量的商品输出。其次，中华人民共和国是中国共产党领导的人民民主专政的社会主义国家。在国内，人民是国家的主人，人和人之间是平等的关系，不存在封建剥削；在国外，中国愿意和世界上一切爱好和平的国家建立友好关系，并奉行和平共处五项原则，不存在侵略或掠夺。因此，中国只能学习苏联，通过内部的高积累和优先发展重工业来实现工业化。

为什么要进行社会主义革命？从国内来看，优先发展重工业必须实行计划

---

❶ 武力. 中华人民共和国经济史（增订版）（上卷）[M]. 北京：中国时代经济出版社，2010：177.

经济体制,这与新民主主义经济体制相矛盾。新民主主义社会的经济纲领是在巩固和发展国营经济的前提下,鼓励和发展私营经济和个体经济,调动各方面的积极性。在国民经济恢复时期,这种经济体制确实带动了国营经济、私营经济和个体经济的全面恢复。但是,这种经济体制也存在弊端。一方面,城市私营经济和个体经济存在偷漏税、行贿、伪劣产品、牟取暴利等行为;农村家庭经营比较困难,加上国家投资有限,农业增长受到较大限制。另一方面,当恢复任务完成后,中国开始大规模的经济建设。当时,全国的人力、物力和财力都很有限,为了优先发展重工业,必须改变以市场调节为主的资源配置方式,实行计划经济。❶ 从国际来看,世界资本主义与社会主义两大阵营形成并尖锐对立,我国只能加入其中,而不能游离其外。中国共产党的建立和中国革命的成功都是在马克思主义理论指导下取得的,并得到苏联的帮助。1950 年 6 月的抗美援朝战争使中国和美国等西方资本主义国家之间的矛盾公开化。为了对抗西方国家对我国的军事威胁和经济封锁,我们只能站在以苏联为首的社会主义阵营一边。既然站在社会主义阵营一边,就必须实行社会主义,而不能长期保持新民主主义社会。

2. "一化三改"总路线的形成及内容

国民经济恢复任务的提前完成使毛泽东和党中央必须考虑下一步的工作计划,制定明确的政治、经济纲领和路线,统一全党思想和指导经济工作。1952年 9 月 24 日,毛泽东在中央书记处会议上曾说,用十年到十五年时间,基本实现社会主义。❷ 1953 年 2 月,在一次中央会议上他又说,要用十年到十五年,甚至更长一段时间,基本完成工业化和对农业、手工业、资本主义工商业的社会主义改造。6 月 15 日,毛泽东在中央政治局会议上再一次提出,在十年到十五年或者更多一些时间内,基本上完成国家工业化和对农业、手工业、资本主义工商业的社会主义改造。8 月,毛泽东完整表述了过渡时期的总路线。他说:"党在过渡时期的总路线和总任务,是要在一个相当长的时期内基本上实现国家工业化和对农业、手工业、资本主义工商业的社会主义改造。"

---

❶ 武力. 中华人民共和国经济史(增订版)(上卷)[M]. 北京:中国时代经济出版社,2010:178.

❷ 逄先知,李捷. 毛泽东与过渡时期总路线 [J]. 党的文献,2001:46.

9月24日，中共中央将其公之于世。12月，毛泽东组织编写了《关于党在过渡时期总路线的学习和宣传提纲》，供大家学习。该提纲全面论述了过渡时期总路线的理论、内容和实现的途径。在理论上，依据马克思主义理论阐明了新民主主义革命和社会主义革命之间的联系。在内容上，总路线主要包括两大部分，一是实现工业化，二是"三大改造"，并且二者同时进行。在实现途径上，指出实现工业化的中心环节是发展国家的重工业，以建立国家工业化和国防现代化。

四、沿海和内地协调发展的区域经济政策

中国的区域经济发展不平衡由来已久。近代中国，由于战乱和军阀割据，区域经济发展不平衡状况加剧。到1952年，我国沿海各省的工业产值约占全国工业总产值的70%，其中钢铁80%在沿海（主要在鞍钢），纺织70%在上海、天津、青岛三市。[1] 中华人民共和国成立后，中国共产党从民族团结、社会稳定的大局出发，决定改变区域经济发展不平衡的状况，并把协调发展区域经济与优先发展重工业紧密结合起来。

为协调发展区域经济，"一五"计划作了妥善部署。一方面，对原有的沿海的工业基地进行合理利用和改建。"一五"计划决定要合理地利用东北、上海和其他沿海城市已有的工业基础，并对东北工业基地进行改建。在694个限额以上的工业基本建设项目中，有222个放在了东北和沿海地区。特别是对以鞍山钢铁基地为中心，包括抚顺和阜新的煤矿、鹤岗煤矿、本溪钢铁工业、沈阳的机器制造业、吉林的电力工业等东北工业基地加以改建，以便尽快增加生产能力，支援内地建设。另一方面，开辟新的内地的工业基地，以便"二五"计划期间形成以包头钢铁公司和武汉钢铁公司为中心的新工业基地。据统计，156个建设项目中，建在内地的占81.6%。限额以上的694个建设单位，分布在内地的占68%。[2]

---

[1] 武力. 中华人民共和国经济史（增订版）（上卷）[M]. 北京：中国时代经济出版社，2010：188.

[2] 周道炯. 当代中国的固定资产投资管理 [M]. 北京：中国社会科学出版社，1989：91.

第二节　经济权力的高度集中

"一五"计划时期,在"一化三改"的过渡时期总路线和优先发展重工业的战略方针的指导下,基于社会主义工业化起步时的经济条件,中国共产党决定增加中央财政经济管理部门,实行计划经济管理体制。1952年年底,成立国家计划委员会。其主要任务是制订国民经济发展的年度计划和中长期计划。11月14~15日,周恩来在《关于改变大行政区人民政府(军事委员会)机构与任务,调整省、区建制和增设中央人民政府机构问题的报告》中指出,三年来,在中央统一领导下,各大区基本上完成了经济恢复和改建工作的事实,证明这样做是"既有利于国家统一,又有利于因地制宜"。现在,为了适应国家大规模经济建设,必须加强中央的统一和集中领导。❶ 1953年2月13日,中共中央发出《关于建立计划机构的通知》,要求中央各经济部门,加强计划工作,建立基层计划机构。各大区行政委员会和各省、市人民政府的财经委员会应担负计划任务,并在业务方面受国家计委的指导。4月28日,中共中央作出《关于加强对中央人民政府财政经济部门工作领导的决定》,对财政经济部门的领导人进行分工。❷ 1953年年底,大行政区机构撤销。1954年,成立国务院。国务院在原政务院42个工作部门的基础上,增加了12个经济管理部门。到1956年年底,国务院先后又增设了若干经济管理部门。同时,省级以下地方政府比照国务院工作部门,设立相应的对口机构。为加强党对中央政府经济工作的领导,计划经济体制形成后,在财政、企业、金融、贸易等财政经济领域实行高度集中统一管理。

一、建立"条条"管理体系,强化财政收支统一管理

1954年1月25日,邓小平在全国财政厅局长会议上作关于《地方财政工

---

❶ 力平,马芷荪. 周恩来年谱(1949~1976)(上卷)[M]. 北京:中央文献出版社,1997:269.

❷ 朱佳木. 陈云年谱(修订本)(中卷)[M]. 北京:中央文献出版社,2015:258.

作要有全局观念》的报告，指出必须以中央、全体、集中统一为主导，但是中央也要照顾局部和地方，要因地制宜。若二者发生矛盾，地方应该服从中央，局部应该服从全体，因地制宜应该服从集中统一。[1] 根据邓小平的这一思想，这次会议还提出"财政工作的六条方针"，即归口、包干、自留预备费，结余留用不上缴，精简行政人员，严格控制人员编制，动用总预备费须经中央批准，加强财政监察等。[2] 在这六条方针中，除了包干、自留预备费和结余留用不上缴属于"因地制宜"外，其余方针实际上都加强了财权的"集中统一"。"一五"计划实际上是一个以政府投资为主体的经济建设计划。为了集中全国有限的人力、物力、财力，优先发展重工业和协调区域经济发展，中央政府加强了对投资、预算、工资的高度集中统一管理，并实行对农产品、工业品的"统购统销"。

（一）投资的高度集中统一管理

1. 投资决策权的高度集中

为了有计划地进行重点投资，防止出现百废俱兴和计划外盲目投资，1953年以后，中央逐步实行对投资决策权的高度集中统一管理。"一五"时期，中央政府制订了五年计划和年度计划，所有投资都由国家计划部门统一安排，中央既要进行投资规模、投资结构、投资布局等决策，又担负着项目决策管理任务。具体做法是，首先中央政府确定全国基本建设投资的总规模，然后按行业分配给各中央主管部门，各中央主管部门进而按照纵向的行政管理体系进行具体分配。中央各部门和地方各级政府部门对所属建设单位只能按中央计划和拨款指标进行再分配，无权自行调剂资金，而企业和建设单位只是执行国家投资计划的基层单位。为落实这项政策，加强中央的集中统一管理，1954年，中央决定撤销大区一级行政机构建制和合并若干省、市，成立国家建设委员会。在"一五"计划时期完成的588亿元基本建设投资总额中，中央直接管理的投资509亿元，占总投资的86.5%。[3] 由于投资决策权的高度集中，地方国营企业未得到相应发展，而此时各地私营工业产值增产迅速。为了进一步提高各

[1] 邓小平文选（第1卷）[M]. 北京：人民出版社，1989：198－199.
[2] 邓小平文选（第1卷）[M]. 北京：人民出版社，1989：193－195.
[3] 周道炯. 当代中国的固定资产投资管理 [M]. 北京：中国社会科学出版社，1989：19.

省(市)经营地方工业的积极性,中财委决定凡 1953 年地方企业在完成国家预算任务的基础上仍有超额收入或预算中有其他结余的,均可首先用于地方工业投资;1954 年地方企业收入超过预算指标部分,可以在国家统一计划下由地方调剂,拨出一部分或全部用于投资少、收效快的基本建设项目,以迅速扩大生产,增加积累。❶

2. 基本建设资金、物资、技术分配权的高度集中

"一五"计划时期,基本建设投资是财政支出的主体部分,占比达到 90%,其中 79% 来源于中央财政。这表明当时党和政府进行社会主义工业化建设的巨大决心和信心,也说明中央成为基本建设投资的主体,实现了集中全国财力优先发展重工业的目标。

基本建设所需的主要物资包括基本建设主要设备和基本建设材料。基本建设主要设备,由国家统一组织订货,成套分交。在基本建设材料方面,扩大了中央统配物资和部管物资的范围。为了加强对基本建设材料的集中统一管理,中央把基本建设材料划分为统配物资、部管物资、地方物资、市场采购物资四类。开始钢材、水泥、木材三大材料及其他几十种基本建设用料为统配物资,实行国家统一调拨。油毡、沥青、玻璃等 20 多种建筑材料,为中央主管部调拨分配的部管物资。1953~1957 年,统配物资和部管物资由 227 种增加到 532 种。❷ 这就使全部主要设备和 70% 的基本建设材料,由国家集中统一调拨分配。

基本建设施工队伍,由国家统一分配任务。中央建筑工程部直接组建若干综合性的建筑安装公司,集中全国的技术力量,形成一支 30 万人的野战施工队伍,在全国范围内机动灵活地迁移调动,确保重点建设项目的施工。同时,中央一些部门根据所属行业性质组建若干个专业工程公司,承包专业工程。至于建设项目由谁施工,施工企业承包哪些项目,一律由国家分配。各级建委按照国家分配的施工任务,组织建设项目的施工排队,集中力量保证重点。❸

3. 投资管理监督权的高度集中

为了实现基本建设投资拨款的集中统一管理,国家指定交通银行负责监督

❶ 朱佳木. 陈云年谱(修订本)(中卷)[M]. 北京:中央文献出版社,2015:308.

❷ 武力. 中华人民共和国经济史(增订版)(上卷)[M]. 北京:中国时代经济出版社,2010:303.

❸ 周道炯. 当代中国的固定资产投资管理 [M]. 北京:中国社会科学出版社,1989:19-20.

管理此项工作。从 1951 年 2 月起，交通银行逐渐接办各部门、各地区的投资拨款。1953 年，交通银行接办了中央各部门的投资拨款。1954 年，接办了全部地方工程拨款。1956 年，又接办了军工、尖端工业的投资拨款。

1954 年 9 月，政务院决定成立中国人民建设银行，集中管理基本建设资金的监督拨付，集中办理包工企业的短期放款和基本建设资金收付往来的结算，并对建设单位和包工企业资金的运用、财务管理、成本核算以及投资计划完成情况等进行检查监督。中国人民建设银行成立后，组建了全国统一的建设银行分支机构，制定了全国统一的基本建设投资拨款规章制度，形成了全国统一的基本建设资金供应网络，实行了全国统一的建设银行会计、统计核算办法，接办了军工、尖端工业、国防科研等全部基本建设投资拨款，承担了"三项费用"（技术组织措施费、新产品试制费、零星基本建设支出费用）、勘察设计经费、地质勘探事业费拨款以及各项基本建设收入直接抵拨支出的资金管理等。❶

（二）预算、工资的高度集中统一管理

1. 中央为主、分类分成的预算管理体制

与国民经济恢复时期财政预算、决算的统收统支政策相比，"一五"计划时期的预算管理体制，扩大了地方的预算范围，但仍坚持以中央集中管理为主。1953 年 8 月，在全国财经会议上，周恩来指出，中央与地方应按照主次轻重划分收支范围。地方收多于支者上缴，收少于支者补助。地方财政按照统一制度，凡超计划的征收和节约，一般归地方支配。❷ 1954 年政务院将各项收入划分为固定收入、固定比例分成收入和调剂收入三类。固定收入分为中央固定收入和地方固定收入，互相之间不参与分成。固定比例分成收入，是由中央根据各地区的收支情况分别核定分成比例。这个比例固定不变。调剂收入，是由中央根据各地区每年的收支情况分别核定分成比例。这个比例一年一变。国家预算支出分为中央预算支出和地方预算支出。地方预算支出，首先用地方的固定收入和固定比例分成收入抵补，不足的差额，由中央划给调剂收入弥补。

---

❶ 周道炯. 当代中国的固定资产投资管理［M］. 北京：中国社会科学出版社，1989：19 - 20.

❷ 陈如龙. 当代中国财政（上）［M］. 北京：中国社会科学出版社，1988：368.

地方预算的收支,每年由中央核定。❶

"一五"计划时期,每一年国家预算管理体制会根据当时的具体情况在划分中央与地方预算收支时进行微调,但这没有改变预算收支方面中央与地方分类分成的基本格局。总体来说,中央预算占多数,地方占少数。据统计,这一时期,中央预算支配的财力约占75%,地方预算支配的财力约占25%。❷这种以中央为主、分类分成的预算管理体制,不仅有利于国家集中主要财力进行重点建设,而且有利于地方运用地方固定收入和机动财力,因地制宜地办一些事情。

2. 从分散走向集中的劳动工资管理体制

"一五"计划时期,由于大规模经济建设和优先发展重工业的需要,国家在技术人才缺乏、建设资金短缺的情况下,对干部、工人实行统一分配、统一工资制度。

统一分配工作的对象有大中专(含技工学校)学校毕业生、复员退伍军人;1956年,资本主义工商业实行全行业公私合营时的原私营企业职工。这样一来,以前市场机制下劳动者自谋职业、自主创业的就业体制逐渐转变为计划经济下国家对机关、企事业单位劳动者统一安排、统一分配的就业体制。1957年,中央规定,各单位不得随意裁减职工。在用工形式上,为了稳定需要,政府强调多用固定工,少用临时工。

在国民经济恢复时期,地方和部门在国家下达的工资总额和平均工资计划内,可以自行安排部分职工升级,企业可以根据需要实行计件工资制和建立奖励制度。它们可以主动解决工资中存在的一些问题,使工资成为调动职工积极性的一个重要经济杠杆。但是,全国各地的工资制度比较混乱,工资标准差异较大。1955年8月31日,周恩来签署《国务院关于国家机关工作人员全部实行工资制和改行货币工资制的命令》,指出为统一机关工作人员待遇,把包干制改为工资制。❸1956年国务院作出了关于工资改革的决定,在全国实施。其主要内容有把原来的工资分、折实单位统一改为货币单位;机关实行统一职务等级工资制,事业单位实行统一职务、职称等级工资制;企业工人实行五级或

---

❶ 陈如龙. 当代中国财政(上)[M]. 北京:中国社会科学出版社,1988:368-369.
❷ 陈如龙. 当代中国财政(上)[M]. 北京:中国社会科学出版社,1988:369.
❸ 力平,马芷荪. 周恩来年谱(1949~1976)(上卷)[M]. 北京:中央文献出版社,1997:500.

八级的等级工资制；修订和统一了技术等级标准；企业可根据条件自行决定计件工资和建立奖励制度，等等。与此同时，各省、市、自治区参照中央的规定，统一了地方国营企业的工资制度。这样，既实现了全国工资制度的统一，又保留了企业在统一制度下一定的机动权。❶

二、加强企业统一管理，其生产纳入国家计划

1. 国营企业管理的高度集中

从数量来看，"一五"计划时期，中央所属的国营企业的数量在不断增加。1952 年，全国国营工业企业共有 9 517 个，其中直属中央的企业为 2 245 个，占 23.6%，其余为地方国营企业。但是到 1957 年，中央各部所属的企事业单位已达 9 300 多个。❷ 从质量来看，一般来说，中央所属的企业，规模较大，现代化水平较高，管理制度较健全，管理人员水平较高，计划管理的程度也较高；而地方所属的国营企业则相反，一般来说，规模较小，现代化水平较低，管理制度不健全，计划管理的程度也较低。以轻工业管理体制为例，中央规定，凡是原材料供应和产品销售属于全国性的企业，在一定时期内，可以由中央专业部门多管一些；凡是原材料供应和产品销售属于地方性的企业，应当全部由地方管。凡是使用新技术生产，地方上一时还没力量管理的企业，一般可以由中央部管。从发展上看，对于某些有条件、有必要支援新的建设、成套培养和输送干部的轻工业基地，在一定时期内，由中央部管为有利；一般比较分散的企业，由地方管为有利。❸ 为了适当扩大中央部管企业的权限，中央规定，在保证完成季度计划的条件下，企业有权根据实际情况，调整月度计划。增加固定资产和零星基建的批准权限问题，定额应该适当放宽，究竟如何放宽，放宽到何种程度，请财政部门根据不同行业和不同企业规定不同的定额。企业的干部，除中央管理名单和部管名单外，应经党委讨论，由厂长任免。部

---

❶ 周太和. 当代中国的经济体制改革 [M]. 北京：中国社会科学出版社，1984：50.

❷ 武力. 中华人民共和国经济史（增订版）（上卷）[M]. 北京：中国时代经济出版社，2010：346.

❸ 江苏省档案馆馆藏. 关于全国轻工业体制问题的方案 [A]. 全宗号：4005，目录号：2，案卷号：27：4.

管名单范围,由各部分别不同企业另作规定。企业可以根据完成生产任务的需要和经济核算的原则,在劳动计划的范围内,增减工人,并且可以直接向当地劳动部门协商调配。❶

2. 企业生产逐渐纳入国家计划

1952年1月,中央颁布了《国民经济计划编制暂行办法》,规定国营工业的基层计划单位是企业,农业的基层计划单位是专署或县农林科(后来实际上是县)。物资供应与计划管理相适应,根据控制数字以及首先满足国防和国有企业需要的原则,按大行政区的范围加以汇总平衡,并提出平衡差额及解决办法,上报中财委。国有企业财物实行统收统支,企业财务计划是国家财政预算的一个组成部分。2月1日,中共中央发出《关于建立与充实各级计划机构的指示》,要求各基层企业单位的计划机构必须于12月底以前建立。此后,国家通过行政力量逐渐把企业生产纳入国家计划。在社会主义改造完成以前,国家根据不同的经济成分,实行不同的计划。如国营企业实行指令性计划,由各级政府部门直接管理。企业实际上是政府的加工工厂。企业生产什么,如何生产,完全依据中央政府逐级下达的生产计划而定。企业很少有或没有自主权,公私合营企业一般都控制在政府委派的公股代表手里,按照国家的计划生产。在生产经营方面,它类似于国营企业;供销合作社虽然是"劳动人民私有制基础上的集体经济组织",但是由于它是一个自上而下的全国性紧密组织系统,实际上成为国家控制的商业组织,从1952年就已开始实行指令性计划管理;至于手工业生产合作组织,虽然也有地区性的组织,但是在1956年以前,大部分属于松散的供销合作社和合作小组,政府没有力量对这些组织的产供销环节包下来,大部分仍然是国家通过指导市场来调节;至于私营和个体经济,1956年以前,则主要是通过市场来调节,国家一般只对其实行指导性计划。❷

3. 地方工业的双重领导

一般来说,地方主管的工业主要有手工业、日用工业品企业、食品工业、

---

❶ 江苏省档案馆馆藏. 关于全国轻工业体制问题的方案 [A]. 全宗号:4005,目录号:2,案卷号:27:8.

❷ 武力. 中华人民共和国经济史(增订版)(上卷)[M]. 北京:中国时代经济出版社,2010:300.

纺织工业等轻工业。1954年地方组织法实施后，政府间纵向关系进行了部分调整，实行中央与地方的双重领导制，即地方各级政府经济部门既受地方政府委员会领导，又受中央主管部门领导。同时，中央政府成立了地方工业部，加强了对地方工业的管理。在对地方工业的管理体制上，实行地方为主、工业部为辅的双重领导体制。

三、发挥银行经济职能，强化金融信贷统一管理

1. 发行新人民币和公债

1953年11月，陈云以中财委名义向毛泽东并中共中央提交报告，现有的货币票面额较大，但是单位价值则低，应发行单位价值较高的新人民币。发行新币的措施，可名副其实地叫作"发行新币"，而不称为"货币改革"，以免引起误会。新币与现行人民币比值，以1元比1万元为宜。正在印刷的新币，票面分为1分、2分、5分、1角、2角、5角、1元、2元、3元、5元共10种。❶ 1955年2月21日，周恩来颁发了《关于发行新的人民币和收回现行的人民币的命令》，责成中国人民银行从3月1日起执行。到6月10日，全国已收回旧币341 233亿元，占2月底市场旧币流通总量347 996亿元的98.06%，约合新币34.8亿元。❷ 6月10日，人民币新旧币兑换工作基本完成。

"一五"计划时期，由于大规模经济建设，财政经济紧张。1953年赤字预计为35亿元，1954年赤字预计为29亿元，1955年赤字预计为38亿元，1956年赤字预计为25亿元，1957年赤字预计为2.5亿元。为弥补预算赤字，中央政府连续发行5期国家经济建设公债。❸

通过人民币新币和经济建设公债的发行，中央政府进一步加强了对金融货币的集中统一管理。

---

❶ 朱佳木. 陈云年谱（修订本）（中卷）[M]. 北京：中央文献出版社，2015：280.

❷ 中国社会科学院，中央档案馆. 中华人民共和国经济档案资料选编（1953~1957）（金融卷）[A]. 北京：中国物价出版社，2000：686，688.

❸ 万立明. "一五"时期的国家经济建设公债发行——以上海为中心的考察 [J]. 上海行政学院学报，2006（7）：75.

2. 中国人民银行实行"统存统贷"

1952年年底，由中国人民银行统一领导的银行管理体制初步形成后，建立了社会主义计划经济的金融体系。1954年4月2日，陈云向毛泽东作全国金融会议情况的报告，报告说这次会议进一步统一机构建设，健全了银行系统的垂直领导。人民银行逐步实行总、区、分、支四级制，普遍建立县支行。1956年，公私合营银行并入中国人民银行。经过改组和强化管理，中国人民银行既承担发行货币、实施金融监管的任务，又负责经营全国的金融信贷业务，具有中央央行和商业银行双重职能。在信贷方面，中国人民银行构建了全国垂直统一的金融信贷管理体系。各商业银行的资金必须交给中国人民银行统一掌握，实行"统存统贷"。❶

四、实行"统购统销"，建立垂直统一的外贸管理体系

（一）农产品、工业品的"统购统销"

1. 农产品的"统购统销"

为了给工业化提供积累资金和保证城市人民与农村缺粮农民的基本生活需要，中共中央决定对粮食实行"统购统销"。1953年6月25日，陈云复电周恩来，应当由中央统筹管理和供应粮食，地方稍有机动。❷10月2日，毛泽东在中央会议上指出，征购粮食、整顿私商、统一管理，势在必行。❸11月23日，政务院发布《关于实行粮食的计划收购和计划供应的命令》，要求对粮食统购统销，提出了征购和统销的具体办法。

为贯彻落实粮食的统购统销政策，国家加强了对粮食部门和企业的统一管理。比如一切有关粮食经营和加工的商店和工厂（除私营以外），统一由地方粮食部门领导；所有私营粮店，严禁自由经营粮食，但可以办理代国家销售；所有私营粮食加工厂，必须接受粮食部门委托加工；城市居民可以到指定地点

❶ 武力. 中华人民共和国经济史（增订版）（上卷）[M]. 北京：中国时代经济出版社，2010：302.

❷ 朱佳木. 陈云年谱（修订本）（中卷）[M]. 北京：中央文献出版社，2015：261.

❸ 毛泽东文集（第6卷）[M]. 北京：人民出版社，1999：297.

卖出或买入，以调节多余或不足；农民缴纳公粮和完成统购任务后的余粮，可自由支配。❶

顺利完成粮食统购统销工作，需要处理好中央与地方关系。为此，中央规定：粮食的收购和供应计划，首先由国家计委颁布控制数字，然后由地方根据实际情况确定，最后报中央批准；按计划拨给地方的粮食，由地方掌握，其余粮食，由中央统配；地方若有困难，中央负责解决；若有需要从地方调出一定数量的粮食，地方必须服从；中央统一规定大中城市的粮价，地方粮价根据中央所定的原则，自己确定，但要报中央批准。❷

"一五"时期，由于食用油、棉花、棉布的供求关系也趋于紧张，中央在对粮食实行统购统销的同时，也趁机对食用油、棉花、棉布实行"统购统销"。1953 年 11 月 15 日，国务院作出《关于在全国实行计划收购油料的决定》，要求对油料计划收购和对食用油计划供应。对于棉纱、棉布，国家早在1951 年 1 月就开始实行统购，但这并不能控制住农民对棉花的消费（如絮棉和自织土布），即有效增加棉花的供给。于是根据粮油统购统销的经营，1954年 9 月 9 日，政务院会议通过《关于实行棉布计划收购和计划供应的命令》和《关于实行棉花计划收购的命令》，决定对棉花、棉布实行"统购统销"。

2. 工业品的"统购统销"

如前所述，国家为进行大规模经济建设，基本建设所需主要设备，由国家统一组织订货，成套分交。在基本建设材料方面，扩大了中央统配物资和部管物资的范围。

1953 年 12 月 12 日，中财委向各大区财委发出《关于盐业产销统一领导的决定》，决定自 1954 年 1 月 1 日起，由中央轻工业部负责盐业产销的统一领导。❸ 1954 年，国家计委将公私合营企业产品的销售、物资供应、价格计算纳

---

❶ 武力. 中华人民共和国经济史（增订版）（上卷）[M]. 北京：中国时代经济出版社，2010：208.

❷ 武力. 中华人民共和国经济史（增订版）（上卷）[M]. 北京：中国时代经济出版社，2010：208 - 209.

❸ 中央财经领导小组办公室. 中国经济发展五十年大事记（1949.10～1999.10）[M]. 北京：人民出版社、中共中央党校出版社，1999：64.

入国家计划。中央规定，● 在产品销售方面：（1）中央部投资领导的合营企业，其生产关于国家统一分配并列入国家计划指标的产品，根据国家的需要，由主管部报国家计委核定后列入分配。（2）地方投资领导的合营企业，其生产关于国家统一分配并列入省（市）计划指标的产品，产品质量符合国家规定标准的，根据国家的需要，由省市计划委员会审核提出，经国家计划委员会核定后列入分配。（3）由中央主管部或地方企业主管部按计划向合营企业进行加工订货，将其产品收购后列入统一分配。（4）合营企业生产关于中央部分配的产品，除中央部有特殊规定者外，亦可按上述规定由主管部核定列入分配。物资供应方面，（1）凡中央部或地方投资领导的合营企业（事业），其生产经营维修所需国家统一分配物资与中央部分配物资，得按系统提出申请。同合营企业加工的产品，其生产所需国家统一分配物资与中央部分配物资，由主管加工部门提出申请。（2）凡中央部或地方投资领导，经省（市）以上人民政府核准的合营企业，企业中的基本建设主要工程项目经中央主管部或省（市）计划委员会审核批准并列入部或省（市）计划指标者，其基本建设、大修理所需国家统一分配物资与中央部分配物资，得按系统提出申请。价格计算方面，直接列入分配，或通过加工订货形式列入国家统一分配的合营企业产品，从合营企业的主管部门或省（市）向外调出时，对该主管部或省（市）按国家调拨价计算，国家未规定调拨价者，按部定价或省（市）定价计算。供应合营企业（事业）所需要的国家统一分配物资，在调拨给中央部或省（市）主管申请部门时，按国家调拨价计算，国家未规定调拨价者，按部定价或者（市）定价计算。中央部、省（市）主管部门对合营企业事业的价格计算按以下规定分别处理。甲：直接列入分配或加工、订货的合营企业产品价格，及其生产所需国家统一分配物资的价格，应根据实际情况，进行核算，合理议定，报经中央部或省（市）财委批准后执行。乙：非列入统一分配的产品，其生产所需国家统一分配物价，及合营企业（事业）基本建设、大修理所需国家统一分配的物资，一律按国营批发牌价计算（如在工厂交货者，按产地国营批发牌价计算；实行送货制者，则按交货地国营批发牌价计算），无国营批发牌价者，按市场批发牌价计算。丙：合营公用事业、交通运输业，经

● 江苏省档案馆．全宗号：4022，编号：2，案卷号：23：2－3．

政府在调拨价的基础上核定其售价，运输价，其生产经营维修所需国家统一分配物资，按国家调拨价计算，此外，一律按本条乙项计价原则办理。丁：合营企业通过国家计划向国外定购的进口物资，一般可按需用部门所在地或临近地区之国营批发牌价计算，无国营批发牌价者，可在进口成本外酌加相当于国营贸易部门的一般利润费用及税款计算。按规定的计算办法所产生的价格差额，其多余部分，由中央各主管部和省（市）财委指定的主管部门负责结算收缴国库。关于中央部分配物资，对合营企业的计算办法，应参照本规定的精神，由主管部门规定之。

（二）建立垂直统一的外贸管理体系

1952 年 8 月，贸易部改组成商业部和对外贸易部后，对外贸易部对原有公司进行调整和改组。1953 年，对外贸易部主要按照商品的经营分工，重新组成了 14 个专业进出口公司，以及分管海运和陆运的 2 个外贸运输专业公司。后来各个外贸专业公司又进行了多次调整，并逐渐建立在各地的分、支公司。各外贸专业总公司直接指导各省、市、自治区外贸分公司的计划工作。1954年，随着各大区的撤销，大区原有的对外贸易部门不复存在。在中央对外贸易部的统一领导下，各省、市、自治区对外贸易局陆续成立。对外贸易部直接指导各省、市、自治区的外贸计划工作。这样一来，对外贸易部实现了从中央到地方的垂直统一的对口管理体系。

在对私营进出口商社会主义改造基本完成之前，中国对外贸易体制的基本状况是中央外贸部门统一领导和管理全国对外贸易，主要通过制定和执行国家方针政策和法令法规行使外贸行政管理权，以国营外贸专业公司为主体，由不同经济成分多家经营，在中央统一安排下实行口岸分工，对外成交由相对分散过渡到大集中、小分散，对国营外贸企业实行直接计划和统收统支，对私营外贸企业实行间接计划或估算性计划，并有区别地运用经济手段进行调节。❶1953 年，国家对主要农产品、工业品和主要生产资料实行统购统销和计划供应后，加强对出口商品的控制，逐步缩小私商经营范围，并基本停止对进口商批汇，在信贷、税收、价格方面对私商加强限制。同时，国营外贸公司对私商

---

❶ 沈觉人. 当代中国对外贸易（上）[M]. 北京：当代中国出版社，1992：63.

实行"按行归口,统一安排",采取连购物资、联合出口、委托代理、公私联营等形式,帮助私商解决组织货源等方面的困难,加强对私商业务经营的领导,以促进对私商的社会主义改造。❶ 在对资本主义工商业社会主义改造基本完成之后,1957 年中国国民经济转入单一计划经济轨道,中国对外贸易体制随之适应国家经济体制的要求,形成由政府职能部门领导的国营外贸公司集中经营,国家对外贸公司实行指令性计划管理和统负盈亏,管理和经营趋于一体这样一种高度集中的对外贸易体制。❷

在编制贸易计划方面,由直接计划和间接计划相结合逐步过渡到单一的直接计划管理。在对外贸易计划管理上,国营外贸计划实行直接计划,地方国营外贸计划只是要求几项主要指标,编制简要计划,私营外贸是间接计划,经过推算,作出比较可靠的估算性计划。1956 年以后,对外贸易全部由国营外贸公司集中经营,在全国实行了单一的直接计划管理形式。同时,实行"统一计划,分级管理"的制度,即全国的外贸计划是统一的,但编制、执行和检查计划是分级管理的。计划程序采取自上而下和自下而上相结合的办法。实行"双轨制"计划,即按各外贸专业总公司和各省、市、自治区对外贸易局两个系统进行,以外贸专业总公司为主,由对外贸易部汇总综合,制订全国的外贸计划。国营外贸公司的进出口业务完全按照国家批准的计划进行。国家对外贸易计划是指令性的,不能随意变动,如需修改要逐级上报,由国务院核批。❸

第三节 高度集中的成效

一、优化产业结构,促进供求平衡

1. 优化产业结构

"一五"计划时期,国家动用财政收入的大部分投资工业建设。经过五年的发展,进一步优化了产业结构。五年期间,工业生产的年递增长速度达到 18%,

---

❶❷ 沈觉人. 当代中国对外贸易(上)[M]. 北京:当代中国出版社,1992:63.
❸ 沈觉人. 当代中国对外贸易(上)[M]. 北京:当代中国出版社,1992:186.

增长之快是空前的。工业总产值占工农业总产值的比重 1949 年为 30%，1952 年为 43.1%，1957 年为 56.7%；重工业产值占工业总产值中的比重 1949 年为 26.4%，1952 年为 35.5%，1957 年为 45%。这改变了旧中国产业结构中工业极端落后的状况。[1]

表 2 - 1 是按当年价格计算的农轻重三个部门在工农业净产值（其比总产值更准确些）中所占的比重。[2]

表 2 - 1　农轻重三个部门在工农业净产值中所占的比重　　　　（%）

年份	农业	轻工业	重工业
1949	84.5	11.0	4.5
1952	74.7	14.5	10.8
1957	62.3	18.6	19.1

从表 2 - 1 可以看出，从国民经济恢复时期到"一五"计划时期，农业占工农业净产值的比重逐渐减少，工业尤其重工业在"一五"计划时期所占比重增加最快，增长将近 1 倍。

2. 促进供求平衡

1953 年，国家实行对粮棉油的统购统销后，10 月，粮食征购任务如期并超额完成。全国粮食会议曾决定，从 1953 年 7 月 1 日到 1954 年 6 月 30 日的粮食年度内，国家应获得粮食 354.5 亿公斤，而国家实际收入粮食 392.25 亿公斤，超过计划 37.75 亿公斤，使库存有了较大幅度的增加，粮食供求紧张的形势终于缓和。对粮棉油实行统购统销的根本目的是在当时农业剩余有限和非农业人口增长的情况下，通过国家集中管理的方式，既要保证人民群众的基本生活消费，又要保证国家快速工业化资金积累和外汇来源，实现供求平衡。这种方法实质上是在工农业产品短缺的情况下，用国家计划管理的行政手段取代市场调节。从实行的结果来看，取得了明显的效果。通过统购统销，国家完全控制了最重要的产品，将数量最大、最分散的农民控制在国家手中，甚至将直接

[1]　武力. 中华人民共和国经济史（增订版）（上卷）[M]. 北京：中国时代经济出版社，2010：318.

[2]　薛暮桥. 艰苦创业四十年 [J]. 经济管理，1989（9）.

计划深入消费领域，这都为后来建立高度国家集权的社会主义经济制度奠定了基础，促进了社会主义改造和计划经济体制的形成。❶

二、提高投资效益、加快经济发展

"一五"计划时期，共建工业项目1万多个，其中大中型项目921个，建成投产的工业项目595个。苏联帮助设计的156个重点建设项目，到1957年年底，有135个已经施工建设，有68个已经全部建成或部分建成投入生产。完成基本建设投资588.47亿元，实现新增固定资产492.18亿元，固定资产交付使用率达到83.6%。五年新增固定资产相当于中华人民共和国成立时接收的固定资产的4倍，发展了生产力，增长了经济基础，是中华人民共和国成立以后投资效益最好的历史时期之一。❷

从建设周期看，第一个五年计划时期，大中型项目的平均建设工期为5年（纺织工业项目的工期不到2年）。像鞍钢大型轧钢厂、无缝钢管厂、七号炼铁炉三大工程，从开始大规模施工到竣工，只用了不到2年时间。投资达6.5亿元的长春第一汽车制造厂的工程规模和建筑结构的复杂程度都大大超过了第一汽车制造厂计划，由于加强了施工准备，从开工兴建到基本建成，只用了27个月，加上设备安装、调整生产和室内外工程结尾，也只用了3年时间就全部建成并投入生产。第一个五年计划时期，新增的固定资产占基本建设投资总额的百分比，平均为83.6%，投资的效益很高。❸ 1953~1957年，工农业总产值年均增长10.9%，其中工业总产值年均增长18%，重工业总产值年均增长25.4%。❹ 国民收入增长8.9%，财政收入增长11%，是中华人民共和国成立以后国民经济效益最好的历史时期之一。

---

❶ 武力．中华人民共和国经济史（增订版）（上卷）[M]．北京：中国时代经济出版社，2010：209．

❷ 周道炯．当代中国的固定资产投资管理 [M]．北京：中国社会科学出版社，1989：20．

❸ 周太和．当代中国的经济体制改革 [M]．北京：当代中国出版社，1984：37．

❹ 武力．中华人民共和国经济史（增订版）（上卷）[M]．北京：中国时代经济出版社，2010：318．

三、实现高积累、低消费

中央政府通过高度经济集权和实行计划经济体制，不仅控制了生产方向、生产规模和区域经济布局，而且控制了人民的消费需求。在农村，国家对主要农产品实行"统购统销"，并利用工农业产品价格的差价，把大部分农民生产剩余集中起来，抑制了农民的高消费。在城市，国家实行统一的工资制，对工薪人员的消费基金实行有效的宏观调控，有利于妥善处理国家建设和人民生活的关系。"一五"计划时期，国家统一的工资标准虽然比以前有所增加，但仍然属于低薪制，低利率。通过这种方式，国家把工薪人员的剩余也集中起来，抑制了他们的高消费。通过低消费、高积累的政策，为工业化建设提供了积累资金。

四、协调生产力布局

"一五"计划时期，国家把优先发展重工业和协调区域经济发展结合起来。经过五年建设，不仅工业产值占工农业净产值比重大幅度提高，而且内地的重工业、轻工业发展更为迅速，改变了以前工业主要集中在东部地区的状况（见表2-2）。

表2-2　几种重工业的生产能力在区域布局上发生的变化❶　　　　（%）

	东部地区		内地	
	1952年	企业建成后	1952年	企业建成后
钢	82.5	49.4	17.5	50.6
煤	46.5	43.0	53.5	57.0
电	63.2	42.8	36.8	57.2
石油加工	68.5	57.5	31.5	42.5
电解铜	79.0	41.0	21.0	59.0

---

❶ 武力.中华人民共和国经济史（增订版）（上卷）[M].北京：中国时代经济出版社，2010：320.

续表

	东部地区		内地	
	1952 年	企业建成后	1952 年	企业建成后
水泥	83.9	59.3	16.1	40.7
国防工业（按产值计）	52.1	23.4	47.9	76.6
合成氨	100.0	42.0	0	58.0
浓硝酸	100.0	23.0	0	77.0

从表 2 - 2 可以看出，"一五"计划时期的企业建成投产后，在钢、煤、电、电解铜、国防工业、合成氨、浓硝酸重工业的生产能力方面内地超过了东部地区，内地的石油加工、水泥的生产能力也快赶上东部地区的产值。

在轻工业方面，生产力布局也有较大改善。如纺织工业，到 1957 年年底，中西部地区建立了 5 个纺织基地，沿海地区棉纺锭数占比从 83.6% 下降到58.3%，沿海地区与内地棉纺锭的比例关系由旧中国的 6.4：1 调整到 3.5：1。❶

第四节　高度集中的消极作用和放权改革设想

一、高度集中的消极作用

"一五"计划时期，财政、企业、金融、贸易的高度集中统一管理虽然取得了巨大的成效，但是，这种高度集中的经济管理体制也存在一些消极作用。主要表现在随着中央计划管理范围的逐步扩大和市场机制的逐步退却，企业、个人和地方政府都失去了从事经济建设的独立主体地位，成为完成国家各项经济计划的实施者和执行者，而不是决策者。

1. 企业失去了自主权

"一五"计划时期，随着经济权力的高度集中，中央直属的国营企业完全

---

❶ 钱之光. 当代中国的纺织工业 [M]. 北京：中国社会科学出版社，1984：162 - 164.

成为中央政府的加工工厂，即在中央政府的计划下进行企业生产，企业所需的原材料和生产产品由中央政府统一调拨和分配。地方国营企业，也要按照中央制订的计划，由地方政府负责提供原材料和对其产品实行调拨和分配。对于私营企业，国家也通过"加工订货"和"统购统销"的方式，逐渐把其纳入国家计划。到1956年年底对私营企业实行全行业公私合营以后，企业的生产基本上纳入国家的生产计划。企业在执行政府特别是中央政府的生产任务后，其作为市场主体的地位逐渐丧失。这使得企业缺乏活力，很难发挥其积极性，不能因地、因时、因事制宜，机动地、灵活地领导生产。因为产品不投放市场（或较少投放市场），企业就会不计生产成本，不追求经济效益。

2. 个人的积极性无法激发

在农村，由于粮棉油等农产品实行"统购统销"政策，农民失去了对其剩余产品的支配权。在征购粮食数量方面，农民没有对等的谈判权利，完全取决于国家。尽管政府主导型的"统购统销"政策是当时形势的客观要求，但政府的这种行为缺乏相应的制约机制，很容易导致国家的随意性，即为自己需要征购"过头粮"，超过农业"剩余"这个界限。在征购粮食价格方面，农民也无权自主定价。尽管最初实行"统购统销"时国家会参考市场价格，考虑农民的利益，减少政策执行的阻力，但是没有任何机制可以保证和随时调整征购价格，使其比较合理。如时任粮食部副部长陈国栋1964年5月在全国财贸政治工作会议上发言指出，1954年长江流域发生水灾，国家又多派了几十亿斤统购任务，搞了"过头粮"。嘴巴进城，粮食下乡。❶ 在城市，统一工资标准不利于调动企业和职工的积极性。在企事业单位，平均主义、吃"大锅饭"现象严重。政府没有很好地解决职工的收入水平和个人的贡献大小挂钩，特别是和企业经营成果挂钩的问题。企业除了执行中央统一规定的计划任务和增长幅度外，没有充分的回旋余地。❷

3. 地方政府的积极性受到束缚

"一五"计划时期，在经济建设方面，中央实行"条条"为主的管理体

---

❶ 江苏省档案馆. 全宗号：3037，编号：4，案卷号：1：126. 评：统购统销的利弊.
❷ 周太和. 当代中国的经济体制改革 [M]. 北京：当代中国出版社，1984：50-51.

制,地方政府的积极性受到束缚。从财力、物力、人力来说,地方政府很少有决策权和支配权,一切需要遵照中央的计划行事,听从中央的安排,按照中央的指令办事,这样困住了地方政府的手脚,其主动性、积极性很难发挥。例如,为优先发展重工业和国防工业,中央各经济部门的投资基本上用于工业建设,导致地方政府对城市建设很少考虑或无力考虑。此外,由于实行"条条"为主的管理体制,地方政府只对中央政府负责,地区之间、地方政府之间的横向联系较少,形成条块分割状态,使府际关系变成简单的中央与地方政府之间的关系。

二、高度集中的反思和改进措施

1. 对经济权力高度集中的反思

1953 年 8 月 11 日,周恩来在全国财经会议上作总结报告指出,集中统一,在革命取得全国胜利后,尤其是在国家建设开始后,是必须日益加强的,但集中是建立在发扬民主的基础上的。集中统一的原则,不能消灭因地制宜。❶ 9 月 14 日,陈云在分析财政工作方面的缺点和错误时就说,财政部按照行业系统发钱,如果发现某一个行业的钱用不了,而另一个行业的钱不够用,地方却无权调剂。"专款专用"是对的,但应该给地方一定的机动权。❷ 1954 年 3 月 6 日,陈云主持政务院会议,在讨论纺织工业问题时指出,全国需要有多少纱厂,其中,中央管理多少,地方管理多少,都应有个数字,以使中央和地方不至于发生盲目性。❸ 1956 年 4 月 25 日,毛泽东在《论十大关系》中谈道:"不给工厂一点权力,一点机动的余地,一点利益,恐怕不妥","有中央与地方两个积极性,比只有一个积极性好得多"。进而,他提出了处理中央与地方关系的建议:"中央的部门可以分成两类。有一类,它们的领导可以一直管到企业;有一类,它们的任务是提出指导方针,制定工作规划,事情要靠地方

---

❶ 力平,马芷荪. 周恩来年谱(1949～1976)(上卷)[M]. 北京:中央文献出版社,1997:318.

❷ 朱佳木. 陈云年谱(修订本)(中卷)[M]. 北京:中央文献出版社,2015:269.

❸ 朱佳木. 陈云年谱(修订本)(中卷)[M]. 北京:中央文献出版社,2015:305.

办。"❶ 28 日，毛泽东在中共中央政治局扩大会议上的总结讲话中说："现在我们讲，过分的集中是不利的"，❷"在现在地方缺少独立性的时候，强调一下地方的独立自主，是很有必要的"。❸ 5 月 2 日，周恩来在最高国务会议上指出，在执行"一五"计划的过程中，感到有一个中央和地方的权限问题和中央各部门的分工问题，这是两个很重要的问题。我们这样一个国家搞社会主义，集权的事情比较多，过去对分权给地方注意较少，集中多、民主少，这方面是有缺陷的。我们要发挥地方的积极性，因为地方更接近实际，更接近下层。❹ 8 日，刘少奇在人大常委会和政协委员会联席会议上指出，中央与地方的关系就是上级与下级的关系。上级跟下级是有矛盾的，中央同地方是有矛盾的。❺ 6 月 23 日，周恩来在国务院体制会议上说，"有些部门有这样的顾虑，怕分权后分散力量，影响生产、基建、技术和计划"，其实，"实行中央与地方分权，是为了发展生产，不是为了缩小和妨碍生产。""过去担子一个人挑，现在很多人挑，可以大大发展生产力"。"适当分权给地方就会更好地集权于中央"。中华人民共和国成立初期"体制那样集中是有必要的，搞五年计划，大家都没有经验"。"现在来研究体制不是太晚，条件成熟是到去年底和今年初。""这个改进不是一下子实现，而是逐步实现。"❻ 9 月 20 日，陈云在中共八大上《社会主义改造基本完成以后的新问题》的报告中指出，我国的社会主义经济应该是以国家经营和集体经营为主体，以个体经营为补充；以计划生产为主体，以自由生产为补充；以国家市场为主体，以自由市场为补充。❼ 1957 年 1 月 30 日，陈云在国务院办公会议上讲话指出，切断公司垂直领导关系，公司和行政合二为一的方案是可行的，基本上解决了中央同地方分工管理企业的问题。商业利润分成要合理，既要发挥地方的积极性，又要增强中央的

❶ 毛泽东文集（第 7 卷）[M]. 北京：人民出版社，1999：32.
❷ 毛泽东文集（第 7 卷）[M]. 北京：人民出版社，1999：52.
❸ 毛泽东文集（第 7 卷）[M]. 北京：人民出版社，1999：56.
❹ 力平，马芷荪. 周恩来年谱（1949～1976）（上卷）[M]. 北京：中央文献出版社，1997：570－571.
❺ 刘崇文，陈绍畴. 刘少奇年谱（下卷）[M]. 北京：中央文献出版社，1996：366.
❻ 力平，马芷荪. 周恩来年谱（1949～1976）（上卷）[M]. 北京：中央文献出版社，1997：591－592.
❼ 建国以来重要文献选编（第 9 册）[M]. 北京：中央文献出版社，2011：287.

计划性。❶ 4 月 27 日，在上海市委会议上刘少奇作了《如何正确处理人民内部矛盾》的讲话，指出发挥社会主义经济的多样性和灵活性，就必须给予地方、企业以及个人在一定范围内有经济活动的自由。❷ 11 月 14 日，刘少奇在全国人大常委会上发言，重申处理中央与地方关系既要保证国家各方面的统一，搞统一计划，又要改变那些不合理的、过分集中的毛病，让地方能因地制宜。❸

2. 高度集中的改进措施

根据中国共产党第一代领导集体对经济权力高度集中的反思，1956 年 5 月，周恩来召开会议，讨论中央集权过多的问题，强调要适当分给地方一些权力，并形成了《国务院关于改进国家行政体制的决议（草案）》，提出划分中央与地方对企业和事业的管理权限的标准和原则，例如中央管理带全局性的、关键性的、集中性的企业和事业，除此之外的企业和事业，交地方管理。对企业和事业坚持双重领导，即以中央为主、地方为辅或以地方为主、中央为辅的管理办法。8 月 28 日，周恩来在国务院全体会议上指出，分权于地方，既是为了更好地实现全面规划，加强领导，也是为了更好地集权于中央。10 月 30 日，国务院批转了《国务院关于国家行政体制的决议（草案）》，提出首先划分中央与地方的行政管理职权，适当扩大地方行政管理职权，然后再划分省、县、乡的行政管理职权。❹ 1957 年 9 月 20 日至 10 月 9 日，八届三中全会通过了《关于改进工业管理体制的规定（草案）》《关于改进商业管理体制的规定（草案）》和《关于改进财政体制和划分中央与地方对财政管理权限的规定（草案）》。11 月 8 日，国务院第六十一次全体会议，对以上三个草案做了进一步的修改。14 日，全国人大常委会审议并原则上批准这三个规定。

《关于改进工业管理体制的规定》要求，适当扩大地方管理权限，加强地方对中央各部所属企业的领导和监督；扩大企业的管理权限；重工业、轻工业、食品工业、商业企业、建筑业，除一些重要的大型企业以外，或除地方认为管理困难的以外，都应该下放；用人权随着企业管理权一起下放；地方可以

---

❶ 陈云文选（第 2 卷）［M］. 北京：中央文献出版社，2005：155 – 156.
❷ 刘崇文，陈绍畴. 刘少奇年谱（下卷）［M］. 北京：中央文献出版社，1996：399 – 400.
❸ 刘崇文，陈绍畴. 刘少奇年谱（下卷）［M］. 北京：中央文献出版社，1996：408.
❹ 力平，马芷荪. 周恩来年谱（1949 ~ 1976）（上卷）［M］. 北京：中央文献出版社，1997：614 – 615，628.

调整中央各部所属企业的干部；减少指令性指标（由 12 个改为 4 个）和简化计划编制程序（国家只规定年度计划）。❶ 这些规定有利于地方政府发挥其参与地方经济建设和城市建设的主动性和积极性，有利于地方政府根据客观条件和现实急需灵活地、机动地指导企业生产。

《关于改进财政管理体制的规定》要求，重新划分中央与地方的财政收支范围，使地方政府既有机动的财力，又有稳定的收入来源。地方的固定收入包括原有的地方企事业收入和 7 种地方税收。如果地方的固定收入不能解决正常的年度支出，中央则划给一定比例的企业分成收入（20% 的企业利润）或调剂收入，计算方法和比例三年不变。❷ 此规定意在加强地方的财权财力，调动地方的积极性，让地方政府关心生产和地方经济建设。

《关于改进商业管理体制的规定》要求，一些批发站实行中央商业部与地方双重领导，国务院只颁发 4 个商业计划指标，利润指标由地方掌握，中央各商业部门的企业利润（除粮食、外贸、供销社、饮食服务业外）实行与地方二八分成，地方对收购计划和销售计划有 5% 的机动权，地方依据中央各商业部门定价原则自行定价三类农副产品的购销价格、次要市场和次要工业品的售价，地方有权调剂物资的数量、品种和使用时间。❸

1957 年的经济管理体制的改进仅仅是对"一五"计划时期经济权力高度集中状况的一次细微调整，这次调整虽然扩大了地方政府的一些权限，但是相对保守，表现在既要求地方有适当数量的机动财力，又要保证国家的计划能顺利完成。

小　结

从"一五"计划时期高度集中的中央与地方经济关系的形成、发展直至

---

❶ 武力. 中华人民共和国经济史（增订版）（上卷）[M]. 北京：中国时代经济出版社，2010：348.

❷ 朱佳木. 陈云年谱（修订本）（中卷）[M]. 北京：中央文献出版社，2015：572-573.

❸ 武力. 中华人民共和国经济史（增订版）（上卷）[M]. 北京：中国时代经济出版社，2010：348.

1957 年经济管理体制的改进这一历史发展过程可以看出，中央与地方经济关系变动的如下特点：（1）高度集中的管理体制是由优先发展重工业和加强国防工业的经济战略决定的。（2）高度集中的管理体制是中央通过指令性计划来实现的。在主要的经济领域中，中央都设置了专门的管理部门，地方各级政府根据中央的要求也设置相应的与中央对口的管理部门，中央对地方的领导实行了从中央各部到地方各相应部门的垂直领导即"条条"管理为主。地方政府的经济职能具体体现在各部门的经济职能，即执行中央的各项计划。（3）经济权力集中的程度也随私有制改造的逐渐完成而不断加强。从某种意义上说，社会主义私有制的改造为加强中央经济集权和实行计划经济创造了条件。1956 年社会主义改造基本完成以前，由于私营经济、个体经济和农业合作社经济仍占很大比重，在经济建设上国家只能实行计划生产和市场调节相结合，即在宏观领域实行国家计划，在微观领域实行市场调节，这也是"一五"计划期间经济发展较快、效益较好的重要原因之一。❶ 但是，社会主义改造基本完成后，中央的经济权力进一步加强，市场机制逐渐消失，市场作用逐渐衰微。国家通过行政力量掌控工农业产品的销售和配给，堵塞了商品流通渠道。计划代替市场在经济运行中起主导作用，中央政府成为再生产的最高决策者和管理者，固然有理论认识上的原因，即当时对社会主义的理解以及对计划、市场作用的认识，但是若从当时的经济体制变迁以及中国共产党的经济思想和政策演变的历史轨迹来看，就会发现人的主观认识只是客观现实的一种反映，排斥市场作用与其说是推行苏联模式社会主义理论的结果，不如说是当时中国的经济基础、发展要求和国际环境催促的。❷

总的来说，在经济落后且发展不平衡的大国，为优先发展重工业，中央政府成为再生产的最高决策者和管理者，以计划管理代替市场配置社会资源，是一条重要的成功经验，也是计划经济管理体制优越性的重要体现。在优先发展重工业的战略指导下，中央政府集中统一管理大中型项目的基本建设，建立了较完整的国民经济体系和国防工业的基础。它对当前和今后进一步加强重点建

---

❶ 武力. 中华人民共和国经济史（增订版）（上卷）［M］. 北京：中国时代经济出版社，2010：299.

❷ 武力. 中华人民共和国经济史（增订版）（上卷）［M］. 北京：中国时代经济出版社，2010：305.

设，也是值得借鉴的。但是，中央高度集权，把地方和企业卡得死死的，甚至在生产力水平较低的情况下过早地实现单一公有制和计划经济，关闭了农村和城市自由市场，降低了农民和商人的收入，不利于农民生活水平的提高和农业经济的发展。实际上，从 1955 年年初中央决定整顿农业合作社和调整城市工商业来看，对经济紧运行出现的问题，是可以通过非体制变革的具体经济措施来解决的。❶

---

❶ 武力. 中华人民共和国经济史（增订版）（上卷）［M］. 北京：中国时代经济出版社，2010：319.

第三章 "大跃进"时期经济权力的仓促下放

第一节 仓促下放的经济背景

由于受西方资本主义国家的经济封锁和赶超战略的影响，中共中央迫切希望中国人民摆脱贫穷落后的经济状态。1956 年，社会主义改造的胜利完成和1957 年"一五"计划的提前完成，鼓舞了全国人民的斗志。中共八大提出了社会主义社会的主要矛盾不再是资产阶级和无产阶级的矛盾，而是落后的生产力不能适应人民日益增长的物质文化需要之间的矛盾。为了解决这一矛盾，中共中央决定加快经济建设的步伐，决心用新民主主义革命和社会主义革命中行之有效的"群众运动"方式开展经济建设，其实质是农业用劳动力大动员和工业用资本物资大量投入的战略来促进经济的发展。[1] 1957 年"一五"计划的胜利完成，使他更加坚信只要"大干"，经济是能够快上的。

一、"积极平衡"取代"综合平衡"

"积极平衡"和"综合平衡"是两种不同的经济发展思想，来源于马克思主义再生产理论。马克思认为，社会再生产只有在生产资料和生活资料两大部类实现平衡的条件下才能顺利进行。"积极平衡"与"综合平衡"是对如何实现两大部类平衡的不同看法。"积极平衡"理论认为，经济的发展可以凭借优越的社会资源，制定较高的经济建设指标。在此基础上其他方面可

---

[1] 费正清. 剑桥中华人民共和国史（1949～1965）（中译本）［M］. 上海：上海人民出版社，1991：339.

以加快建设，以达到更高水平的平衡。"综合平衡"理论则相反，其观点是经济建设必须考虑短缺的生产要素，制定切实可行的经济建设指标，各部门按比例协调发展。只有这样，才能在更高水平上实现新的平衡。"一五"计划完成后，以什么样的速度建设和发展社会主义经济，在党内中出现了分歧。

毛泽东主张经济发展要定高指标，充分调动人民的积极性，实现"积极平衡"。1956年，他从辩证法的角度，提出平衡是相对的、暂时的，而不平衡则是绝对的，平衡总是被不平衡打破，又在新的基础上建立起新的平衡。在八届二中全会上，他针对当时的"反冒进"思想提出了委婉的批评。在1958年南宁会议上，毛泽东再次强调平衡与不平衡的辩证关系，认为"综合平衡"是一种"消极平衡"，并提出了"积极平衡"的经济发展思想。

周恩来和陈云则主张"综合平衡"理论。他们认为，经济建设有其内在的规律，短缺经济会制约经济发展的速度，必须实行按比例协调发展。中共八大上，这种按比例协调发展的"综合平衡"理论被大家认可，并写进八大报告。实际上，从某种意义上说，计划经济就是一种"平衡经济"。没有计划就不会有平衡，打破平衡就会突破计划。"一五"计划的制订和顺利完成，就是在"综合平衡"原则的指导下实现的。

1958年2月28日，《人民日报》发表社论《打破旧的平衡，建立新的平衡》，提出反对庸俗的平衡论或均衡论，倡导积极平衡。3月，在成都会议上，"积极平衡"思想发展成为制订经济计划、经济政策和社会主义建设总路线的理论依据。在"积极平衡"理论指导下，会议通过了《关于1958年计划和预算第二本账的意见》等40多个文件。收支两本账的计划方法是党中央和毛主席总结我国社会主义经济建设提出来的，它是我国计划上的一个革命。"它的优越性在于可以使平衡同发挥群众的干劲统一起来，有利于发动群众，加速资金积累，促使生产建设的高速度的发展。"❶但是，这种不可预测的平衡破坏了中央的"综合平衡"计划，与计划经济管理体制形成严重的对立。

---

❶ 丛进. 曲折发展的岁月 [M]. 河南：河南人民出版社，1989：118－119.

二、社会主义建设总路线的提出

1955 年 10 月，毛泽东在《中国农村社会主义高潮》的序言中写道，中国工业化的规模和速度，已经超出我们的设想，需要适当地扩大和加快。这反映出毛泽东此时就有冒进的思想。1956 年年初他主持制定的"农业发展纲要四十条"规定，从 1956～1967 年的 12 年间，粮食和棉花的每亩平均年产量要在 1955 年数字的基础上翻一番左右。这说明毛泽东决定用冒进思想来指导经济建设。事实上，毛泽东对 1956 年中共八大提出的按比例协调发展的"综合平衡"理论是不赞成的。1957 年 9～10 月召开的八届三中全会上他提出，社会主义社会的主要矛盾仍然是无产阶级和资产阶级之间的矛盾，否定中共八大制定的既反保守又反冒进的经济建设方针。

1958 年 1 月，在南宁中央工作会议上，毛泽东严厉地批评了"反冒进"之后，还提出"不断革命""苦战三年"、基本改变落后面貌的口号。3 月，在成都会议上，毛泽东继续批判"反冒进"。为此，周恩来和陈云为"反冒进"作了检讨。5 月，八届二次会议在北京召开，根据毛泽东的倡议，大会正式通过了"鼓足干劲、力争上游、多快好省地建设社会主义"的总路线。

从客观需求来说，在 1958 年提出社会主义建设的总路线是应该的。1956 年年底，社会主义改造基本完成，中国进入了社会主义社会。此时，中国共产党应该审时度势，制定社会主义经济建设的总路线来代替过渡时期的总路线，以便指导各项工作。从主观愿望来说，社会主义建设的总路线的表述也是正确的。它反映了以毛泽东为代表的党中央希望在生产关系改变的基础上，充分发挥人的主观能动性，使生产力突飞猛进，尽快地改变我国经济文化的落后状况。但是，从经济发展的客观规律来说，它是不合适的。"鼓足干劲、力争上游"只是一种主观愿望，既无法量化和监督检查，又容易脱离客观实际。"多快好省地建设社会主义"只能造成积累和消费关系的过度紧张。况且，社会主义建设总路线是在当时党内出现了意见分歧，并在"反右"运动和反"反冒进"的不正常气氛中提出来的，它的提出对"大跃进"的发展起到了推波助澜的作用。由于总路线既具有政治鼓动性，又缺乏实质性的内容和准确严密的规范，适应了毛泽东自 1956 年就探索和赞赏的以群众运动来搞经济建设的思路，成为发动"大跃进"的纲领和口号。社会主义建设总路线的贯彻实施，实际上取代了党在八大上提出的在综合平衡中稳步前进的正确的经济建设方针，标志着毛泽东改变了党自新中国成立以来在经济建设方面实事求是、尊重客观经济规律的态度。❶

三、"大跃进"决策的形成

1957年9月10日，在中共八届三中全会上，毛泽东再次批评了"反冒进"，他认为，1956年的经济建设不是"冒进"，而是一个很大的"跃进"，"反冒进"泄了6亿人民的气。会议还通过了毛泽东主持制定的《一九五六年到一九七六年全国农业发展纲要（草案）》，毛泽东认为这个"纲要"被1956年"反冒进"扫掉了。11月2日，毛泽东访问苏联。8日，在莫斯科召开的各国共产党和工人代表会议上提出了15年后中国的钢产量方面可能赶上或者超过英国。他在莫斯科打电话给国内，说1956年的"反冒进"是不对的，搞社会主义就要冒进一点。11月13日，《人民日报》发表《发动全民，讨论四十条纲要，掀起农业生产的新高潮》的社论："有些人害了右倾保守的毛病，像蜗牛一样爬行得很慢，他们不了解在农业合作化以后，我们就有条件也有必要在生产战线上来一个大的跃进"，"他们把正确的跃进看成了'冒进'"。❷ 12月2日，刘少奇代表中共中央向中国工会第八次代表大会致辞，并宣布了毛泽东在莫斯科提出的"赶超英国"的口号。他表示："在15年内，苏联的工农业在最重要的产品的产量方面，可能赶上或超过美国，我们应当争取在同一时期，在钢铁和其他重要工业产品的产量方面赶上和超过英国。"❸ 从此，"以钢为纲"便成为发动"大跃进"的一个重要口号。

1958年1月31日，毛泽东在杭州会议和南宁会议讨论的基础上，写成《工作方法六十条（草案）》，下发省、市、自治区党委讨论。该草案提出："五年看三年，三年看头年""十年取决于三年。争取在三年内大部分地区的

---

❶ 武力．中华人民共和国经济史（增订版）（上卷）［M］．北京：中国时代经济出版社，2010：326．

❷❸ 武力．中华人民共和国经济史（增订版）（上卷）［M］．北京：中国时代经济出版社，2010：328．

面貌基本改观。其他地区的时间可以略为延长。口号是：苦战三年。方法是：放手发动群众。一切经过实验"。❶ 该草案规定，生产计划实行三本账。中央两本账，一本是必成的计划，这一本公布；第二本是期成的计划，这一本不公布。地方也有两本账，地方的第一本账就是中央的第二本账，这在地方是必成的；第二本账在地方是期成的。评比以中央的第二本账为标准。根据毛泽东提出的"三本账"工作方法，制定了中央的两本账。这种工作方法使得计划指标在下达的过程中不断增加。草案要求各级领导干部掌握科学的工作方法，抓住机遇，实现经济跃进和不断革命。2月2日，《人民日报》发表了《我们的行动口号——反浪费，勤俭建国！》的社论，指出："我们国家现在正面临着一个全国大跃进的新形势，工业建设和工业生产要大跃进，农业生产要大跃进，文教卫生事业也要大跃进。"3月，毛泽东在成都主持中共中央工作会议。他号召："破除迷信，解放思想，敢想、敢说、敢干"，并提出了"正确的个人崇拜"等观点。在会议上，中共冶金部党组给中共中央和毛泽东主席提交了一个报告，提出中国发展钢铁工业的有利条件很多，有可能搞得快一些。报告认为，10年赶上英国，20年或稍长一些时间赶上美国，不是不可能的。冶金部提出，苦战三年，超过中共八大所提出的第二个五年计划钢产量1050万～1200万吨的指标，到1962年达到1500万～1700万吨是有把握的，2000万吨是可以争取的。❷ 成都会议将1958年的农业总产值增长速度提高到16.2%，工业总产值增长速度提高到33%。❸

四、全面铺开的区域经济政策

"一五"计划时期，协调发展的区域经济政策促使内地工业有了一定程度的发展。为了进一步推进区域经济协调发展，毛泽东主张要在全国各地建立几个经济中心，形成经济区，以区域经济发展带动全国经济发展。1957年年底，

---

❶ 武力．中华人民共和国经济史（增订版）（上卷）[M]．北京：中国时代经济出版社，2010：329．

❷ 当代中国丛书编委会．当代中国钢铁工业[M]．北京：中国社会科学出版社，1989：70．

❸ 武力．中华人民共和国经济史（增订版）（上卷）[M]．北京：中国时代经济出版社，2010：329．

他就提出，以相互协作、连省建设的办法，逐渐建立经济中心。他建议以过去的大区行政区划为范围，以一个大城市为经济中心，建立经济协作区。根据毛泽东的倡议，1958 年 6 月 1 日，中央决定划分东北、华北、华东、华南、华中、西南、西北等七个大的协作区，要求各个协作区尽快建立各自的经济中心和大型骨干企业，逐渐形成有比较完整的工业体系的经济区域。6 月 10～13 日，在视察天津时毛泽东又提出，各省也可以建立比较独立的、情况不同的工业体系。8 月 10 日，毛泽东再次强调在协作区和各省要建立比较独立的完整的工业体系。❶ 8 月 17～30 日，北戴河会议通过了《中共中央关于 1959 年计划和第二个五年计划问题的决定》，要求"二五"计划时期，不仅在全国，而且在各协作区，甚至在各省都要建立独立完整的或比较完整的工业体系。❷ 这样，全面铺开的区域经济政策正式形成。

第二节　经济权力的仓促下放

"大跃进"期间，为了充分调动地方政府和人民群众发展生产的积极性，建立各省、市独立的工业体系，实现经济的"跃进式"发展，根据毛泽东的分权思想，中央政府一改"一五"计划时期高度集中的经济管理体制，大批下放地方财政、企业、金融、贸易、计划等经济管理权限。

一、下放财权财力，实行投资包干制度

（一）下放税权，扩大地方财政收支范围

1958 年 6 月 5 日，全国人大常委会讨论《国务院关于改进税收管理体制的规定》。刘少奇指出，地方政府在税收上应该有机动的管理权限。❸ 9 日，国

---

❶ 毛泽东在天津 [N]. 人民日报，1958 - 08 - 16.

❷ 中共中央关于 1959 年计划和第二个五年计划问题的决定（1958 - 08 - 28）. 建国以来重要文献选编（第 11 册）[A]. 北京：中共文献出版社，2011：428.

❸ 刘崇文，陈绍畴. 刘少奇年谱（下卷）[M]. 北京：中央文献出版社，1996：425 - 426.

务院公布试行《关于改进税收管理体制的规定》，要求地方政府可以负责管理的税收，应该归地方管理；实行"以收定支，五年不变"的新体制。❶ 此规定不仅明确了地方的收入来源，还加强了地方的财力，扩大了地方的财权，调动了地方经济建设的积极性。在扩大地方财权的同时，也扩大了地方对税收的减免权。1958 年 3 月，中央决定简化税制和征税办法，把商品流通税、货物税、营业税、印花税简化为工商税；把多次征税改为一道税，只在工厂纳税，由地方管理。❷ 在财政支出方面，把地方财政支出划分为地方财政的正常支出和由中央专案拨款解决的支出两种。地方国营和合营企业需要增加的流动资金，30% 由地方财政拨款，70% 由中央财政拨款或由银行贷款。❸ 在确定地方固定收入项目和正常支出范围后，为了满足地方的正常支出，保持地方财政收支平衡，按以下四种情况确定：（1）地方的固定收入可以满足正常开支的，不再划拨其他收入，且多余部分按比例上交；（2）地方的固定收入不可以满足正常开支的，划给企业分成收入，多余部分按比例上交；（3）地方的固定收入和企业分成收入不可以满足正常开支的，划给一定比例的调剂收入；（4）地方的固定收入、企业分成收入和调剂收入不可以满足正常开支的，由中央拨款。❹ 经过此次调整，中央财力大大削弱，地方财力明显增强。

6 月 23 日，财政部发布《关于中央下放企业、事业单位财务处理的几项规定》，要求企业财务管理权连同企业一起下放。为了照顾少数民族地区经济文化发展的特点和需要，1956 年 6 月，国务院发布《关于民族自治地方财政管理办法》，决定除关税外，在自治区征得的其余税收全部划给自治区。在财政支出方面，除了把正常支出划给自治区外，还把基本建设支出也划给自治区，计入基数，由他们自行安排。❺

（二）下放投资权，实行投资包干制度

1. 下放投资计划管理权和项目决策权

为了调动地方的积极性，1958 年 9 月国务院批准了《关于改进计划管理体制的规定》，要求实行以地区综合平衡为基础的、专业部门和地区相结合的

❶ 陈如龙. 当代中国财政（上）［M］. 北京：中国社会科学出版社，1988：159.
❷❸ 周太和. 当代中国的经济体制改革［M］. 北京：中国社会科学出版社，1984：74.
❹❺ 陈如龙. 当代中国财政（上）［M］. 北京：中国社会科学出版社，1988：159 - 160.

计划管理制度。地方政府有权对本地区的投资计划和物资使用进行统筹安排，实行自下而上和逐级平衡的程序编制计划。基本建设项目决策权、物资分配权大部分下放地方。❶ 这样一来，地方政府完全成为基本建设投资的主体。

2. 简化规章制度

1958 年 4 月，财政部决定废止 6 个会计制度，其中有关投资管理的有《国营企业基本建设投资及建筑安装成本核算通则》和《建筑企业会计、表格及账务处理办法》。6 月，中央决定地方负责基本建设预算编制办法、定额、间接费定额的修改工作。❷

3. 实行投资地方包干制度

1958 年 7 月，国务院发布《关于改进基本建设财务管理制度的几项规定》，要求在年度计划的基础上，在不影响正常生产的条件下，基本建设投资资金打包下放，包干使用，由建设部门和单位统一负责。若建筑工程竣工后投资资金仍有节余，节余部分可以由建设部门和单位另行安排使用。若年终工程未能竣工，且投资资金存在节余，节余部分可以转到第二年使用。同时，为了加强基本建设财务管理，规定建设银行既管拨款，又管预算，使之具有财政和银行的双重职能，把基本建设资金从确立预算、拨款直到工程决算，统一由建设银行管理。基本建设投资实行包干制度，对工程预算、拨款、决算进行全面的财务监督，对建设单位加强经济核算，注意挖掘企业内部潜力，尽量节约资金有促进作用。❸

从实质上看，投资包干就是要扩大地方投资管理权限。中央把基本建设投资资金下拨给建设部门和单位后，不再干涉地方上的投资事宜。地方政府有了钱后，在当时赶超战略的影响下，乱上项目，包括大型的和限额以上的项目。据统计，1959 年实行投资包干的建设单位有 5 000 多个，主要是重工业。1960 年年初，国家计委、国家建委、财政部在广州联合开展有千人参加的投资包干经验交流会，把基本建设投资包干工作推向高潮。❹

---

❶❷ 周道炯. 当代中国的固定资产投资管理 [M]. 北京：中国社会科学出版社，1989：26.

❸❹ 陈如龙. 当代中国财政（上）[M]. 北京：中国社会科学出版社，1988：159－162.

二、把大部分部属企业交给地方管理

1958 年 4 月 11 日,国务院颁布《关于工业企业下放的几项决定》,指出除一些主要的、特殊的和试验性质的企业由中央管理外,其余的企业(包括工业部门和部分非工业部门)按照轻、重工业的顺序一律下放。企业下放后,中央用少部分精力管理大企业,而用更多的精力帮助地方办好企业。❶ 5 月 30 日,周恩来在中共中央政治局扩大会议上提出对下放企业的意见:第一条是轻工业全部下放,重工业大部下放;并列出各行业下放企业的数字清单——煤炭工业部 54 个,下放 34 个,石油工业部 42 个,下放 22 个。第二条是财粮贸所属的加工厂,全部下放。6 月 2 日,中共中央颁布《关于企业、事业单位和技术力量下放的规定》,要求轻工业部门所属企业全部下放,重工业部门所属企事业大部分下放,粮食部、商业部所属加工企业全部下放。6 日,周恩来要求在有关部门和单位中立即传达和讨论冶金、第一机械、化学、煤炭、水利电力、石油、建筑、轻工、纺织九个部门关于下放企业给中央的报告,以做好交接工作。❷

随着大批企业下放,中央决定下放人权。20 日,中共中央政治局审定《劳动部党组关于当前工业企业补充劳动力问题的几点意见》稿,提出各地工业企业的劳动力问题,应由各省、市、自治区党委负责统一规划和管理。❸

三、下放信贷管理权,充分供应信贷资金

1. 下放信贷管理权,实行信贷包干制度

从 1959 年起,重新划分银行信贷管理权限,坚持"存贷下放,计划包干,差额管理,统一调度"的原则。中央规定,除中国人民银行总行管理中央财

---

❶ 中共中央文件选集(1949.10~1966.5)(第 27 卷)[A]. 北京:人民出版社,2013:355.

❷ 力平,马芷荪. 周恩来年谱(1949~1976)(中卷)[M]. 北京:中央文献出版社,1997:146–147.

❸ 力平,马芷荪. 周恩来年谱(1949~1976)(中卷)[M]. 北京:中央文献出版社,1997:148.

政存款和中央企业贷款外，其余的存贷业务全部下放。若出现地方银行贷款大于存款时，中央予以补助。若地方银行能够更多地吸收存款，就能够更多地发放贷款。许多地方还层层下放信贷管理权限。❶

2. 充分供应信贷资金

在银行支持商业"大跃进"的政策形势下，银行充分提供信贷资金。当时流行"需要多少就贷多少，什么时候需要就什么时候贷"的口号。1960 年，银行信贷资金高达 954.4 亿元，与 1957 年相比，增长 2.35 倍，其中工业贷款、商业贷款、国营农业贷款、农村社队贷款分别增加 10.9 倍、1.3 倍、2.1倍、0.8 倍。❷

四、改组商贸机构，下放商贸管理权

1958 年 4 月 11 日，国务院颁发《关于物价管理权限和有关商业管理体制的几项规定》，下放了物价管理权限，改进了商业管理体制。关于物价管理权限，该规定指出，在工业品价格方面，棉纱、棉布、呢绒、食盐、煤炭、石油等重大商品和进口商品，由中央统一定价。此外，其他工业品，由地方政府定价。在农产品价格方面，把一部分第二类农产品（国家统一收购的商品）的价格交由各省、自治区、直辖市党委和人民委员会管理，并且地方政府有权调整在其辖区内的自认为不合理的一些农产品的地区差价。关于商业体制，该规定指出，地方商业机构的设置、商业人员的编制、工农业产品的收购、商业部门库存中的一切冷背、残损商品的降价出售、超计划生产的工业品、超计划收购的农产品、在市场供应紧张时商业部管理的生产资料的分配、中央拨给地方的商业基本建设款项和商业部门的一切分成收入等，都由省、自治区、直辖市党委和人民委员会自行决定。❸

改组商业机构。撤销跨地区的全国性的专业公司。按地方行政区划设立专业局（处），实行政企合一。大合大并商业网点，国营商业大包大揽。为支持

❶ 尚明. 当代中国的金融事业 [M]. 北京：中国社会科学出版社，1989：125.
❷ 周太和. 当代中国的经济体制改革 [M]. 北京：中国社会科学出版社，1984：76.
❸ 中共中央文件选集（1949.10～1966.5）（第27卷）[A]. 北京：人民出版社，2013：352－353.

"大跃进",实行"生产什么收购什么,有多少收多少",甚至预付货款,变相给生产单位发放基本建设贷款。由于商业机构的盲目合并和下放,使商业网点、经营品种大为减少,服务质量下降。在"以钢为纲"和"以粮为纲"方针的指导下,商业人员被任意抽走,资金被任意调用,商品被大量无偿侵占。由于商业收购制度的改变,工业企业生产的粗制滥造的产品,统统由商业包下来,结果积压报废损失上百亿元。❶ 1959 年 2 月,国务院批转了商业部、粮食部、对外贸易部、卫生部、水产部、轻工业部等 6 个部门拟订的《关于商品分级管理办法》,形成全国商品分级管理的基本制度。❷

在对外贸易方面,对外贸易部门除财权仍归属中央财政外,在计划、机构、人员编制等方面,进行了一些改革:(1)扩大地方的外贸计划权。自 1959 年开始,对外贸易计划改由各省、市、自治区为主编报,计划程序采取自下而上的逐级编制办法。(2)外贸计划实行"两本账"制度。一本是必成计划,为保证实现的目标;另一本是期成计划,为争取实现的目标。

第三节 仓促下放的严重后果

一、财政收支失衡,投资效益低下

(一)财政收支失衡

1. 中央财政收入减少

由于"大跃进"实行的是中央与地方两级管理,中央又没有一套严密的管理办法和有效的检查监督制度,财权、税收权下放后,地方政府的积极性爆发出来。为了建立自己的工业体系,地方政府不甘落后,大干快上,凭借手中掌握的财权盲目投资,片面追求发展速度,地方财政支出迅速膨胀。为了获得更多的基本建设资金,一些地方和企业只顾局部利益,损害国家整体利益,乱

---

❶ 周太和. 当代中国的经济体制改革 [M]. 北京:中国社会科学出版社,1984:76.

❷ 沈觉人. 当代中国对外贸易(上)[M]. 北京:中国社会科学出版社,1992:186 – 187.

拉乱挤国家资金，化大公为小公，乱摊成本，任意挤占国家财政收入，擅自抽调中央直属企业的资金、物资去搞基础建设，中央财力受到削弱。"一五"计划时期中央财政收入平均占比为75%，而到了"大跃进"时期降为50%；1957～1960年，预算外资金占预算内资金比值由8.5%上升到20.6%。❶

2. 地方盲目投资

"大跃进"时期，下放投资管理权，造成地方投资饥渴，财政支出大幅度增加。给予地方减免税的权力，实际上为许多地方重复建设、盲目生产开了绿灯。一方面，基建项目大量增加。全国施工的大中型项目，1958年、1959年、1960年分别为1589个、1361个、1815个。这些项目都相当于或超过"一五"计划时期总的施工项目。同时，计划外项目如雨后春笋，仅在1960年就有380多个。而计划外小型项目更多，约占全部小型施工项目的1/3。另一方面，投资总额急剧增长。基本建设投资，由1957年的143.32亿元增加到1960年的388.69亿元，增长1.71倍；1958～1960年三年投资总额达1007.41亿元，比"一五"计划时期五年合计588.47亿元还多71%。三年基本建设投资平均每年递增43%。❷

3. 税收流失严重

"大跃进"时期，税收管理权下放后，税务机构大量撤并，税务干部大批下放，税收征管制度遭受破坏，征收力量大为削弱。税收管理工作出现如下三个问题：（1）突击实现"三无"（无错、无漏、无欠），作为税收工作实现"大跃进"的一个具体指标，以至放松征收管理。这个口号的提出，导致各地突击实现"三无"的浮夸风。一旦"三无"实现，就产生盲目乐观情绪。不仅没有加强征管，反而使征管削弱，错漏欠税的情况更加严重。（2）税收管理权限层层下放后，由于缺乏监督检查，违反税政纪律、擅自减免的情况很普遍。主要是一些地方税务机关不按制度征税，有的随便降低税率或任意规定减免税产品；有的随意放宽地方企业减免税年限，而在减免期满后仍不恢复征税。此外，税权下放后，各地自定章程，执行各异，甚至有些地区对同一产

---

❶ 周太和. 当代中国的经济体制改革［M］. 北京：中国社会科学出版社，1984：74－75.

❷ 周道炯. 当代中国的固定资产投资管理［M］. 北京：中国社会科学出版社，1989：28－29.

品制定了不同的征税办法。（3）片面强调改革规章制度要大破大立，造成税务机关内部管理松散。"大跃进"时期全国性规章制度废止了55.3%，有些制度不废自破，有章不循，管理上出现混乱。下级向上级，地方向中央不能及时清楚地报告税收情况，制定的税务工作计划、安排、检查和总结等联系制度无法坚持，上下之间联系不通顺，直接影响领导机关及时掌握情况和指导工作。❶ 因此，欠税、漏税、应缴不缴等现象普遍存在，国家税收流失严重。

4. 财政出现"假结余、真赤字"现象

"大跃进"期间，财政形势似乎很好。从表面看，"大跃进"三年期间，财政收支平衡且略有结余，但是许多方面感到供求关系紧张，物资短缺。经检查发现，在国家计划外，1958年把80亿元的企业流动资金搞了基本建设和赊销预付。实际上，"大跃进"期间，工农业总产值和国民收入逐年下降，1960年比1957年工农业总产值减少1.4%，国民收入减少5.9%，然而，基本建设投资成倍增长，结果是三年赤字169.4亿元。❷

（二）投资效益低下

"大跃进"时期，地方盲目投资的结果不仅是财政收支失衡，而且从投资效益来说，也是低下的。（1）产品质量低下，企业亏损严重。以1960年与1957年相比，生铁合格率从99.4%下降到74.9%；全国工业企业每百元产值的生产费用从51.1元增加到56.4元；每亿元工业总产值平均耗用的煤炭由10万吨增加到21万吨；每亿元工业总产值平均耗用的电力由2501万度增加到3443万度；全国国营工业企业全员劳动生产率下降7.8%……国营企业在"一五"计划时期很少有亏损，而"大跃进"时期大批企业出现亏损，1961年国营企业亏损额高达103.2亿元，其中工业亏损46.5亿元，相当于工业整个税利的1/3。❸（2）基本建设周期拉长，损失和浪费严重。这三年基本建设平均周期拉长到9年，比"一五"计划时期平均拉长4年；1960年年末，基本建设占用流动资金达84亿元，比1957年增加50亿元；固定资产交付使用率降到68.8%，比"一五"计划时期下降12%，限额以上项目建成投产率比"一

❶ 金鑫. 当代中国的工商税收（上）[M]. 北京：当代中国出版社，1994：133.
❷ 周道炯. 当代中国的固定资产投资管理 [M]. 北京：中国社会科学出版社，1989：28–29.
❸ 周太和. 当代中国的经济体制改革 [M]. 北京：中国社会科学出版社，1984：79.

五"计划时期下降 4.8%。❶ 由于财力、物力、人力过于分散，仅 1960 年以前即已停建下马，后来也难以利用的投资损失就达 150 亿元以上。钢铁工业报废和不能利用的固定资产就有 50 亿元，约占投资总额的 39%，加上小钢铁的补贴，损失和浪费就更大了。❷

"大跃进"时期是中华人民共和国成立以来经济效益最低的时期。三年期间，每百元积累新增加的国民收入仅为 1 元，投资系数为 74.1，远远低于"一五"计划时期的 35 元和 1.56。❸ 有人说，仅以此计算，"大跃进"时期国民收入就损失 1 200 亿元。

二、企业管理混乱，产业结构失衡

1. 企业管理混乱

在"大跃进"的影响下，权力下放仓促，中央各部的企、事业单位，仅仅十来天内就下放了 80%，而这些企业大多是原材料由国家分配调拨、产品面向全国、协作关系广泛的大型骨干企业。仓促下放给地方管理，并要求地方自成体系，势必打乱原来的协作关系，影响生产的正常进行。在"左"的思想影响下，要求企业改革不合理的规章制度。不少企业变成了不要规章制度，生产行政的统一指挥系统和管理机构被削弱或打乱；很多合理的规章制度被废除，或者被贬为"清规戒律"。在这些企业里造成生产无计划、产品无标准、质量无检验、消耗无定额、操作无规程、经济无核算和安全无保证的混乱局面。❹ 劳动管理权下放，致使职工队伍、城市人口迅速膨胀。1958 年比 1957 年，职工人数增长 67.5%，增加 2 093 万人。到了 1960 年，职工人数达到 5 969 万人。1957～1960 年，城镇人口由 9 949 万人增加到 1.3 亿人。城镇人口的增加，使吃商品粮的人口占总人口的比例，由 1957 年的 15% 左右，提高到 20%。❺

---

❶ 周道炯. 当代中国的固定资产投资管理［M］. 北京：中国社会科学出版社，1989：28－29.
❷ 周太和. 当代中国的经济体制改革［M］. 北京：中国社会科学出版社，1984：73.
❸ 张曙光. 经济结构和经济效果［J］. 中国社会科学，1981（6）.
❹ 朱镕基. 当代中国的经济管理［M］. 北京：中国社会科学出版社，1985：60－61.
❺ 周太和. 当代中国的经济体制改革［M］. 北京：中国社会科学出版社，1984：75.

2. 产业结构失衡

"大跃进"时期，在全民"大炼钢铁""以钢为纲"口号的指导下，钢铁及其相关工业的投资比例大幅度上升，发展速度较快。但是各级政府紧紧控制着投资决策权，投资少、利润高、回收快的加工工业和轻工业并没有随"权力下放"有所发展。对于第三产业，更是逐渐减少，所剩无几。1958～1960年的基本建设投资中，非生产性建设投资所占比重，是中华人民共和国成立以来的最低，由"一五"计划时期的 33% 降至 15% 以下。● 在工业总产值中，1960 年轻工业产值所占比重，由 1957 年的 55% 下降到 33%，在工农业总产值中，农业产值所占比重由 43% 下降到 22%，造成产业结构严重失调。❷ 李富春在总结"大跃进"的经验教训时说，三年"大跃进"，重工业发展与农业和轻工业的发展不相适应，钢铁工业发展与煤炭、运输的发展不相适应，加工工业发展与采掘工业和原材料工业的发展不相适应。❸ 在农村，1958 年的人民公社化运动，把为数不多的小商小贩、手工业和服务业基本上并入公社，或歇业。1958 年 4 月，中央手工业管理局撤销，中华全国手工业合作总社与轻工业部合并，各级手工业管理局也相继撤销，手工业联社牌子形同虚设，业务指导转到有关政府部门，许多问题往往无人负责。1960 年上半年大办城市人民公社，大办公共食堂和街道工业，商业、手工、服务业升级的升级、合并的合并、转业的转业。1959 年 7 月，全国小商小贩还有 206 万人，在城市人民公社化期间，过渡到国营商业的 10 万多人，转入农业、交通部门的 50 多万人，转入城市人民公社的 10 多万人，与国营企业统一核算的合作商店、合作小组 90 多万人，退职的 20 多万人。❹

三、信贷失衡，通货膨胀严重

1958 年，下放金融管理权限，改革金融规章制度，实行"大破大立""先

● 国家统计局固定资产投资统计司. 中国固定资产投资统计资料（1950～1985）[M]. 北京：中国统计出版社，1987：100－101.

❷ 薛暮桥经济文选 [M]. 北京：中国时代经济出版社，2010：161.

❸ 李富春选集 [M]. 北京：中国计划出版社，1992：262.

❹ 朱镕基. 当代中国的经济管理 [M]. 北京：中国社会科学出版社，1985：60－61.

破后立"。在改革烦琐的规章制度的同时，把一些行之有效的规章制度视作束缚群众手脚的东西破除了。造成有章不循，无章可循；有些地方把贷款计划下放到企业，甚至不要计划，有的还推行"无账会计"。❶ 金融管理权限的下放，增加了地方政府的金融信贷权，各省、市为建立独立的工业体系，扩大投资，增加贷款，导致严重的通货膨胀。

1. 信贷失衡

在1958年对银行体制的改革中，合理的信贷制度被废除，结果是乱贷乱放，信贷失衡。1960年，银行信贷资金高达954.4亿元，与1957年相比，增长2.35倍，其中工业贷款、商业贷款、国营农业贷款、农村社队贷款分别增加10.9倍、1.3倍、2.1倍、0.8倍。为弥补信贷差额，银行只能多发钞票。银行大量放贷，致使一部分信贷无法收回，国家不得不冲销银行贷款100多亿元。❷ 在农村，信贷制度的松动，造成呆账。据统计，经国务院批准，国家豁免的1961年以前的农村欠款总数达91亿元。其中，豁免的银行农业贷款45亿元，信用合作社贷款10亿元，商业部的赊销、预付、预购定金36亿元。❸

2. 通货膨胀严重

1958～1960年，共增发纸币43亿元，其中1958年为15.05亿元，1959年为7.29亿元，1960年为20.78亿元。同时，货币流通量也增长1.4倍，1957～1961年，货币流通量由52.8亿元上升为125.7亿元。❹ "大跃进"三年，比"一五"计划时期五年所增发的纸币还多18亿元。1960年年末的市场货币流通量为95.9亿元，比1957年年末增长81.6%。银行多发的这些纸币，并不是经济性的发行，主要是用于大搞基本建设，填补财政开支的窟窿。❺ 货币的大量发行，超过了经济发展的客观需要，导致通货膨胀，物价上涨。

---

❶ 金鑫. 当代中国的金融事业［M］. 北京：中国社会科学出版社，1989：126.
❷ 周太和. 当代中国的经济体制改革［M］. 北京：中国社会科学出版社，1984：76.
❸ 金鑫. 当代中国的金融事业［M］. 北京：中国社会科学出版社，1989：132.
❹ 薛暮桥经济文选［M］. 北京：中国时代经济出版社，2010：162.
❺ 金鑫. 当代中国的金融事业［M］. 北京：中国社会科学出版社，1989：131.

四、供求关系紧张，对外贸易出现逆差

1. 供求关系紧张

"大跃进"期间，农产品和工业品供给严重不足。在城市人口增加的情况下，国家不得不提高粮食征购率，满足城市居民生活需要。1959 年粮食净征购量占总产量的 28%，1960 年为 21.5%，都高于 1957 年的 17.4%。但是，由于全民炼钢，大修水利，大量农业劳动力被抽走，以及传染病和自然灾害等因素，1959～1960 年粮食产量持续下降，粮食供需矛盾非常突出。除粮食外，商品市场供求矛盾也十分尖锐。1960 年比 1957 年国营职工工资总额增长68.5%，社会商品购买力增长 49.2%，而零售商品货源只增加 23%。1960 年出现了 74.8 亿元的差额，粮食和副食品供应更加紧张。因此不得不进口粮食，而进口粮食需要用其他农产品和工业品换取外汇。当时，在中央政府的指导下，地方政府的基本建设投资主要还是重工业。这就造成轻工业发展迟缓，甚至停滞。同时，在城乡又实行人民公社化运动，小商小贩纷纷入社，第三产业或合并，或转业。同时，为了扩大基本建设规模，政府实行高积累、低消费。一时间，供求关系高度紧张。

2. 对外贸易出现逆差

"大跃进"期间，对外贸易在 1958 年和 1959 年两年的"跃进"之后，自1960 年开始连续三年下降，1962 年进出口总额下降到 26.63 亿美元，比 1959年减少 39.2%，大体上退到了 1954 年的水平。[1] 同时，在与资本主义国家的贸易中，有些口岸违背原有经营分工的规定，相互争配额，争市场，抬价抢购，削价竞销，个别地方甚至不经过外贸机构进行对外贸易活动。[2]

第四节 仓促下放后的补救措施

1958 年仓促权力下放造成的混乱，引起了毛泽东的注意。1958 年 8 月，

---

[1] 沈觉人．当代中国对外贸易（上）［M］．北京：中国社会科学出版社，1992：27．
[2] 沈觉人．当代中国对外贸易（上）［M］．北京：中国社会科学出版社，1992：64－65．

他在协作区主任会议上讲话时说，"全党办工业、各级办工业，一定要在统一计划下……要有所不为才能有所为。各协作区要有一套，但各省要适当分工，不要样样都搞"，"所有计划统统要公开，不要瞒产，地、县、乡不控制不行。现在铁也调不出去，钢也调不出去，几十万个政府那还得了"。❶ 1958 年 11 月至 1959 年 2 月，毛泽东在两次郑州会议上提出了要压缩空气，纠正"共产风"。此后，为扭转仓促权力下放造成的混乱局面，中央采取了一系列措施。

一、加强投资、物资管理，实行地方收支挂钩

"大跃进"期间，由于财政收支失衡，投资效益低下。为了保证执行"全国一盘棋"的方针，中央决定上收部分投资权和物资管理权。

在投资方面，1959 年 4 月 28 日，财政部颁布了《关于基本建设拨款限额管理的几项规定》和《关于基建拨款会计工作的若干规定》，并废除原由中国人民银行总行规定的《中央级基本建设拨款限额管理办法》。《关于基本建设拨款限额管理的几项规定》指出，各主管部门应在国家核定的年度预算范围内，根据季度基本建设计划进度，编制基本建设季度拨款计划，经财政部门同意后，才能对建设单位进行拨款；建设银行对没有拨款限额的建设单位，不得拨付款项，也不得超过限额拨款。5 月 20 日，国务院又颁布《关于改进基本建设财务管理制度的几项补充规定》，指出实行基本建设投资包干以后，建设部门和建设单位必须执行统一的国家建设计划；建设单位必须根据上级确定的工程排队次序施工；修改建筑结构时，应当经过设计部门同意；严格区分生产资金和建设资金。❷ 在划分中央与地方财政收支方面，将"以收定支，五年不变"的财政体制，改为"总额分成，一年一变"的办法，把地方负责组织的全部收入和支出挂起钩来，把基本建设支出由中央专案拨款改为列入地方预算支出，以便中央调剂各地区的收入和适当集中财力。针对各地方、各部门把银行贷款和流动资金用于基本建设的混乱现象，要求严格划清基本建设和流动资

---

❶ 逄先知，金冲及．毛泽东传（1949～1976）（上）［M］．北京：中央文献出版社，2003：830－831．

❷ 中国社会科学院，中央档案馆．1958～1965 中华人民共和国经济档案资料选编（固定资产投资与建筑业卷）［A］．北京：中国财政经济出版社，2011：124－125．

金的界限。

在物资管理方面，1958 年 9 月 23 日，中共中央《关于加强物资管理工作的指示》要求，加强物资分配的计划性，加强物资管理工作，重要的原材料和设备由中央统一管理和分配，以保证建设事业有计划地顺利进行。具体内容：揭发和批判在物资管理工作中的各种不良现象，以铲除在物资管理工作中的一切资本主义倾向；一切国营企业，必须向主管部门和统计机关如实汇报本企业所生产的属于中央统一分配的物资，非经中央物资分配部门的批准，不得自行出售和交换。1959 年下半年，将统配部管物资由上年的 132 种增加到 285种。1960 年 4 月 10 日，国家经济委员会制定的《关于加强物资管理工作和建立物资管理机构的请示报告》指出，物资工作必须实行统一领导下的分级管理原则。由物资部门根据国家计划统一掌握物资资源，统一组织收购、发运、供应、调度和调剂；建立和健全全国统一的各级物资管理机构和供应网。1960年 5 月 18 日，中共中央同意并批转了这一报告，并强调在国家经济委员会内设立物资管理总局，各省、市、自治区必须迅速地把物资厅（局）和专区、县的物资局（处）建立或者健全起来，以便更好地开展物资管理工作。❶

二、收回部分企业管理权和劳动人事权

1959 年 4 月到年底，将下放地方管理的地方航线改为以中央为主的双重领导，决定将九个省区的 31 个矿务局和筹备处以及 2 个煤矿机械厂，实行以煤炭工业部为主的双重领导。还决定除个别地区外，将下放的石油普查队收回，建立区域性综合性的石油普查大队，由地质部领导。❷ 同时，要求各部门、各地区立即停止招收新职工和固定临时工；地方的劳动计划必须上报中央批准。关于建设工业体系问题，陈云认为，应先从全国，后从各协作区考虑建设完整的工业体系。所谓完整的体系，只能是"比较"完整的，不能是完整无缺。❸

1959 年 1 月 5 日，中共中央发出《关于立即停止招收新职工和固定临时

---

❶ 中共中央文件选集（1949.10～1966.5）（第 34 卷）[A]. 北京：人民出版社，2013：214－227.
❷ 周太和. 当代中国的经济体制改革 [M]. 北京：中国社会科学出版社，1984：87.
❸ 陈云文集（第 3 卷）[M]. 北京：中央文献出版社，2005：248.

工的通知》，要求 1959 年各省、市、自治区的劳动力计划，必须报告中央批准，然后才能按计划招工，超过原计划的招工，还必须报告中央批准。❶ 9 月 7 日，中共中央批转《铁道部党组关于劳动力管理方面几个问题的请示报告》，指出铁道是高度集中的企业，必须按照"条条"管理的原则处理，"块块"只能起辅助、监督和保证作用。对固定工的调动和合同工的使用，应该都交给铁道部管理。❷ 9 月 20 日，中共中央同意并转发《交通部党组关于民航管理体制的报告》，指出交通部党组将地方航线和农业航空改为实行以中央领导为主的双重领导。❸

三、收回信贷管理权，加强资金管理

针对 1958 年信贷管理过于松散，1959 年 5 月，李先念副总理在中国人民银行召开的全国分行行长会议讲话强调，银行工作主要是抓集中统一，要统一到省和中央，下放给区、县的信贷资金管理权限应当赶快收回。他还强调银行要坚持计划，坚决执行合理的规章制度，加强流动资金的管理。5 月 26 日，《中共中央关于调整专区和县两级信贷管理权限的指示》要求国家信贷资金管理权限应该较多地集中，不宜过分分散。信贷管理体制应当在中央统一领导下，由中央和省、自治区两级集中管理，而专区和县两级的信贷管理权限要适当缩小。❹ 同时，国务院发出《关于管理企业流动资金的暂行办法（草案）》，对流动资金的供应和使用，作出了若干具体的规定。6 月 22 日，李先念向中央报告，建议收回下放到农村去的财贸机构。根据中共中央《关于收回农村基层财贸机构的意见》的精神，银行把 1958 年下放给农村人民公社的营业所收了回来，并恢复和充实了银行设在农村的基层机构，加强了对农村资金的管理。1959 年 7 月 1 日，中国人民银行开始提高储蓄存款利率和增加利率档次。这也是对银行在利率问题上"左"的错误倾向的纠正。❺

---

❶ 中共中央文件选集（1949.10～1966.5）（第30卷）[A].北京：人民出版社，2013：18.
❷ 中共中央文件选集（1949.10～1966.5）（第32卷）[A].北京：人民出版社，2013：92.
❸ 中共中央文件选集（1949.10～1966.5）（第32卷）[A].北京：人民出版社，2013：123.
❹ 中共中央文件选集（1949.10～1966.5）（第31卷）[A].北京：人民出版社，2013：194-195.
❺ 金鑫.当代中国的金融事业[M].北京：中国社会科学出版社，1989：132-133.

四、统一商业、外贸管理

在商业方面，1959 年 4 月 15 日，商业部制定了《关于商业管理体制若干问题的意见（草案）》。该意见指出，业务部门上下之间的业务活动，应按商品归口，直接挂钩，建立一套必要的联系制度。5 月 26 日，国务院下发《关于将商业部系统二级批发站立即收归省商业厅领导的通知》，要求商业部系统下放到专区的二级批发站立即收回。6 月 7 日，商业部又制定了《关于加强县级商业机构的意见》，指出县商业局必须贯彻执行中央和省制定的商品、计划、统计、财务、物价管理权限和制度；商业流动资金只能用于商品流通，地方不得挪用于其他事业。7 月 8 日，商业部又提出《关于改进商业管理体制的意见（草稿）》，指出工业品一级站与市公司或地方商业机构合并了的，一般地应该分开；对一级站仍实行双重领导，业务上以商业部领导为主；二级站收回归省领导，合并粗了的应适当划细；对下放给人民公社供销部的人权、财权、商品调拨权、经营管理权必须立即收回，由县商业局直接管理，并进行统一核算。❶

在对外贸易方面，1958 年 8 月，中央作出《关于对外贸易必须统一对外的决定》，要求彻底克服资本主义自由竞争倾向，统一对外贸易。对社会主义国家和资本主义国家政府间的贸易，全由对外贸易部统一办理；对兄弟国家的进出口货单，必须经国家计划部门综合平衡；对资本主义国家非政府间进行的大宗商品贸易，由对外贸易部总公司负责；对资本主义国家进行的同类商品贸易必须统一价格；除外贸机构外，任何地方机构不准从事对外贸易活动。❷ 为了实行贸易外汇统一管理和重点使用，这次会议还通过了中共中央《关于贸易外汇体制的决定》。规定中央成立外汇管理小组，负责外汇的统一管理、全面平衡、统筹调价；外汇的收支由人民银行统一负责办理；贸易外汇的使用坚持先中央、后地方，先重点、后一般，先出口、后用汇，由中央统筹分配。❸

---

❶ 中国社会科学院，中央档案馆 . 1958～1965 中华人民共和国经济档案资料选编（商业卷）[A]. 北京：中国财政经济出版社，2011：25－31.

❷ 中共中央文件选集（1949.10～1966.5）（第28卷）[A]. 北京：人民出版社，2013：457－458.

❸ 中共中央文件选集（1949.10～1966.5）（第28卷）[A]. 北京：人民出版社，2013：455－456.

1959 年 3 月 18 日，中共中央批转《对外贸易部党组关于执行对外贸易计划中存在问题的请示报告的指示》，要求对外贸易必须坚持全国一盘棋的方针和统筹安排的原则，必须在中央批准的对外贸易计划范围内进行。❶

小　结

"大跃进"时期，经济权力的仓促下放既没有按照"循序渐进"的原则由少到多逐步下放，也没有强调"权力下放"要以中央的宏观调控能力和综合平衡能力为基础，带有很大的盲目性。在经济建设中只强调发挥地区、部门、生产单位和生产者个人的积极性而没有强调计划管理，只强调包干结余留用而没有强调超支不补，只强调扩大规模而没有强调综合平衡，只强调群众监督而没有强调专业管理，❷ 只强调"块块"的作用而忽视了"条条"的管理，结果导致严重的后果。尽管后来上收了一部分下放的不适当的企业并调整经济管理权，起到了一定的积极作用，但由于当时仍在搞"大跃进"，所以这种纠正是不彻底的，成效也是极其有限的。

"大跃进"期间，权力下放虽然促进了地方中小企业的发展，但是在中央与地方关系上，实际上实行中央与地方两级管理，而不是统一领导、分级管理。"块块为主"的计划体制难以保证中央的统一计划和综合平衡。在权力下放过程中，又过急过粗，甚至把一些不该下放的权力也下放了。实践证明，并不是"下放越多越好，越分散越好"，而是要正确地处理集中与分散的关系，分权一定要适度、恰当。❸

---

❶ 中共中央文件选集（1949.10～1966.5）（第30卷）[A]. 北京：人民出版社，2013：374－375.
❷ 周道炯. 当代中国的固定资产投资管理 [M]. 北京：中国社会科学出版社，1989：28.
❸ 周太和. 当代中国的经济体制改革 [M]. 北京：中国社会科学出版社，1984：92.

第四章　国民经济调整时期经济权力的再次高度集中和放权改革设想

第一节　再次高度集中的经济背景

一、"调整、巩固、充实、提高"的经济发展战略

为平衡财政收支，调整产业结构，提高经济效益，促进金融信贷稳定，改善供需矛盾，1960~1961年，中共中央逐渐提出并制定了"调整、巩固、充实、提高"的经济发展战略。

1960年7月5日~8月10日，北戴河会议研究了调整国内经济问题。在会上毛泽东说，以生产队为基本核算单位，最近几年，应保持不变。再不要讲3年、5年从生产队所有制过渡到公社所有制。会议通过的《1960年第三季度工业交通生产中的主要措施》提出，调低一般产品的生产，集中力量保证钢、铁、煤、运输的生产，以解决第二季度以来主要产品下降、基本建设战线过长、物资使用分散的问题。会议还通过《关于全党动手，大办农业、大办粮食的指示》和《关于开展以保粮、保钢为中心的增产节约运动的指示》。9月30日，中共中央转发了《1961年国民经济计划控制数字的报告》，并在批语中第一次提出了"调整、巩固、充实、提高"的八字方针。❶

1960年11月3日，中共中央发出《中共中央关于农村人民公社当前政策问题的紧急指示信》（简称"十二条"），要求全党坚决彻底地纠正共产风，重

---

❶ 武力. 中华人民共和国经济史（增订版）（上卷）[M]. 北京：中国时代经济出版社，2010：376.

申"三级所有、队为基础"；彻底清理"一平二调"；坚持按劳分配原则；恢复农村集市等。1961 年 1 月 14～18 日，在北京召开八届九中全会。会议要求在编制国民经济计划时，应按照农、轻、重的次序。会议确定"调整、巩固、充实、提高"作为调整时期经济发展战略的八字方针，计划用三年时间完成。❶

二、重点进行"三线"地区的投资建设

国民经济调整时期，国家压缩了基本建设投资规模，改变了"大跃进"时期各省、市遍地开花、建立独立工业体系的状况。为适应战备的需要，重点进行"三线"地区的投资建设。1964 年，中苏关系恶化和美国在中国东南沿海的攻势，使毛泽东感受到帝国主义对中国发动侵略的危险迫近。为适应战备的需要，8 月，中共中央讨论了内地建设问题。在中西部地区的 13 个省、自治区进行一场以战备为指导思想的大规模国防、科技、工业和交通基本设施建设，即"三线"建设，力争把"三线"建成巩固的战略后方。1965 年起，国家开始集中全国的人力、财力、物力建设"三线"。"三线"建设成为"三五""四五"时期基本建设投资的重点。"三五"计划"三线"地区的投资占全国总投资的一半多，"四五"计划占 40% 多。为了抢时间、赶速度，采取"三老带三新"的办法，即由老基地支援新基地，老厂支援新厂，老工人带新工人。有的工厂则一分为二，把人员、设备迁一半到内地去。由于动员全国各有关方面对口支援，组织成套的领导班子，负责筹建、施工和建成投产，开始建设阶段速度很快。可惜不久开始了"文化大革命"，"三线"建设受到林彪、"四人帮"的干扰、破坏。林彪提出"靠山、分散、进洞"的建设方针，林彪集团把持的"军委办事组"乱批条子定项目，使"三线"建设出现不少失误。❷

---

❶ 武力. 中华人民共和国经济史（增订版）（上卷）［M］. 北京：中国时代经济出版社，2010：377－378.

❷ 周道炯. 当代中国的固定资产投资管理［M］. 北京：中国社会科学出版社，1989：92－93.

第二节　经济权力的再次高度集中

一、重建"条条"管理体系，增加中央财权财力

（一）严格预算、企业财务、税收管理，增加中央财权财力

1960 年 12 月 31 日，财政部向中共中央提交了《关于改进财政体制加强财政管理的报告》。该报告指出，为改变财权分散、资金使用分散等现象，必须实行"统一领导，分级管理"。在预算方面，紧缩预算外资金，实行上下一本账，"全国一盘棋"，保持收支平衡，杜绝财政赤字。在企业财务管理方面，企业利润留成资金只能用于"四项"费用；严格执行国家计委和财政部关于成本开支范围的规定；严格划清流动资金和固定资金；严禁挪用国家的资金和物资；停止预付和赊销。从 1961 年起，全国企业利润留成比例从 13.2% 降为6.9%。1962 年后又取消了利润留成办法，改为企业基金制度。规定企业基金用于技术革新和综合利用，适当安排奖金和职工福利，不得用于计划外基本建设。[1] 在税收管理方面，税目和税额的增减（除新试制的产品、以代用品作原料生产的产品和地方税外），须报经中央批准。1961 年 1 月 15 日，中共中央批转了这个报告，并在批语中写道，要"'认真实行全国一盘棋'，坚决纠正财权过于分散的现象"。

为了集中财力，收回部分重点企事业单位的收入，作为中央固定收入。同时，适当缩小了专署、县（市）、公社的财权。调低了国营企业利润留成比例。1961 年 1 月 23 日，中共中央批转财政部党组《关于调低企业利润留成比例加强企业利润留成资金管理的报告》，指出企业利润留成的比例要适当调整降低；坚持普遍调低，区别对待的原则；全国企业利润留成比例即由平均占国营企业利润收入的 13.2% 左右降低到 6.9%。[2] 1962 年 4 月 3 日，国务院作出《关于加强商业资金的统一管理和改进商业利润解缴办法的决定》，指出一级

---

[1] 周太和. 当代中国的经济体制改革 [M]. 北京：中国社会科学出版社，1984：101.
[2] 中共中央文件选集（1949.10～1966.5）（第 36 卷）[A]. 北京：人民出版社，2013：140 – 141.

采购供应站的利润，都是中央财政收入，地方不分成。高价商品的利润，除了高价酒和高价饮食业的利润实行中央与地方财政分成外（分成比例为中央七成，地方三成），其余的都是中央财政收入。❶ 1964 年 6 月 27 日，财政部副部长吴波在全国财贸政治工作会议上指出，有多少钱办多少事，把支出控制在国家财力许可的范围以内，精打细算，厉行节约，充分发挥资金的效用。搞好资金的积累，把应收的钱收上来，才能有效地支持生产建设的发展；搞好资金的分配，把每一分钱用在刀刃上，才能把事情办得更多更快。❷

（二）收回劳动就业审批权

1961 年，中共中央做出精简职工和城镇人口的决策，企事业单位的劳动就业审批更加严格。1962 年 2 月 7 日，周恩来在扩大的中央工作会议上讲话指出："在编制、定员和地方保留的机动数确定后，就不能再增加了。再增加一个人必须经过中央批准。以后国家就按照编制和定员发粮食，发工资。"❸ 1963 年 3 月，中共中央和国务院又强调指出，在增加职工这个问题上，必须强调中央集中管理，强调制度和纪律，并进一步规定，国家计划规定的职工人数指标，必须严格遵守，任何地方、任何部门、任何单位都不得超过。各地方、各部门在国家计划外增加职工，必须单独作请求报告，经过中央主管部门审批后，转报中央批准。破坏计划，违反制度，私自招收和增加职工的单位和人员，应受一定的处分。❹

（三）收回投资审批权，严格投资管理

1962 年 5 月 31 日，国务院正式颁发了《关于加强基本建设计划管理的几项规定（草案)》《关于编制和审批基本建设设计任务书的规定（草案)》和《关于基本建设设计文件编制和审批办法的几项规定（草案)》等三个文件。主要内容是收回投资计划审批权和管理权；严格基本建设程序，加强对基本建设拨款的监督。

---

❶ 中共中央文件选集（1949.10～1966.5）（第 39 卷）[A]. 北京：人民出版社，2013：242－247.

❷ 江苏省档案馆. 全宗号：3037，目录号：3，案卷号：3：109.

❸ 周恩来. 必须最大的决心"精兵简政"[J]. 党的文献，1993（3)：10.

❹ 武力. 中华人民共和国经济史（增订版）（上卷）[M]. 北京：中国时代经济出版社，2010：404.

1. 收回投资计划审批权和管理权

投资包括国家计划内的基本建设投资、国家计划外的基本建设投资以及"四项费用"。《关于编制和审批基本建设设计任务书的规定（草案）》规定：中央部直属的大中型建设项目的设计任务书，一律由国务院批准；地方大中型项目中的重大项目由国务院批准，其余的大中型项目由国家计划委员会批准。❶ 由国家计划委员会批准的建设项目的设计任务书，先由大区计划委员会提出审查意见，报送中央主管部，中央主管部根据行业总体规划的要求，将审查意见报送国家计划委员会。小型建设项目设计任务书的编制办法和审批权限，按隶属关系分别由中央主管部和省、市、自治区批准并报国家计划委员会备案。地方小型项目的设计任务书，其原料涉及大区平衡的，应征得大区计划委员会同意，涉及全国平衡的，应征得中央主管部同意。《关于加强基本建设计划管理的几项规定（草案）》规定，所有的基本建设投资和大中型建设项目（包括用自筹资金安排的基本建设在内），都必须经国务院批准才能作为国家计划内的基本建设，不准再搞计划外的基本建设。对于国家计划外的基本建设，各级管理部门不得拨给资金、物资和劳动力。国家投资计划批准后，需要增加投资总额或大中型项目，以及大中型项目的建设进度和重要的单项工程有较大的变动时，必须经国务院批准或国务院授权国家计划委员会批准。小型建设项目，在国家批准的投资总额内，分别由主管部和省、市、自治区根据具体情况自行安排确定，执行中需要增减或变动时，分别由主管部和省、市、自治区批准。用自筹资金安排基本建设所需要的投资、材料和设备，自筹资金必须由建设银行专户存储，按计划监督拨款。❷《关于基本建设设计文件编制和审批办法的几项规定（草案）》规定：中央部直属的大中型建设项目和地方管理的重大的建设项目的扩大初步设计和总概算或初步设计和总概算由主管部审查批准；地方管理的一般的大中型建设项目的扩大初步设计和总概算或初步设计和总概算由省、市、自治区人民委员会审查批准并抄送中央主管部；特别重大的建设项目的扩大初步设计和总概算或初步设计和总概算，国务院认为必要

---

❶　江苏省档案馆. 全宗号：3129，宗卷号：659：6.

❷　江苏省档案馆. 全宗号：3129，宗卷号：659：7－8.

时，可以指定由主管部提出审查意见，报国务院批准。● 到 1965 年，中央管理全部限额以上的建设项目和投资，中央安排的投资占总投资的 85.8%。●

为了果断地压缩基本建设规模，建设银行报经国务院批准，决定对 1960 年应完未完需要继续建设的项目，一律重新报计划，经批准后统一纳入下年计划之内，对滚存的年终结余一刀砍掉，不再结转使用。基本建设所需的国家统配物资和部管物资的品种，恢复到"一五"计划时期的格局。

2. 严格基本建设程序，加强对基本建设拨款的监督

1962 年 1 月，财政部颁发了《基本建设财务拨款管理暂行办法（草案）》和《国营企业四项费用管理办法》，强调拨款要有依据，花钱要按计划。5 月，国务院接连颁布了 5 个投资管理方面的单行规定，突出强调了基本建设必须坚持按程序办事，禁止再搞"四边"工程。1963 年 12 月，中共中央、国务院发布《关于加强基本建设拨款监督工作的指示》（"拨款六条"），形成"按计划、按程序、按预算、按进度"的"四按"拨款原则。国务院发布《关于基本建设拨款的几项规定》20 条，取代被"大跃进"冲掉的拨款方法。● 同时，建设银行加强了基本建设投资监督权，主要包括四个方面：（1）专案拨款。从 1961 年起，各省、自治区、直辖市的地方级基本建设支出预算，一律同地方财政预算脱钩，改为由财政部通过建设银行总行对各地区实行专案拨款。（2）抄转计划。建设银行总行和各省、自治区、直辖市分行，直接根据国家批转各部门、各地区的年度基本建设计划，逐级抄转下达，作为拨款依据，各基层建设银行，严格按照总、分行抄转下达的计划拨款。（3）清理拖欠。财政部动用上一年财政结余，作为清理拖欠货款的特种专项拨款，交由建设银行逐笔审查拨付，只能转账用于拖欠货款，不能提取现金用于新的支出。经过半年多的清理，财政部共拿出 18.7 亿元资金，清理了全部货款，疏通了资金周转渠道。（4）年终结余一刀砍。建设银行决定对 1960 年应完未完需要继续建设的项目，一律重新报计划，经批准后统一纳入下年计划之内，对滚存的年终

● 中国社会科学院，中央档案馆. 中华人民共和国经济档案资料选编（1958～1965）（固定资产投资与建筑业卷）[A]. 北京：中国财政经济出版社，2011：95.

● 周太和. 当代中国的经济体制改革 [M]. 北京：中国社会科学出版社，1984：97－98.

● 周道炯. 当代中国的固定资产投资管理 [M]. 北京：中国社会科学出版社，1989：34－35.

结余一刀砍掉，不再结转使用。❶

（四）重建垂直的物资管理体系，增加统配和部管物资种类

为了解决"大跃进"期间物资工作存在的各自为政、调度不灵、管理混乱等问题，1962 年 3 月 7 日，陈云在中央财经会议上指出，与"一五"计划时期相比，物资管理要更加集中，应该归国家统一管理。依据这一方针，物资管理体制进行了以下几方面的变动：第一是建立全国统一的垂直领导的物资管理系统。5 月 30 日，袁宝华在物资工作会议上指出，按照刘少奇的指示，物资管理上，没有条条管、块块管的问题，只有集中统一管。既不是统一于"块块"，也不是统一于"条条"，而是统一于中央，统一于综合部门。国家委托物资管理部门来管，就因为它是综合部门。所以物资部门，必须要有全面观点，所有的物资问题，都不能不管。贯彻执行《关于在物资工作上贯彻执行集中统一方针、实行全面管理的初步方案》，主要在于"全面管理生产资料、统一管理供销业务、集中管理中转仓库、建立全国统一的物资管理系统和业务经营网"四个方面。❷ 1962 年 7 月 7 日，国家经委党组召开 1962 年全国物资管理机构和业务经营网会议，要求建立一套垂直领导的物资管理机构和业务经营网。第二是统一管理统配物资的销售工作。原由各工业部门分管的统配物资销售机构，大多交由物资部门统一管理。物资部接管了冶金、林业、建材、化工、一机等五个部门的销售机构，建立了五个专业公司。在重点厂派了驻厂代表，监督合同的执行情况。❸ 第三是统一设置和管理中转仓库。第四是扩大物资管理范围，统配和部管物资由 1960 年的 417 种增加至 1965 年的 592 种。❹中央统一分配的主要生产资料 200 种左右，主要生活资料 10 种左右。❺ 在调整期间，还在组织物资流通方式、方法上进行了一些探索性的改革。比如，打破行政部门、行政区划界限，试行按经济区域统一组织物资供应，组织定点供应

---

❶　周道炯. 当代中国的固定资产投资管理［M］. 北京：中国社会科学出版社，1989：34－35.

❷　袁宝华文集（第 1 卷）［M］. 北京：中国人民大学出版社，2013：131－133.

❸　周太和. 当代中国的经济体制改革［M］. 北京：中国社会科学出版社，1984：102.

❹　武力. 中华人民共和国经济史（增订版）（上卷）［M］. 北京：中国时代经济出版社，2010：419.

❺　武力. 中华人民共和国经济史（增订版）（上卷）［M］. 北京：中国时代经济出版社，2010：402－403.

和直达供货，对试办的专业化公司（即托拉斯）物资供应进行试点，建立供应站、服务队，负责组织小额物资就近就地供应，建立生产资料服务公司以及统一收费标准，加强经济合同的管理等。❶

二、上收一批下放不适当的企业，试办工业、交通托拉斯

（一）上收一批下放不适当的企业

"大跃进"期间，大批中央直属企业下放地方，因为这些企业的产供销面向全国，地方政府很难保证这些企业的正常生产，造成企业管理混乱，效益低下。

1961 年 1 月，中央作出《关于调整管理体制的若干暂行规定》。该规定指出，中央各部直属企业的生产经营管理权限，统归中央主管各部。地方需要调整时，应征得中央主管部的同意；以前下放的国防工业企业一律收回；铁道部统一管理全国铁路和铁路运输；各部门、各地方不许突破国家的劳动计划。在国家劳动计划外增加劳动力，必须报经中央批准。❷ 9 月 15 日，中共中央作出《关于当前工业问题的指示》，指出在最近两三年内，使工业管理权限更加集中统一。❸ 根据这一规定和指示，1961 年，中央各部上收了一些"大跃进"期间下放给地方管理的企事业单位。1962 年以后，又继续上收了一些企业。同时，中央决定将轻工业部、纺织工业部、手工业管理局三个单位由财贸办公室移交给国家经委归口管理。❹ 到 1963 年，全国 120 个机械工业骨干企业中有110 个由第一机械工业部上收。冶金工业部直属的大型钢铁企业有 24 个。1965 年 2 月 18 日，中央作出的《关于改进农业机械化工作管理体制的报告》指出，为了集中统一管理，农业部同意将农业机械（包括半机械化）的销售、修理和农机站的管理三个方面的业务，交给八机部管理。❺ 1966 年，直属企业的钢产量占全国钢产量的 65.6%，生铁产量占 86.8%。在轻工业方面，1961～

---

❶ 武力. 中华人民共和国经济史（增订版）（上卷）[M]. 北京：中国时代经济出版社，2010：404.

❷ 中共中央文件选集（1949.10～1966.5）（第36卷）[A]. 北京：人民出版社，2013：98－99.

❸ 中共中央文件选集（1949.10～1966.5）（第38卷）[A]. 北京：人民出版社，2013：22.

❹ 中共中央文件选集（1949.10～1966.5）（第39卷）[A]. 北京：人民出版社，2013：106.

❺ 中共中央文件选集（1949.10～1966.5）（第48卷）[A]. 北京：人民出版社，2013：246－247.

1965 年共上收企业 308 个。其中烟草行业收回全部的 61 个企业；盐业收回 39 个企业，其生产量占销量的 90% 以上。1963 年纺织工业部把 1958 年下放给地方的 10 个纺织机械厂和分公司全部收回，由纺织机械制造局直接管理。到 1965 年，中央各部直属企业由 1958 年的 1 200 个增加到 10 533 个，其工业总产值占比达到 42.2%。❶

（二）试办工业、交通托拉斯

1. 托拉斯思想的形成和政策的制定

"大跃进"时期的企业生产"无政府状态"使党和政府领导人认识到，必须改进企业的组织形式和管理方式，增强生产的计划性和提高企业专业协调能力，才能提高劳动生产效率。1960 年 3 月 24～25 日，邓小平在天津会议上说，企业生产要走托拉斯道路，即以一个行业为主，兼管其他行业。❷ 1963 年 9 月，中央在起草关于工业发展问题的文件时提出，管理工业要用经济办法，可以利用像托拉斯这一类生产、交换和科学实验的综合性的组织形式。❸ 10 月 21～24 日，刘少奇在听取工业情况汇报时说，用行政手段管理经济，就会造成经济管理上的"一统就死、一放就乱"，应该按行业组织专业公司，减少行政干预。改善工业管理，要用经济组织代替行政组织，用企业组织代替行政机关。❹ 1964 年 1 月 7 日，毛泽东在听取薄一波关于工业交通会议情况汇报时，表示赞同刘少奇关于组建托拉斯、改善工业管理的意见。❺ 4 月 30 日，经过中央批准，我国试办的第一个托拉斯企业——华东煤炭工业公司正式成立。❻

1964 年 6 月，国家经委拟定了《关于试办工业、交通托拉斯的意见报告（草案）》。7 月 17 日，国家经委向中央正式提交此报告。周恩来十分重视，亲自主持会议讨论这一文件，然后提出四点意见：（1）在组建托拉斯时要处理

---

❶ 周道炯. 当代中国的固定资产投资管理 [M]. 北京：中国社会科学出版社，1989：99，100，295，341，380，417，418.

❷ 武力. 中华人民共和国经济史（增订版）（上卷）[M]. 北京：中国时代经济出版社，2010：405.

❸ 薄一波. 若干重大决策与事件的回顾（下卷）[M]. 北京：中共党史出版社，2008：1174.

❹ 关于六十年代初期试办工业、交通托拉斯的一组文献 [J]. 党的文献，1993（2）：19.

❺ 薄一波. 若干重大决策与事件的回顾（下卷）[M]. 北京：中共党史出版社，2008：1175.

❻ 武力. 中华人民共和国经济史（增订版）（上卷）[M]. 北京：中国时代经济出版社，2010：406.

好中央与地方关系；（2）协调好托拉斯与外部以及地方之间的关系；（3）搞清托拉斯的发展方向；（4）按经济办法管理托拉斯。8 月 17 日，国务院批转了经委党组的这一报告，要求各地方、各中央部门参照执行。❶

2. 工业、交通托拉斯的全面组建

国务院批转《关于试办工业、交通托拉斯的意见报告（草案）》后，各行业纷纷试办托拉斯。第一批获准试办 12 个，即中国烟草工业公司、中国医药工业公司、地质机械仪器公司等。这些专业公司，除烟草公司和医药公司具有全国性的企业生产和经营以外，其他的专业公司，仅限于管理原有的中央直属企业，或上收一部分地方企业。同时，地方也积极创办地方管理的托拉斯。这些托拉斯多以地方命名。1965 年，国务院又试办石油工业公司、仪器仪表工业公司、木材加工工业公司。10 月，全国建设会议决定组建若干个建设托拉斯。1966 年 7 月，地方又试办了几个托拉斯。❷

从形式上看，托拉斯是仿效西方资本主义国家对某一行业实行垄断经营管理的办法。但是，从性质上看，我国试办的托拉斯是社会主义公有制经济的重要组成部分，是社会主义公有制经济的实现形式，是具有独立核算能力的经济实体，是按照经济的办法组织社会生产的一种科学实验。在生产管理上，国家将固定资金和流动资金划拨给托拉斯，而托拉斯负责完成国家主管部门下达的计划任务，对分公司以及科学研究实行集中和统一管理。❸

三、控制货币投放，加强资金管理

为了贯彻"调整、巩固、充实、提高"的八字方针，中共中央和国务院决定控制货币投放，加强资金管理。李先念说："在国民经济调整过程中，必须加强集中统一。票子的发行权，要绝对集中于中央，任何人都无权发票子。

---

❶ 武力. 中华人民共和国经济史（增订版）（上卷）［M］. 北京：中国时代经济出版社，2010：406－407.

❷ 武力. 中华人民共和国经济史（增订版）（上卷）［M］. 北京：中国时代经济出版社，2010：407.

❸ 周太和. 当代中国的经济体制改革［M］. 北京：中国社会科学出版社，1984：112－113.

要把票子的发行权保证集中于中央，就必须克服乱拉乱挪资金的现象。"❶
1960 年 12 月 20 日，中共中央、国务院发出《关于冻结、清理机关团体在银行的存款和企业专项存款的指示》。该指示要求银行从 12 月 25 日起，对截止到这一天的各机关、团体、部队、事业单位的存款（包括地方预算外存款），国营企业（包括建筑包工企业和事业部门的附属企业）的专项存款（不包括流动资金），基本建设投资的结余存款和自筹存款，一律暂时予以冻结。1961 年 1 月 20 日，《中共中央关于调整管理体制的若干暂行规定》指出货币发行权归中央。人民银行必须按期编制货币发行计划和现金出纳计划，经中央批准，严格执行。❷ 2 月 6 日，国务院又发出《关于当前紧缩财政支出、控制货币投放的补充规定》，强调在国家计划以外，任何地区、部门和单位不得以任何名义向财政部借款，向银行贷款，或者挪用生产部门的流动资金和预算外资金去搞基本建设；各地区、各部门不能用银行贷款作财政开支，否则，以违法乱纪论处。1961 年 4 月 7 日，经国务院财贸办公室批准，将国家对农业（包括公社、国营农场、社员个人）贷款的利率恢复到人民公社化以前的月息四厘八，这样有利于减轻农民负担。1961 年 4 月 30 日，中国人民银行报经国务院原则批准，发出《关于改变信贷管理体制的通知》，要求加强季度信贷计划管理，改变 1958 年以来实行的差额包干管理办法。1961 年 12 月 29 日，中国人民银行为了严格控制货币投放，提出根据国家的工资计划支付工资、支持商业部门完成国家农副产品收购计划、控制农村信贷投放、对企业的财政性开支银行概不贷款、严格控制超定额贷款、商业贷款只能用于增加商品库存。❸ 1962 年 3 月 10 日，国务院作出了《关于切实加强银行工作的集中统一，严格控制货币发行的决定》（简称银行工作"六条"）。4 月 21 日，又作出了《关于严格控制财政管理的决定》（财政工作"六条"）。这两项决定指出银行工作必须实行高度的集中统一，财政资金和信贷资金必须实行统一平衡和分口管理。各部门必须按照党和国家的政策、计划、制度办事，银行要充分发挥信贷监督的作用。集中货币发行权，才能管紧货币发行，巩固币值的稳定。由于信贷收支和

---

❶ 李先念论财政金融贸易（1950～1991 年）（上卷）［M］. 北京：中国财政经济出版社，2010：508.

❷ 中共中央文件选集（1949.10～1966.5）（第 36 卷）［A］. 北京：人民出版社，2013：99.

❸ 金鑫. 当代中国的金融事业［M］. 北京：中国社会科学出版社，1989：135－138.

货币发行具有密切联系，信贷管理也必须同时实行高度集中统一。财政资金和信贷资金必须实行统一平衡，才能保证预算和信贷的真正平衡。必须实行分开管理，才能防止挪用信贷资金，用于财政性支出。必须加强信贷监督，对违反政策、计划、制度的现象进行坚决的斗争，才有利于保证党和国家的政策、计划、制度得到正确的贯彻。12月3日，李先念在中国人民银行全国分行行长座谈会上提出，要坚持执行两个"六条"（1962年中央关于财政工作"六条"和银行工作"六条"）。两个"六条"的基本精神，就是促进计划经济，保护计划经济，监督计划经济。如果把两个"六条"砍掉，就没有什么计划经济，就无法建设社会主义了。[1] 1964年，根据中央提出信贷当年平衡，不增发货币的方针，坚持信贷平衡，控制货币投放，改善银行经营管理。[2] 1963年12月16日，国务院发出关于建立中国农业银行若干具体问题的指示，提出加强对各级中国农业银行的领导。在中国农业银行的日常工作中，有关基建拨款、经费拨款、信贷存放等属于财政信贷业务方面的工作，由财贸办公室领导；有关农林资金的分配、使用和监督、检查等方面的工作，由农林办公室领导。[3] 同时，合理控制商场上的货币流通量，巩固和提高人民币的信用，逐步缩小凭票、凭证供应的商品范围。

四、恢复专业公司和供销社，统一商业贸易管理

1. 恢复专业公司和供销社，实现重要商品统购统销

1962年4月3日，国务院作出《关于加强商业资金的统一管理和改进商业利润解缴办法的决定》，指出从1962年起，商业部系统各级企业的资金，归商业部统一掌握；严格划清商业企业的固定资金和流动资金。[4] 1962年9月27日，八届十中全会通过《关于商业工作问题的决定》。该决定指出，中央统一管理重要商品，商业部统一收购和供应工业所需的重要农产原料。国家物资部

[1] 李先念论财政金融贸易（1950～1991年）（下卷）[M].北京：中国财政经济出版社，2010：83－84.

[2] 江苏省档案馆.全宗号：3037，目录号：4，案卷号：1；151.

[3] 江苏省档案馆.全宗号：4005，目录号：2，案卷号：49；136.

[4] 中共中央文件选集（1949.10～1966.5）（第39卷）[A].北京：人民出版社，2013：242－247.

门和国营商业部门统一收购和供应国营工业生产的主要生产资料和生活资料。❶ 到 1965 年，中央管理的主要零售商品指标有 90 种左右，这些商品的零售额占社会商品零售总额的 70% 左右。❷

从 1961 年起，商业企业财务计划的审批和企业的主要财权由商业部和省、市、自治区的商业厅（局）集中管理；从 1962 年开始，商业部系统各级企业的资金，归商业部统一掌握；商业部门的利润，除明文规定的以外，实行中央七成、地方三成的财政分成制度；其他计划、统计、会计、物价、劳动工资、基本建设等，也由商业部统一规定，省、市、自治区商业厅（局）可以结合具体情况制定实施办法，但不得随意变更。从 1962 年开始，根据中央决定，还将粮食的分级包干、差额调拨办法，改为征购、销售、调拨由中央统一安排，实行分级管理。❸

为了更好地组织全国商品流通，恢复"统一领导，分级管理"的原则，1962 年 5 月 5 日，国务院发出《关于商业部系统恢复建立各级专业公司的决定》。文件规定恢复工作分为三类：第一类专业公司为五金机械、交电器材、化工原料等公司，其业务以总公司领导为主；第二类专业公司为纺织、百货、糖烟酒、食品、医药、石油、煤炭、建筑器材等公司，业务由总公司和省、市、自治区商业厅（局）分级领导，组织机构与第一类公司相同；第三类专业公司包括民族贸易、蔬菜、饮食业、服务业、劳保用品、仓储运输等公司，对这类公司，商业部不设总公司，只设相应的专业管理局，省级是设公司还是设专业管理处，由省人民政府决定。第三类公司业务完全由地方管理，商业部只是对经营方针、政策和商品计划方面进行必要的统一安排，在业务经营方面加以督促、检查和指导。到 1965 年，商业部共成立百货、纺织品、五金交电、化工原料、石油、煤建、食品、糖业烟酒、医药、中药材等 10 个专业总公司和饮食服务、蔬菜、民族贸易、劳保特需品等专业局。地方各级商业部门也设立了相应的机构。❹

1961 年 3 月，中央决定恢复供销合作社。6 月 19 日，《关于改进商业工作

---

❶ 江苏省档案馆. 全宗号：3037，目录号：4，宗卷号：1：24 – 25.

❷ 周太和. 当代中国的经济体制改革 [M]. 北京：中国社会科学出版社，1984：97 – 98.

❸ 武力. 中华人民共和国经济史（增订版）（上卷）[M]. 北京：中国时代经济出版社，2010：415.

❶ 武力. 中华人民共和国经济史（增订版）（上卷）[M]. 北京：中国时代经济出版社，2010：414.

的若干规定（试行草案)》规定：供销社的机构可以按人民公社设置，也可以按区设置；基层供销社和各级联社的领导机构由社员代表大会民主选举产生；供销社实行独立核算、自负盈亏。到1961年年底，全国就恢复基层供销社3.1万多个，县供销社联社1 300多个，省级供销社联社18个。1962年4月26日，国务院又作出《关于国营商业和供销合作社分工的决定》。根据分工，商业部系统经营工业品、主要副食品、县城及其以上的零售和饮食服务业，并负责县城及其以上的城市、工矿区公私合营商业、个体商业的社会主义改造。供销合作社则经营农副产品、部分农业生产资料、部分日杂品、城乡废旧物资、集镇和农村的零售和饮食服务业，并负责集镇、农村的公私合营商业和个体商业的社会主义改造。5月4日，国务院再次发出《关于供销合作社几个问题的通知》。通知规定，供销合作社的经营机构分为中央、省、县、基层四级，实行统一领导、统一计划、分级管理、分级核算、各负盈亏、基金调剂制度；各级供销社的商品、资金、基建、劳动工资都纳入国家计划。❶

2. 统一规定合理的比价和差价，把市场价格纳入国家计划

调整时期的价格政策，总的来说是在保持物价基本稳定的前提下，有计划地提高农副产品的收购价格，降低工业品的销售价格。重要工业品的调拨价格和市场价格由中央统一规定。对于生产资料和一、二类农副产品的价格，也由国家统一定价。三类农副产品，在允许农民自由销售的同时，价格由买卖双方自由议定，商业部门也可以协商议价。要求规定工农业产品的合理比价以及地区差价等。对于手工业产品的价格，由生产者和销售者即工商双方合理议价。对于固定价格的变动，需要严格审批。集市贸易价格虽然由买卖双方议定，但不是放任自流，而是要求供销社通过参加集市贸易活动，吞吐商品，使市场价格和计划价格相接近。对高价糕点、糖果、饮食等，当市场供应好转后，即逐步降价，直至恢复平价供应。同时加强物价管理，全国从上到下成立了物价管理机构，严格审批权限。国家工商行政管理部门要加强对集市贸易和市场物价的行政管理，打击投机倒把、哄抬物价、卖大号、偷税漏税、以次充好等违法

---

❶ 武力. 中华人民共和国经济史（增订版）（上卷)［M］. 北京：中国时代经济出版社，2010：415.

乱纪行为，力求做到管而不死、活而不乱。❶ 1962 年 9 月 27 日，八届十中全会通过了《关于商业工作问题的决定》。该决定指出，稳定城市居民生活必需品的价格。次要的工农产品，要根据地方不同情况，提出方案，由国家管理机关审查批准，进行必要调整。❷

3. 实现进出口平衡和"双轨制"计划，统一对外贸易

为贯彻"调整、巩固、充实、提高"的八字方针，在外贸计划管理上，强调集中统一，加强综合平衡；在安排外贸计划时，坚持"以出定进，以进养出，进出平衡"的原则；在出口计划方面，正确处理内外销关系，努力组织出口货源，增加国家外汇收入；在进口计划方面，集中使用外汇，优先保证粮食、支援农业和市场等急需物资的进口；外贸计划取消"两本账"制度，并恢复了"双轨制"计划以及自上而下与自下而上相结合的计划编制程序。❸ 1965 年 8 月 21 日，李先念同志在外贸、供销、财政、银行四个专业会议上的讲话（记录稿）中，提出了地方对资本主义市场出口步调不统一的几个事例。如广州、上海对伊朗出口的热水瓶，由于规格质量相似而价格不一，引起伊朗商人的不满。对巴基斯坦出口蚊香，五个省的分公司竞争出口，有的采取赠送毛巾和"买五送一"的办法，使售价由每打 16 卢比猛跌到 7 卢比。北京和上海在澳大利亚竞销印花台布和茶巾，使价格越卖越低。同一种工艺品（仿古黄釉独脚兽），上海卖 2 200 元港币，北京卖 80 元港币，相差 27 倍，从上海进货的香港商人要求退货。山东的一种抽纱，在国外一向是畅销，后来广东潮汕的出口分公司低价竞销。北京市工艺品进出口公司没有按照广州交易会上抽纱一律提价 5% 的决定，对外成交，影响其他口岸合同的执行。李先念指出，对外贸易的统一是一个重大问题。要求地方提高认识，互通情报，一致对外。外贸总的来说是统一的。地方外汇提成，中央给地方那么多钱，多了不行，少了不会。中央商品，地方可以建议，但还是由中央主管部门统一平衡一下，才能决定。❹

❶ 周太和. 当代中国的经济体制改革 ［M］. 北京：中国社会科学出版社，1984：107 – 108.
❷ 江苏省档案馆. 全宗号：3037，目录号：4，宗卷号：1：26 – 27.
❸ 沈觉人. 当代中国对外贸易 ［M］. 北京：当代中国出版社，1992：187.
❹ 江苏省档案馆. 全宗号：3037，目录号：4，宗卷号：16：1 – 2.

第三节　再次高度集中的成效

一、投资规模压缩，财政收支平衡

1. 投资规模压缩

调整时期的前两年，为了使基本建设规模同人力、物力、财力相匹配，中共中央、国务院采取果断措施，压缩了投资规模。压缩过程分为三个阶段。第一阶段在 1960 年 9 月。在不调整 1960 年基本建设计划的条件下，责成建设银行通过拨款监督手段，在第四季度减少基本建设拨款支出 40 亿元。建设银行经过积极努力，实际压缩支出 38 亿元，基本上完成国务院交给的任务，使1960 年的基本建设规模，由铺开的 450 亿元的摊子，压缩到实际完成 388.69亿元。第二阶段在 1961 年。这一年的基本建设投资计划，在上半年经过一压再压的多次反复，最后压到 129 亿元，实际完成 127.42 亿元，比 1960 年减少2/3。经过 1961～1962 年的调整，基建投资减少 80% 以上。❶ 第三阶段是在1962 年七千人大会和西楼会议后，将 1962 年的基本建设计划压缩到 46 亿元（另安排 12 亿元设备筹备资金，共计拨款 58 亿元），实际拨款支出 55.65 亿元，动员利用了一部分库存器材，完成 71.26 亿元的工作量，比 1960 年减少317.43 亿元，只相当于 1960 年高峰期的 18%。1962 年，全民所有制工业企业由 1958 年的 12 万个减少为 5.3 万个，施工的大中型项目由 1960 年的 1 800 多个减少为 1 003 个。❷

经过 1960～1962 年的压缩之后，1963～1965 年，中央进一步实行巩固、提高的政策，基建规模又稳步回升。1962 年以后，投资效益明显好转。1963～1965 年，固定资产交付使用率回升到 87.2%，超过"一五"计划时期的水平，大中型项目建成投产率回升到 10.4%。投资结构逐渐趋于协调，农业投资比重由"大跃进"三年平均占投资总额的 10.5% 上升到 17.8%，重工业投资比

---

❶　薛暮桥经济文选［M］. 北京：中国时代经济出版社，2010：22.
❷　周道炯. 当代中国的固定资产投资管理［M］. 北京：中国社会科学出版社，1989：32－33.

重由 54.8% 下降到 50.2%。[1]

2. 财政收支平衡

从 1958 年起，国家财政连续四年出现了大量的赤字，特别是 1960 年财政赤字高达 81.8 亿元，占当年财政总支出 12.5%。经过调整，1963 年国民经济开始复苏。1963～1965 年，国民收入每年递增 14.5%，财政收入每年递增 14.7%。[2] 在经济恢复和发展的基础上，中央政府加强了财政的集中统一管理，使中央直接掌握的财政收入由原来的 50%，提高到 60% 左右。这就加强了中央的综合平衡能力。1962 年财政收支相抵，结余 8.3 亿元。[3] 到 1965 年，财政收入高达 473.3 亿元，比 1957 年增加 163.1 亿元，增长 52.6%；财政支出 466.3 亿元；财政结余 7 亿元。同时，还清了对苏联的全部债款（中国向苏联的各项借款，主要是在抗美援朝的战争中欠苏联的军用物资款和应付利息，折合人民币计算，共 57.43 亿元，到 1962 年年底，偿还 52.89 亿元，剩下的 4.54 亿元于 1965 年以前已分年还清），并且大力支援了许多国家人民的革命斗争和建设事业。[4]

二、企业效益提高，经济结构改善

（一）企业效益提高

调整时期，上收了一批"大跃进"时期下放的不适当的企业，并按经济的办法对大型企业实行分行业的"托拉斯"式管理。主要通过合并小厂、裁减人员，企业的产供销由中央各经济部门统一指挥、统一调度，协调有限的人力、物力、财力，进行重点生产。在烟草行业，卷烟厂的数量从 104 个减少到 62 个，卷烟厂工人从 5.9 万减少到 4.1 万，但是生产能力从 330 万箱上升到 480 万箱，这说明烟草行业的劳动生产率显著提高。事实上，1964 年比 1963 年烟草行业的劳动生产率提高 42.4%。1963～1965 年，烟草公司上缴利润共 56 亿元。在汽车行业，1965 年比 1964 年汽车产量增长 40% 多，达到 4 万多

---

[1][2]　周道炯. 当代中国的固定资产投资管理 [M]. 北京：中国社会科学出版社，1989：35 – 36.

[3]　周太和. 当代中国的经济体制改革 [M]. 北京：中国社会科学出版社，1984：101.

[4]　陈如龙. 当代中国财政（上）[M]. 北京：中国社会科学出版社，1988：235 – 236.

辆。而且，研制成功了 15 种新型号汽车。在医药行业，医药公司的数量从 297 个减少到 167 个，职工人数减少 4 700 人，医药品种和数量增加，产品质量提高。在运输行业，1964 年的利润比计划增加约 1 倍。在煤炭行业，1965 年第一季度华东煤炭工业公司扭转了亏损局面，盈利 500 万元。❶

（二）经济结构改善

1. 产业结构改善

随着国民经济"调整、巩固、充实、提高"方针的制订和实施，工农业生产都获得了恢复和发展。不仅在产品质量和产品数量上有较大提高，而且工业和农业、轻工业和重工业之间的比例关系得到改善。

在工业方面，首先，产品的质量和数量都有提高。到 1965 年，全国工业固定资产原值达 1 040 亿元。❷ 其次，工业的内部结构有所改善。为了遏制投资饥渴，缓解供需矛盾，改善民生。国家有计划地降低了冶金、机械、建材等重工业的发展速度。钢的产量，1960 年为 1 866 万吨，1962 年降低为 667 万吨；煤的产量，1960 年为 3.97 亿吨，1962 年降低为 2.2 亿吨。❸ 相对于 1960 年，1962 年重工业产值下降 58.6%，重工业占工农业总产值的比重从 52.1% 下降到 32.3%。与此同时，国家着力发展轻工业。轻工业产值占工业总产值的比重已从 1960 年的 33.4% 提高到 1965 年的 51.6%。此时，轻、重工业约各占一半。这种比例关系是一个既有利于生产发展又有利于人民生活水平提高的合理界限。而且，各工业部门内部的比例关系，如机械工业内部的制造和修理、主机和配套，也趋于合理。❹

在农业方面，农业生产条件不断改善，农业内部结构逐渐协调，农产品产量得到恢复和发展。1962 年粮食总产量为 3 200 亿斤，比上一年增产 250 亿斤；1962 年油料总产值为 40 亿斤，比上一年增产 10.4%；农业总产值比上一年增长 6.2%。❺ 1965 年，粮食总产量达 3 891 亿斤，比 1960 年的 2 870 亿斤

---

❶ 武力. 中华人民共和国经济史（增订版）（上卷）［M］. 北京：中国时代经济出版社，2010：407－408.

❷ 陈如龙. 当代中国财政（上）［M］. 北京：中国社会科学出版社，1988：231－232.

❸ 李富春选集［M］. 北京：中国计划出版社，1992：324.

❹ 陈如龙. 当代中国财政（上）［M］. 北京：中国社会科学出版社，1988：231－232.

❺ 周太和. 当代中国的经济体制改革［M］. 北京：中国社会科学出版社，1984：110.

增产 1 021 亿斤，接近 1957 年 3 901 亿斤的水平。粮食净征购量达 672 亿斤，已恢复到 1957 年的水平，比 1962 年增加 158 亿斤。1965 年，全国灌溉面积比 1957 年增加 570 多万公顷，灌溉面积在全部耕地中的比重由 1957 年的 24.4% 上升到 32%。❶

在工农业比例关系上，经过调整后，工业与农业的产值比例已由 1960 年的 3.58：1 变成 1965 年的 1.68：1，有了很大的改进，它比较接近中国当时的工农业生产发展和人民生活的客观需要。❷ 1963～1965 年，工农业总产值年均增长 15.7%（工业总产值年均增长 17.9%、农业总产值年均增长 11.1%），国民收入年均增长 14.7%。到 1965 年，农、轻、重比例关系实现了协调发展。❸

2. 生产力布局改善

调整时期，为了备战需要和区域经济协调发展，重点进行了"三线"建设，开发了内地资源，改善了生产力布局。经过"三线"建设，全国各地都建立了不同规模的现代工业，如甘肃兰州的石油化工中心，以武钢、包头为中心的钢铁基地等。这些基地都有较强的生产能力。有些关键产品，"一、二"线不能生产的，"三线"都安排了新建厂。重要企业都配备了当时中国最先进的设备，采用当时最新工艺。水电、煤炭、炼钢、轧材、有色金属开采和冶炼、电子工业等产品的生产能力，到 1980 年都已占全国总量的 1/3 左右。同时，"三线"地区的交通条件也大为改善，川黔、滇黔、成昆、襄渝、湘黔等重要铁路干线的修通，对加强内地与沿海的联系，有很大贡献。"三线"地区还拥有一支人数较多、基础较好的科研技术队伍，是宝贵的人才力量。在"三线"建设的企业大约有一半以上可以正常发挥投资效益。内地工业的产值在全国工业产值中的比重，已由 1957 年的 32.1% 提高到 1965 年的 35%。❹

但是，"三线"建设也存在一些问题。30% 左右的企业建成投产后，生产任务不饱满，或产品不对路，以致生产能力不能充分发挥；10% 左右的企业没有完全按计划建成，程度不同地存在建设遗留问题；处于山区的企业，车间分

---

❶ 陈如龙. 当代中国财政（上）[M]. 北京：中国社会科学出版社，1988：233.
❷ 陈如龙. 当代中国财政（上）[M]. 北京：中国社会科学出版社，1988：234.
❸ 周太和. 当代中国的经济体制改革 [M]. 北京：中国社会科学出版社，1984：123.
❹ 陈如龙. 当代中国财政（上）[M]. 北京：中国社会科学出版社，1988：232.

散，生产成本高，职工夫妻长期两地分居；当地教育水平低，子女升学困难等。❶

三、金融信贷稳定

1. 货币流通恢复正常

为度过困难时期，在1960～1961年大量投放纸币后，从1962年开始连续三年实现了信贷收支"当年平衡、略有回笼"。1962年回笼纸币19.2亿元，1963年为16.6亿元，1964年为9.9亿元。到1964年末，市场货币流通量由1961年的125亿元减少为80亿元，减少36%。1964年市场平均货币流通量同社会商品零售总额的比例，由1961年的1：5.5上升为1：8.5，已接近1957年1：9.5的水平；市场平均货币流通量同商品库存总额的比例，由1961年1：3.2上升为1：5.3，接近1957年1：5.5的水平；市场平均货币流通量同农副产品采购总值的比例，由1961年1：1.85上升为1：3.61，接近1957年1：4.4的水平。1965年投放票子10.8亿元，基本属于经济性的发行。❷ 这反映出物价从上涨到回落，市场供应从紧张到缓和，货币流通逐渐恢复正常。据国家统计局计算，1963年全社会零售物价总指数比上年下降5.9%，其中平价下降0.8%，高价、议价、集市价格分别下降40%～50%。集市贸易价格经过两年大幅度下降，到1965年年底平均比牌价只高40%左右。❸

2. 信贷资金使用效益提高

1961～1962年国家预算增拨给银行的信贷基金达56.66亿元。此外，还适当降低了银行利润的上交比例，让银行再多补充一些信贷基金。这就有力地支持了生产和流通中的贷款需要，保证了居民储蓄的提取，平衡了信贷收支差额。❹ 1963年和1964年工业生产分别比上年增长8.5%和19.6%，但是工业贷款分别比上年下降27.9%和1.8%；1963年和1964年国内商业的总购进分

❶ 周道炯. 当代中国的固定资产投资管理［M］. 北京：中国社会科学出版社，1989：93.
❷ 金鑫. 当代中国的金融事业［M］. 北京：中国社会科学出版社，1989：154－155.
❸ 陈如龙. 当代中国财政（上）［M］. 北京：中国社会科学出版社，1988：237－238.
❹ 陈如龙. 当代中国财政（上）［M］. 北京：中国社会科学出版社，1988：216.

别比上年增长 7.8% 和 17%，总销售分别比上年增长 1.6% 和 12.3%，而商业贷款分别比上年下降 16.3% 和 3.2%。1965 年工业生产比上年增长 26.4%，工业贷款增长 24.5%；国内商业总购进比上年增长 13.3%，总销售比上年增长 8.6%，商业贷款比上年增长 8.7%。这说明信贷资金的使用效益提高了。[1]

同时，企业的流动资金占用水平下降。1964 年国营工业生产企业每百元产值占用的定额流动资金，由 1961 年的 47.9 元下降为 33.2 元，1956 年又下降到 28.1 元，接近 1957 年 27.4 元。1964 年每百元商品纯销售占用的流动资金，由 1961 年的 86.8 元下降为 66.6 元，1965 年下降到 62.5 元，接近 1957 年的 50.3 元（见表 4-1）。

表 4-1　1961~1965 年流动资金占用的情况[2]

项目　　年度	工业总产值	工业贷款	商业购进总额	商业销售总额	商业贷款
1960 年	1 650 亿元	399.6 亿元	758.5 亿元	972.6 亿元	506.3 亿元
1961 年比上年（+ -）%	-38.2	-49.4	-32.9	-29	+6.2
1962 年比上年（+ -）%	-16.6	-22.7	-2.4	-7.6	-14.6
1963 年比上年（+ -）%	+8.5	-27.9	+7.8	+1.6	-16.3
1964 年比上年（+ -）%	+19.6	-1.8	+17	+12.3	-3.2
1965 年比上年（+ -）%	+26.4	+24.5	+13.3	+8.6	+8.7

注：工业总产值是按 1957 年不变价格计算的，工业产值增长比例是按可比价格计算的。

3. 城乡储蓄存款由下降转为回升

1963 年，全国城乡储蓄存款开始回升。储蓄存款的余额，1962 年为 41.1 亿元，1963 年为 45.7 亿元，1964 年为 55.5 亿元，1965 年为 65.2 亿元，比 1957 年的 35.2 亿元增长 85.2%。其中，城镇储蓄存款为 52.3 亿元，按城镇人口计算，平均每人储蓄 51 元，比 1957 年的平均每人储蓄 28 元增长 82%。城乡居民储蓄存款的增加反映出市场物价基本稳定，社会经济生活恢复

---

[1] 金鑫. 当代中国的金融事业 [M]. 北京：中国社会科学出版社，1989：156.
[2] 金鑫. 当代中国的金融事业 [M]. 北京：中国社会科学出版社，1989：157.

正常。❶

四、积累与消费关系趋向合理

"大跃进"时期，人民生活困难的主要原因在于积累过高，基本建设规模过大，引起积累与消费的关系严重失调。陈云较早发现这一情况，提出了国家建设规模必须符合国力的理论，并指出国家计划首先要保证生活资料生产的需要，然后保证生产资料生产的需要，最后用于基本建设。❷ 调整时期，为了贯彻八字方针和陈云关于正确处理积累和消费关系的精神，中央政府采取行政手段和经济手段，大力压缩了基本建设的规模，削减投资以维持消费，使积累占国民收入使用额的比例，由 1959 年、1960 年的 43.8%、39.6%，分别下降到 10.4%、17.5%，这样才使基本建设的规模与当时国家的财力、物力基本相适应。1964 年、1965 年积累率分别增至 22.2%、27.1%，积累与消费的比例关系，逐步趋向正常、合理。❸

在农村，提高农产品价格，增加农民收入。1963 年 3 月，国务院决定提高粮食销售价同棉花收购价格，棉花收购价平均提高 10%，每斤为 0.897 元，粮食的统购价格与统销价格持平。全国平均每百斤粮食销价大约提高 1 元，并对收入低的职工给予适当的生活补贴，补贴金额按各地提价幅度大小而有所不同。❹ 在城市，增加职工工资。8 月，国家决定拿出 11 亿元给部分职工增加工资。主要是提升 45% 职工的工资类别，上调过低的工资标准等。通过这次调整工资，使"大跃进"以来拖欠的职工工资问题，部分得到解决。

通过压缩基本建设规模，增加农民和职工工资，城乡人民生活开始有所改善，粮食、猪肉、棉布的消费量都有增加。到 1962 年年底，国民经济困难时期已经结束，农副产品的数量大幅度增加。在猪肉、羊肉、蔬菜等副食品方面，1964 年的供应量比 1957 年增加 30% 以上。❺ 1962 年，平均每人消费粮食

---

❶ 金鑫. 当代中国的金融事业 [M]. 北京：中国社会科学出版社，1989：156.

❷ 陈云文选 [M]. 北京：人民出版社，1986：45.

❸ 陈如龙. 当代中国财政（上）[M]. 北京：中国社会科学出版社，1988：235.

❹ 陈如龙. 当代中国财政（上）[M]. 北京：中国社会科学出版社，1988：237.

❺ 周太和. 当代中国的经济体制改革 [M]. 北京：中国社会科学出版社，1984：123.

329 斤、猪肉 4.4 斤、棉布 10.9 尺，分别比 1961 年增加 11 斤、1.6 斤、2.3 尺。全国居民年平均消费水平，1965 年每人为 125 元，比 1957 年的 102 元，增加 23 元。❶ 总之，国民经济最困难的时期已经过去，积累与消费、供给与需求关系趋向合理，人民生活水平有所提高。1964 年 12 月，在三届人大一次会议上，周恩来宣布，国民经济调整的任务基本完成。

第四节　再次高度集中的消极作用和放权改革设想

一、再次高度集中的消极作用

随着整个国民经济的恢复，工业生产、基本建设又开始发展起来。但是，高度集中的管理体制成为经济进一步恢复和发展的障碍。中央统得过多、过死的弊病又凸显出来。如在财政管理方面，中央财政占据大多数，地方政府只有事权，没有财权，工作积极性受到影响。

在企业管理方面，中央把本应该分散管理的一些地方中小企业也集中起来，不仅增加了中央与地方之间的矛盾，而且中央把大部分精力放在企业的产供销调度上，削弱了对行业规划等战略问题研究的能力。同时，地方对工业产品的需要得不到满足，"自成体系"思想并未纠正，也促使地方重复建设、盲目生产。❷ 在金融管理方面，地方银行无权根据地方经济建设和发展的需要增加投资，束缚了地方工农业的发展。在贸易管理方面，统一国内外贸易约束了小商小贩从事商业经营的积极性，也不方便人民的生活。这些问题随着经济恢复任务的完成逐渐凸显出来。

二、毛泽东对放权改革的设想

国民经济调整时期经济权力的再次高度集中，虽然对恢复和发展国民经

---

❶　陈如龙. 当代中国财政（上）[M]. 北京：中国社会科学出版社，1988：237.

❷　周太和. 当代中国的经济体制改革 [M]. 北京：中国社会科学出版社，1984：100.

济、稳定市场和物价、协调国民经济比例关系发挥了重要作用，但是在调整后期，随着经济进一步的恢复和发展，高度集中的管理体制束缚了地方政府的积极性。针对这一问题，毛泽东提出了放权改革的设想。

早在 1962 年 3 月 24 日，毛泽东在天津开会时说，自秦始皇统一六国以来，好处就是统一，坏处就是统死。这反映出他希望通过权力下放来调动地方政府的积极性，促进经济发展。针对国民经济调整时期经济权力的逐渐高度集中，他忧心忡忡。1964 年 8 月 27 日，毛泽东在有关文件上批示，计划工作方法，若不改变，只能取消计委。❶ 根据毛泽东的批示，9 月 21 日，全国计划会议提出用"大权独揽、小权分散""统一领导、分级管理"的原则改进工作方法。

但是，毛泽东对中央计委提出并制定的一些权力下放的改进措施仍不满意。1966 年 3 月 12 日，毛泽东在《关于农业机械化问题给刘少奇的信》中指出："一切统一与中央，卡得死死的，不是好办法。否则，地方有条件也不会热心去做。"❷ 在内心深处，毛泽东坚信要发展经济就必须调动地方政府的积极性，而调动地方政府的积极性就必须下放权力。他甚至认为，经济不能快速发展，跟高度的中央集权有关。他说，统一既有好处，也有坏处。好处就是发展，坏处就是长期下去，不能发展。为了避免这种现象发生，他建议中央实行"虚君共和"，"中央只管虚，不管实。也管点实，少管一点实"，中央只管"大政、方针、政策、计划"。中央在制订计划时，不能专断，而要"同地方计划结合"，尊重地方实际。

由此看出，毛泽东在处理中央与地方关系时一直主张还政于民、还政于地方。他认为，社会主义现代化建设的动力源泉应在地方和民间，如果不充分调动他们的积极性，经济建设就不能蓬勃发展，其速度就会放缓。这种思想与革命年代主张"从群众中来，到群众中去"，并在群众中寻找革命动力的思想是一致的。但是，这种放权改革思想与高度集中的计划经济体制存在内在冲突。尽管他一直极力探索在计划经济体制下实现中央集权与地方分权的辩证统一，实现集中力量办大事与调动地方和人民群众积极性的辩证统一，但是这个问题

---

❶ 赵德馨. 中华人民共和国经济大事记 [M]. 郑州：河南人民出版社，1987：382.

❷ 建国以来毛泽东文稿（第12册）[M]. 北京：中央文献出版社，1998：20.

始终没有彻底解决。

三、高度集中的改进措施

调整后期，由于经济权力再次高度集中产生了消极作用，根据毛泽东放权改革的设想，1964 年 9 月 21 日，全国计划会议提出用"大权独揽、小权分散""统一领导、分级管理"的原则改进工作方法。基于这一原则，中央拟定了《关于改进基建计划管理的几项规定（草案）》《关于国家统一分配物资留给地方使用的几项规定（草案）》和《关于国营工业、交通企业财务管理的几项规定（草案）》。1965 年 11 月 30 日，国务院将这三个文件颁发给各级政府和企业。❶

地方自主权的扩大，主要表现在以下三个方面。

（1）扩大地方的计划管理权。地方管理的企业、事业单位的计划指标，以前由中央主管部门安排，现改为由省、市、自治区根据中央精神和当地的实际情况统筹安排。这样一来，地方可以根据实际情况和发展需要，灵活机动地计划控制数字，实行逐级平衡，然后纳入国家计划。针对超产的产品，各地方可以按比例分配，统筹安排，以解决地方需要。这种方式调动了地方加强企业管理、提高经济效益的积极性。

（2）扩大地方的投资权。1964 年 9 月，中央把 19 个非工业部门的基本建设投资划给地方，由地方统筹安排。在调整后期的 1964～1965 年，交给地方统筹安排的资金占总财政预算的 20% 以上。❷ 在农业方面，地方可以统筹安排农田水利和地方水利基本建设投资。在工业方面，中央安排大中型工业基本建设项目，中央各部门和地方可以安排小型工业项目。地方投资在完成国家计划的任务后，可以灵活地进行调节。中央部门安排的地方建设项目，在完成国家计划以后，节约的资金归地方使用。地方政府可以自筹资金进行计划外基本建设，其中规模较大的投资需要报国家计委审批。

---

❶　武力. 中华人民共和国经济史（增订版）（上卷）［M］. 北京：中国时代经济出版社，2010：426.

❷　周太和. 当代中国的经济体制改革［M］. 北京：中国社会科学出版社，1984：121.

（3）扩大地方的物资分配权。1964年，国家的统配物资大大减少，国家计划委员会管理的工业产品在同期内也由340种减少到63种，1964年比1963年国家计划委员会需要统一平衡的产品计划表格减少一半以上。"五小"企业（当时指生产小农机、小钢铁、小煤炭、小化肥、小水泥的企业）的产品基本上划归地方分配。地方小钢铁企业超产的部分，由中央和地方平分（原料和燃料由中央和地方共同解决的企业），或留给地方20%（原料和燃料由中央分配的企业）。地方生产的铁矿石和生铁，在完成计划后，多交的部分按照50%折算换给钢材。企业生产中产生的废料，交给地方分配。地方回收的废次钢铁，除去国家规定的炉料以外，三成留给地方。地方生产的煤炭，超过计划部分，由中央和地方平分。森林工业企业生产的小规模材等交给地方。地方企业生产的产品，地方外汇进口的原材料，由地方分配。基本折旧基金全部交给地方和企业支配。临时工的使用人数，在工资总额不突破的前提下，各部门和各地方可以自行安排。❶

小 结

国民经济调整时期经济权力的再次高度集中并不是"一五"计划时期高度集中管理体制的简单重复，而是在纠正"大跃进"时期过于分散管理体制造成失误的基础上进行的经济权力的集中管理，加强了中央的综合平衡能力。同时，中央政府又极力避免"一五"后期高度集中造成的"统得过多、管得太死"的局面。在这一时期，中央政府采取了"先集中，后分散"的办法，1961～1963年，根据综合平衡的需要经济权力侧重集中；1964～1965年，经济权力根据经济发展的需要适当下放。在加强中央集权时注重"大集中、小分散""大统一、小机动"，从而使中央直接掌握的财政收入，由原来的50%提高到60%左右，有效地保证了国家有限资金用于发展和充实薄弱环节，同

---

❶ 武力. 中华人民共和国经济史（增订版）（上卷）[M]. 北京：中国时代经济出版社，2010：426－427.

时也给地方留下一部分财力，促进了国民经济的调整。[1] 在采取"先集中、后分散"的步骤时，先把关系国民经济全局的大权集中和掌握在中央手里，然后再把非工业部门的投资权、"五小"企业产品的分配权和小部分财权下放给地方和企业。由此可见，调整时期的集中不是简单地回到"一五"计划后期的状态，而是根据具体情况，比较注意适当处理集中与分散的关系。

国民经济调整时期根据国民经济恢复和发展的需要中央审时度势，及时调整中央与地方经济关系，实行高度集中的经济管理体制，促进国民经济快速地恢复和发展，这点经验是难能可贵的，也是值得借鉴的。当国民经济处于一盘散沙的"无政府状态"时，经济权力的高度集中是必要的。当国民经济恢复任务完成，需要加快经济建设步伐时，适当扩大地方经济权力，调动地方经济建设的积极性，也是必要的。调整时期中央与地方经济关系的演变基本上是遵守这样的原则的。但是，也存在一些问题。如调整后期，扩大地方权力时，没有具体的制度去规范和监督地方政府的权力，给"文化大革命"时期地方政府的盲目投资带来了隐患。

---

[1]　武力. 中华人民共和国经济史（增订版）（上卷）[M]. 北京：中国时代经济出版社，2010：403.

第五章 1969～1972年调整时期
经济权力的第二次下放

第一节 第二次下放的经济背景

一、"文化大革命"初期"左"倾错误对经济体制的冲击

1966～1968年，"文化大革命"的初期阶段，从中央到地方的各部门、各单位都受到了"造反派"的进攻，政府机构处于瘫痪状态，造成经济理论和经济管理上的严重混乱，合理的经济管理的规章制度受到批判和否定。

在经济理论上，"左"倾思想继续发展，成为当时政府决策的理论依据。主要表现在把适合生产力发展的生产方式和经营方式斥为"复辟资本主义"；不顾及生产力发展水平推行单一的公有制；把遵守价值规律，提高经济效益诬蔑为"资产阶级自由化"；把按劳分配说成是产生贫富差距的经济根源。❶

在经济管理思想上，把必要的集中统一说成是"条条专政"；认为放权就是革命，放权越多越革命；把各项规章制度说成是"修正主义的管、卡、压"；把学习国外先进技术诬蔑为"洋奴哲学"。❷

在工作方法上，"左"倾思想否定合理的经济管理规章制度。比如，1961年中央颁布的《国营工业企业工作条例（草案）》（即《工业七十条》），意在扩大企业的自主经营权，提高企业的经济效益。这本来是对原来经济体制的新改进，却被视为向资本主义企业蜕变。要求企业的一切活动都必须服从阶级斗

---

❶❷　周太和．当代中国的经济体制改革［M］．北京：中国社会科学出版社，1984：127.

争的需要。再如,《工业七十条》规定,企业实行党委领导下的厂长负责制,企业党委的主要任务是搞好调查研究、实行检查监督和加强思想政治工作,而不是去代替厂长,包办行政事务。这本来可能成为实现企业内部党政合理分工的一个良好开端,却被斥为"摆脱党的领导""让'走资派'篡夺企业领导权"。❶

这些错误的批判,是对马克思主义基本经济理论教条式的理解,也是对中华人民共和国成立后经济管理体制中成功经验的否定,它阻碍了经济效益的提高和生产力的进一步发展,导致"文化大革命"初期经济管理工作陷入瘫痪状态,并把 1969～1972 年经济体制的变动引入了歧途。

二、"文化大革命"初期政治动乱对经济体制的冲击

"文化大革命"时期,林彪、江青等反革命集团为篡夺党和国家最高领导权,利用"中央文革小组"的名义,提出"打倒一切、全面内战"的口号,使国家的政治生活、经济生活、文化生活和社会生活陷入全面动乱,经济体制遭到严重破坏,国民经济濒临崩溃。首先,组织机构被搞乱。各级党政领导机关和经济管理机构都受到冲击,有的甚至被撤销;各级领导干部绝大多数挨批斗,被当成"走资派"而排斥;大量宝贵的档案资料被抢劫或销毁;一批投机分子、打砸抢分子、阴谋分子乘机爬上各级领导岗位。以负责制定国民经济和社会发展规划的国家计划委员会为例,"文化大革命"开始后,由于"造反派"的冲击,机构被打乱,工作无法开展。这一阶段国民经济的发展,实际上处于半计划或无计划状态。其次,社会生产秩序被搞乱。宪法、党章等被束之高阁,成为一纸空文。无政府主义、极端个人主义、派性大肆泛滥。许多矿山、工厂停产或半停产,不少地方铁路运输遭到严重破坏。在这种情况下,不得不采取非常措施。从 1967 年 5 月始,不得不对一些部门和企业进行军事管制。再次,经济管理体制方面的一些重要规章制度遭到废弃或被随意更改,造成很大的混乱。例如,1966 年 11 月 26 日,江青接见所谓"红色劳动者造反总团"的头目,胡说现行的合同工、临时工制度"就像资本主义对工人一

---

❶ 周太和. 当代中国的经济体制改革［M］. 北京:中国社会科学出版社,1984:129.

样"，"非造这个反不可"。在她的煽动、支持下，"红色劳动者造反总团"强迫当时中华全国总工会和劳动部的负责人签发了一个联合通知，完全否定了合同工、临时工制度的合理性和必要性，规定合同工、临时工一律不准辞退，已经辞退的，要召回来，并补发全部工资。❶

三、"三线建设"继续推进和建立经济协作区

"文化大革命"初期，国际环境十分恶劣。中国同已建交和半建交的40多个国家中的近30个国家先后发生外交纠纷，其中与一些国家的外交关系甚至恶化到断交或降级的地步，特别是中苏关系进一步恶化。当时，对于国际形势的判断不够切合实际，认为新的世界大战可能爆发，把对付敌人的突然袭击和大规模的入侵作为压倒一切的中心工作。在此情景下，中央提出"以备战为纲"，继续推进"三线建设"，建立经济协作区。要求每个经济协作区从自己的资源特点、战略地位和现有的条件出发，有计划、有步骤、尽快地建立工农业协调发展的经济体系。为了加快建设进度，要求经济发展比较快的地区支援经济基础较差的地区。如北京、上海、天津、辽宁、江苏、广东等地区要在机械工业和轻工业等方面，采取各种方式，积极支援工业基础比较薄弱的地区。同时，林彪一伙也妄图借战备之机，攫取更多的权力，极力鼓吹以"打仗的观点看待一切"。在当时战争威胁依然存在的背景下，加强国防建设和战争准备是完全必要的。但是国防建设要同国力相适应，并要有计划、有重点、有步骤地进行。"三线"和"一、二线"地区同时都作为建设重点，各地区又要向自成体系发展，三个任务并举，项目多，必然战线长，造成基本建设规模膨胀。"四五"计划时期，国民收入使用额的积累率一直在30%以上，投入建设的资金数量增加了，投资效果却降低了。固定资产交付使用率只有61.4%，大中型项目建成投产率只有9.4%，都是相当低的。建成经济协作区体系的计划目标也没有实现。❷ 既然要求各地方自成体系，就必然与调整时期形成的"条条为主"的管理体制发生矛盾，从而从客观上要求改变高度集中的管理体制。

---

❶ 周太和. 当代中国的经济体制改革 [M]. 北京：中国社会科学出版社，1984：131-132.
❷ 陈如龙. 当代中国财政（上）[M]. 北京：中国社会科学出版社，1988：93-94.

第二节 1969～1972年的第二次下放

根据毛泽东在国民经济调整后期和"文化大革命"前期放权改革的设想，中央决定第二次下放经济管理权限，但是在1966～1968年的"文化大革命"前期，由于"左"倾思想的冲击，经济领域各部门机构瘫痪，权力下放的政策无法落实。之后，为了继续推进"三线建设"和建立经济协作区，加快经济建设步伐，1969～1972年，中央继续第二次下放经济管理权限。

一、简化税制和工资制，试行财政、投资、物资"大包干"

1. 简化税制，下放税权，实行财政收支"大包干"

1968年，在破除"修正主义的管、卡、压"的"左"倾思想的影响下，税收制度开始改革。这次税制改革的内容主要包括简化税制、下放税收管理权限两个方面。1969年5月，财政部发出《关于在八省、市进行下放工商税收管理权限试点的通知》，决定从6月开始，在黑龙江、安徽、陕西、河北、湖南、贵州、上海、天津等8省、市进行下放工商税收管理权限的试点工作。该通知指出，国营企业、手工业生产合作社税收的减免、人民公社的征税办法、个体经济征税的起征点、城市房地产税、屠宰税的征税税率及其减税，由省、市、自治区掌管。6月，财政部在天津召开全国税制改革座谈会，会议提出要打破对国营企业采用多种税收和按产品用不同税率分别征税的"老框框"，实行一个企业按一个税率征税。1970年，天津市进行了按行业定税率的"行业税"试点。1972年3月，国务院批转了《关于扩大改革工商税制试点的报告》和《中华人民共和国工商税收条例（草案）》两个文件，要求合并税种、简化税目、税率以及下放税收管理权。1973年全面推行了上述办法。

1970年国家计委拟定的《第四个五年计划纲要（草案）》规定，除中央直接经营的企业和海关关税外，其余的国家财政收入全部转交给地方。● 财政收支"大包干"，扩大了地方的财权、财力，调动了地方的积极性，但也存在一些问题，如中央因财力削弱，很难实现综合平衡；地方财权、财力扩大，盲目投资，乱上项目等。因此，1972 年 3 月，中央又进行了部分调整，采取地方分成办法。1973 年中央再一次进行调整，试行"收入按固定比例留成"的办法。这种办法保持了财政收支包干的基本精神，使地方能有一笔比较稳定的机动财力，超收还可再拿一点分成，有利于促进地方增收节支的积极性。然而在执行中收支脱钩，出现"收入在地方，平衡在中央"的现象。因此，这种办法也没有能按原计划推广。1974～1975 年在全国又推广实行"收入按规定比例留成"的体制。❷

2. 试行基本建设投资"大包干"

1970 年，国家计委拟定的《第四个五年计划纲要（草案）》决定，为了发展地方工业，加强"三线"和"一、二线"同时建设和经济协作区建设，实现各地自给自足、自成体系，试行基本建设投资"大包干"。

首先下放基本折旧基金。1971 年中央决定，除第二机械工业部、水电部外，其余中央经济部门的基本折旧基金全部下放。到 1975 年下放的基本折旧基金达到 100 亿元。基本折旧基金的下放，增加了地方的财权、财力。地方政府本可以充分利用这笔基金更新设备、改进技术和提高经济效益，但是，地方政府为了扩大生产规模和自成体系，盲目投资，下放的基本建设基金实际上被大量挪用于基本建设。据估计，1975 年有 1/3 的折旧基金被挪用，数额达 30 亿元。这不仅造成基建规模过大引起供求关系紧张，还影响企业生产的正常运行。其次安排专项资金，由地方负责使用。❸

下放投资管理权，确实调动了地方经济建设的积极性，促进了地方小型工业的蓬勃发展。全国有近 300 个县、市办起了小钢厂，有 90% 以上的县建立了自己的农机修造厂。由于资金薄弱、技术落后，这些地方工业的发展，虽在某种程度上满足了当地人民的需要，带动了地方经济的发展，但不少企业缺少

---

❶ 周太和. 当代中国的经济体制改革 [M]. 北京：中国社会科学出版社，1984：138－139.

❷ 陈如龙. 当代中国财政（上）[M]. 北京：中国社会科学出版社，1988：265.

❸ 周太和. 当代中国的经济体制改革 [M]. 北京：中国社会科学出版社，1984：143.

合理的规划，建设和生产带有很大盲目性，造成严重的损失和浪费。

3. 试行物资分配"大包干"

1970 年，国家计委拟定的《第四个五年计划纲要（草案）》决定，试行物资分配"大包干"。这次物资管理体制变动，在于下放物资分配权，并与财权、投资权、企业管理权的下放相适应。1971 年 4 月，国家计委负责人作了关于物资分配"大包干"的报告，主要内容有，减少统配物资和部管物资的种类，地方管理下放企业的物资分配和供应工作，实行地区平衡、差额调拨。❶ 实行物资分配"大包干"的目的就是促使物资供给与物资需求在本地区内达到平衡。但是，在当时物资紧缺情况下，根据企业需求层层下放物资分配权实际上难以实行。如建材部下放给河北的唐山水泥厂，下放前每年给 1 000 多吨维修钢材，下放后只给 130 吨，其余要地方自己解决。❷ 因物资调配困难，影响了重点企业和项目的建设，1973 年又将统配、部管物资增加到 617 种，基本上恢复到"文化大革命"前的状况。

4. 下放劳动人事权，简化劳动工资制度

这一时期，受"左"倾思想的影响，简化了劳动工资制度。在劳动制度方面，下放人事权，把增加临时工的权力下放给省、市，有的省又下放给专区、市，导致职工人数迅速增加。1970~1972 年，全国全民所有制企业职工增加 1 200 多万人，是中华人民共和国成立以来第二次职工人数的大突破。❸ 职工人数的大幅度增加给本来紧运行的财政带来了负担，同时还影响到企业经济效益的提高。后来，中央不得不再次收回权力。在工资制度方面，主张单一化、平均化，鼓励吃"大锅饭"。随着对"物质刺激""奖金挂帅"的大肆批判，1969 年把企业综合奖改成附加工资，把职工奖励工资改为职工福利基金，取消计件工资。这种工资改革制度带有平均主义色彩，严重影响了职工生产的积极性和企业生产效率的提高。

---

❶ 周太和. 当代中国的经济体制改革 [M]. 北京：中国社会科学出版社，1984：142.
❷ 国家计委档案. 全国计划会议简报 [R]. 1970–03–03.
❸ 周太和. 当代中国的经济体制改革 [M]. 北京：中国社会科学出版社，1984：146–147.

二、下放绝大部分部属企业事业单位

1969年2月，全国计划会议决定，企业要以"块块"管理为主。中央直属企业要采取地方管理、中央管理、中央与地方双重管理。5月1日，鞍山钢铁公司下放给鞍山市管理。❶ 1970年3月5日，国务院拟定《关于国务院工业交通各部直属企业下放地方管理的通知（草案）》，要求中央各部把中央直属企业的绝大部分下放给地方管理。❷

根据通知精神，中央各部门纷纷将原直属企业下放地方。（1）机械工业部门：4月八机部与一机部合并。原有的部属企业有310个到年底下放277个，后来全部下放。其中包括第一、第二汽车制造厂，第一、第二重型机床厂，洛阳拖拉机厂等关系国民经济全局的重点大型企业。（2）冶金工业部门：原有的70个大型联合企业、重点工厂，除攀枝花钢铁公司和长城钢厂外，包括鞍山、武汉、包头、太原等钢铁公司等24个大型企业在内，全部下放，以地方领导为主。（3）煤炭工业部门：原有的72个部直属矿务局，全部下放地方。❸部直属的设计院、科研机构，除保留个别单位外，一律下放。（4）此外，云南、福建和广西等橡胶垦区划归地方管理，东北、徐州、华东三个电网划归地方管理。

1965年，中央直属企业曾经增加到10 533个，经过1970年的大下放，中央各民用工业部门的直属企业、事业单位只剩下500多个，其中工厂142个。❹

三、简化金融信贷体制，实行农村信贷包干

"文化大革命"初期，在"左"倾错误思潮的影响下，在金融领域，开始精简合并金融信贷机构，下放金融信贷管理权限，实行农村信贷包干，简化信

---

❶ 袁宝华. 1995年4月14日在当代中国研究所的学术报告。

❷ 周太和. 当代中国的经济体制改革［M］. 北京：中国社会科学出版社，1984：136－137.

❸ 武力. 中华人民共和国经济史（增订版）（上卷）［M］. 北京：中国时代经济出版社，2010：529.

❹ 周太和. 当代中国的经济体制改革［M］. 北京：中国社会科学出版社，1984：137.

贷种类，降低信贷利率。

首先，精简合并金融信贷机构。1969年7月，中国人民银行与财政部合并，大批干部下放。各省、市、自治区自行决定银行各级分支机构的设置。这就造成从中央到地方统一的工作系统被打乱，也为地方随意挪用银行信贷资金提供了方便。1970年，国务院决定将中国建设银行并入中国人民银行。合并之后，银行对基本建设财务和拨款的监督职能严重削弱，有时甚至无法统计一些拨款数字。

其次，下放金融信贷管理权限，实行农村信贷包干，简化信贷种类，降低信贷利率。1970年，在全国财政银行座谈会上，提出了下放信贷管理权，实行农村信贷包干，一定一年的信贷管理办法。1971年2月，财政部发出《关于实行农村信贷包干的通知》，规定农村存款新增加的部分，在保证存户提取的前提下，可以用于发放社队农业贷款。同年年底，又根据"简化种类、降低水平"的原则决定对银行利率进行全面调整。规定国营企业因降低利率少支付的利息，应作为利润上缴国家。取消某些优待利率。[1] 1972年，根据全国银行工作会议精神，中国人民银行重新制定《信贷、现金计划管理办法》。该办法提出：（1）物资、供销企业的信贷计划，实行中央与地方共同管理；计划的执行，以地方管理为主。（2）各省、市、自治区对那些单位暂时不用的贷款指标，可以临时调剂为其他工业企业贷款。（3）工商贷款上年末余额的5%，作为各地本年度的周转指标，用于调剂解决企业临时周转资金需要。[2]

四、精简中央机构，实行"块块为主"的计划管理

在极"左"错误思潮的影响下，为消除"条条专政"，国务院决定精简中央机构，下放计划管理权限。1970年6月22日，中共中央同意国务院报告，将国务院各部委由80多个精简为27个，人员编制减少到原来的18%。其中涉及经济管理的部门有国家计委、经委、国务院工交办、国家物委、物资部、地质部、劳动部、统计局、中央安置办公室合成国家计委；国家建委、建工部、

❶　周太和. 当代中国的经济体制改革［M］. 北京：中国社会科学出版社，1984：145－146.

❷　武力. 中华人民共和国经济史（增订版）（上卷）［M］. 北京：中国时代经济出版社，2010：532.

建材部、中央基建政治部合成国家建委；一机部、八机部合成一机部；石油部、化工部、煤炭部合成燃料化工部；铁道部、交通部、邮电部的邮政部分合成交通部；纺织部、一轻部、二轻部合成轻工部；财政部、中国人民银行合成财政部；商业部、粮食部、供销合作总社、中央工商局合成商业部；外贸部、国际贸易促进会合成外贸部；农业部、林业部、农垦部、水产部、国务院农林办、中央农林政治部合成农林部。为适应战备需要，邮电部的电信部分、国家测绘总局、气象局、民航总局等已先期划入军队的总参、空军编制。在"左"倾思想指导下，还撤销了最高人民检察院、文化部、教育部、国家民委、侨委等非经济政府机构。❶

与此同时，中央决定下放计划管理权，与财权、物权、人权的下放相适应。1970年国家计委拟定的《第四个五年计划纲要（草案）》提出，计划的制订要在中央的统一领导下，实行由下而上，上下结合，"块块"为主，条块结合的原则，在地区和部门计划的基础上，制订全国统一的计划。但是，由于下放的大批大中型企业产供销面向全国，地方无法协调这些企业原料的采购和产品的销售，只好仍由中央各部统筹安排。因此，以"块块为主"的计划管理构想很难实现，其局面也未能最终形成。

第三节　第二次下放的严重后果

一、财政收支失衡，物资调度困难

1. 财政收支失衡

下放财权，实行财政收支"大包干"，虽然调动了地方的积极性，也取得一定的效果，如地方"五小"企业得到充分发展，但是，也存在不少弊端。（1）收入指标难以符合客观实际。年初中央分给地方的年度财政收入指标都是在往年收入指标基础上的一种估算，很难把一年中地方经济发展中的一些情

---

❶　武力．中华人民共和国经济史（增订版）（上卷）[M]．北京：中国时代经济出版社，2010：530．

况特别是意外情况考虑进去。（2）就一个地方来看，每年的实际收入情况也不一定相同。有的年份超收很多，有的年份超收很少，甚至短收。机动财力不稳定，不利于地方统筹安排。（3）超收的部分归地方支配，短收的部分需要中央补贴，实际上是包而不干，增加了中央财政负担。（4）财政收支指标的层层下放，导致地方上的机动财力过于分散。（5）财政收支"大包干"，基本上是为解决当时下放问题的临时过渡措施，缺乏整体安排，因而助长了地方分散资金，盲目建设的现象。鉴于以上弊端，实施一年后财政收支"大包干"制度不得不进行部分修订。其内容包括年终支出结余仍归地方，超收不满 1 亿元的，全部归地方，超过 1 亿元的，超收部分上交中央财政 50%。即使这样，弊端并未克服。1972 年预算执行的结果，全国 14 个地区超收，地方分得 9.3 亿元，而 15 个地区短收 21.8 亿元，不仅不能上缴，反要中央补贴 8 亿元，结果中央财政负担了 29.8 亿元，增加了中央财政平衡的困难。❶ 同时，伴随地方人事权的扩大，职工人数迅速增加，1972 年年底，全民所有制职工达到 5 610 万人，职工工资总额达到 340 亿元，粮食销售量达到 916.9 亿斤。财政经济状况恶化的形势，到年底也未能扭转，当年财政收入 783.14 亿元，比上年减少 26 亿多元，出现财政赤字 7.61 亿元。1976 年，国民收入比 1975 年减少 2.7%，财政收入 776.58 亿元，比上年减少 39 亿元，并低于 1974 年水平。收支相抵，赤字 29.62 亿元，迫使国家不得不再次冻结国营企业事业单位和国家机关等在银行的存款，以渡过财政难关。❷

2. 物资调度困难

实行物资"大包干"，扩大了地方的物资平衡、分配、供应的权限，有利于地区内物资的统筹安排、灵活调动和合理使用，但是，这种物资管理体制也存在一些弊端。首先，在物资管理权限下放的过程中，速度过快、工作过粗，地方缺少周密的计划和具体的安排，组织工作没跟上，而原有的管理体制被打破，致使地方在物资管理上出现混乱现象，给生产建设造成困难。其次，实行物资"大包干"，中央物资和部管物资的种类和数量减少，中央的物资管理和分配权限削弱，影响到全国物资的统筹安排和综合平衡。由于物资管理上的分

❶ 周太和. 当代中国的经济体制改革 [M]. 北京：中国社会科学出版社，1984：139 – 140.
❷ 陈如龙. 当代中国财政（上）[M]. 北京：中国社会科学出版社，1988：244.

散，地区与地区之间的调度变得困难，甚至发生火车经过一个省要加一次煤的怪事。同时，在物资紧缺的情况下，物资的分散使用，往往不能保证必要的调出，影响到重点项目的建设和生产。最后，虽然物资、企业管理权限下放，但计划管理权则根据实际需要不得不由中央集中，这就造成物资管理体制、企业管理体制和计划管理体制相互脱节。由于许多下放企业的产品面向全国，而中央部制订计划时不知道地方能给企业多少物资，地方分配物资时，又不知道中央给企业安排多少生产任务，生产任务与物资供应的衔接发生困难，而生产计划又不得不仍由中央安排，这就造成难以克服的矛盾。因此，物资"大包干"的办法实际上也没有全面贯彻执行。

二、企业管理混乱，经济效益下降

在"左"倾错误思潮的影响下，大批中央直属企业下放给地方管理。在下放的过程中，存在如下弊端：（1）下放过急、过猛。根据中央要求，中央各部直属企事业单位的绝大多数要在1970年下放给地方。从3月到12月，仅仅9个月，下放给地方管理的中央直属企事业单位1万个左右。这种企业管理体制从"条条为主"突然向"块块为主"的变动，造成企业管理混乱，经济效益下降，事后也没有及时有效的方法破解种种难题。因此，这次下放行动带有很大的盲目性。（2）下放过多，一些不该下放的也下放了。如一些产供销面向全国的，或是关系国计民生的，或是国家财政主要来源的重点大型骨干企业，对于这些企业，地方无法解决生产计划、原料采购、设备供应和产品销售等问题，它们是不能够下放的，需要中央各部门统筹安排，却不加区别地全部下放。下放之后，中央各部门原有的产供销协作关系被打乱，地方又无力建立新的产供销协作关系，出现"上无人管，下无人接"，造成企业管理的混乱局面。如北京市的化纤配套产品，分属冶金、一机、水电、燃化、一轻等9个部分管，人称"九龙治水"，结果被基层讥讽为"上面有政府，无主义，下面有主义，无政府"。❶结果"块块为主"的企业管理体制实际上很难行得通，不得不被"条条"和"块块"同时管理的办法所代替。这种协调管理的办法是

---

❶ 国家计委档案.关于体制问题座谈会情况简报［R］.1972-01-24.

不分主次的，只有分工上的区别。一般地，中央各部管理生产计划和物资供应，地方管理企业的财权和人事权。这就造成企业的生产经营既离不开中央也离不开地方，形成中央、地方多头多层管理，企业出现"多头领导"，"婆婆多"。同时，这种管理办法容易发生人权、财权、物权和计划权之间脱节的现象，要么出现办事难的状况，要么经济效益下降。实践证明，1969～1972 年企业管理权限的下放是不成功的，它导致了企业经济效益的下降。1970 年工业劳动生产率比 1969 年提高 10%，而 1971 年、1972 年则分别比前一年下降 0.2% 和 1.5%。[1] 在国营工业方面，每百元资金实现的税利，由 1966 年的 35.2 元，下降到 1976 年的 19.4 元。非政策性亏损的企业不断增多，亏损金额也越来越大。1976 年全国国营企业亏损总额达 165 亿元，比 1966 年的 35 亿元增加 130 亿元，增加 3 倍多。大批企业靠国家补贴过日子，使财政负担越来越重。[2]

三、经济杠杆的调节作用被削弱

税收、工资、价格和信贷都是调节、促进国民经济协调发展的重要经济杠杆，也是用经济办法管理经济的强有力工具。1969～1972 年，简化税收、工资、价格和信贷制度，下放税收、工资、价格和信贷管理权限，虽然调动了地方和企业的积极性，但是削弱了经济杠杆的调节作用。

简化税制、下放税收征管和减免权限，不仅减少了中央的财政收入，弱化了中央的宏观调控能力，造成税收管理上的混乱，而且将过去行之有效的复税制简单化，形成单一税制。这不能适应中国国家大、经济多样性和经济发展不平衡所导致的地区之间、行业之间以及企业之间的千差万别，从而大大限制了税收的活动范围和对经济的调节作用。

简化工资制度，取消奖励基金和计时工资，虽然能够消除贫富差距、两极分化，但是它不利于调动职工的积极性和提高劳动生产率，职工吃企业的"大锅饭"的现象普遍存在，"平均主义"倾向进一步发展；缩小临时工范围、增加地方用人权，虽然能够扩大就业范围，减少失业人口，但是它大大增加了

❶ 周太和. 当代中国的经济体制改革 [M]. 北京：中国社会科学出版社，1984：137－138.

❷ 陈如龙. 当代中国财政（上）[M]. 北京：中国社会科学出版社，1988：263.

财政负担，降低了企业的经济效益。

这一时期，还简化价格制度，缩小商品差价。有的商品全国统一价格；有的商品地区统一价格；有的商品城乡统一价格，并在此基础上不断增加统一价格商品的种类。这种统一价格的做法，不能有效地反映市场的需求情况，否定了马克思主义关于商品的价格根据市场需求围绕商品价值上下波动的规律，从而使商品生产带有一定的盲目性。尽管是为了增加农民的收入，提高农民的生活水平，但是，在此期间，大部分工农业产品的价格基本上没变。因此，价格杠杆对经济的调节作用是有限的。

简化信贷种类，降低信贷利率，虽然有利于地方政府利用信贷资金扩大基本建设，但是信贷利率长期保持较低水平，不能对投资饥渴形成有效遏制，造成盲目投资，重复建设。同时，1968年年底政府还清了1958年发行的国家公债本金和利息后，便停止举借公债。1966～1976年，中国政府没有举借任何公债，自己限制和束缚了自己的手脚，错过了利用社会闲散资金和外资发展经济的大好时机。

四、农轻重比例严重失调、积累与消费关系紧张

1. 农轻重比例严重失调

随着1969年基本建设投资权等经济管理权限的下放，各地出现了继"大跃进"时期之后的新一轮投资饥渴。而基本建设投资，重在加强钢铁、机械等重工业建设。伴随地方投资规模的扩大，农、轻、重比例关系严重失调。1968年，农、轻、重占工农业总产值的比例为31.5∶35.3∶33.2，基本持平，到了1970年则变成22.8∶33.5∶43.7。❶ 这说明1969～1970年两年中重工业产值迅速发展，增长10.5%，而农业产值占比大幅下降。1966～1976年，在工农业总产值中，重工业由32.7%上升到38.9%，农业由35.9%下降到30.4%，轻工业由31.4%下降到30.7%。从投资总额来看，重工业所占比例，在"一五"时期只占36.1%，而"三五"时期、"四五"时期却分别达到51.1%和49.6%。因此，总体来看，"文化大革命"时期仍实行重工业优先发

---

❶ 陈如龙. 当代中国财政（上）[M]. 北京：中国社会科学出版社，1988：241-242.

展战略。由于战备需要，在工业内部，又过分突出钢铁和机械加工工业，造成加工工业与原材料工业的发展不相协调。1966～1976 年，制造工业的比重由 50.5% 上升到 52.8%，而原材料工业由 38.3% 下降到 34.9%。❶ 此外，交通运输业的发展迟缓，不能满足工农业生产和发展的需要，在一定程度上成为制约国民经济进一步发展的瓶颈。这些主要产业部门之间的比例关系严重失调，给国民经济的协调发展造成很大的困难。

2. 积累与消费关系紧张

伴随着财权、物权、人权的下放，地方参与经济建设的积极性大大提高，基本建设规模迅速膨胀。1968 年的基本建设拨款为 117.85 亿元，1970 年达到 298.36 亿元，从 1969～1970 年，每年平均增加约 90 亿元；1969 年基本建设拨款占财政支出的比例为 39.2%，到 1970 年占比达到 45.9%，出现了除"大跃进"时期之外的第二次基本建设投资高峰期。由于投资规模过大，积累率不断提高，1968 年为 21.1%，1969 年为 23.2%，1970 年为 32.9%，1971 年为 34.1%。然而，这一时期，消费率则不断下降，1968 年，消费率为 78.9%，1970 年下降为 67.1%。❷ 同时，优先发展重工业，导致生产性建设挤占非生产性建设，生产资料的生产远远快于生活资料的生产。1968 年，生产性建设投资比例为 80.7%，到 1970 年占比达到 88.3%，相反，1968 年非生产性建设投资占比为 19.3%，到 1970 年减少到 11.7%。这就造成除"大跃进"时期以外积累与消费关系的又一次高度紧张。国民经济比例关系的严重失调，导致劳动力补给不足，劳动力再生产困难，人民的物质文化生活长期得不到改善。1965～1975 年，全民所有制职工平均工资下降 6%，工农业生产由暂时回升又迅速转为停滞、下降，市场商品匮乏，整个国民经济陷入更加严重的困境。

第四节 第二次下放后的补救措施

第二次下放造成的严重后果受到了党中央的高度关注，为了扭转局势，在

---

❶ 陈如龙. 当代中国财政（上）[M]. 北京：中国社会科学出版社，1988：262.
❷ 陈如龙. 当代中国财政（上）[M]. 北京：中国社会科学出版社，1988：241-242.

毛泽东的支持下，1971～1973 年和 1975 年，分别由周恩来和邓小平主持中央日常工作。在此期间，对国民经济的管理体制进行了两次整顿，主要内容是加强对经济权力的集中统一管理。

一、实行经济核算制，加强财政收支管理

林彪反革命集团被粉碎后，在毛泽东的支持下，1971 年 9 月，周恩来主持中央日常工作。此后，他从思想上、管理上、组织上对财政工作提出了一系列整顿措施。在思想方面，1972 年 10 月，财政部、国家计委和农业部共同召开的加强经济核算，扭转企业亏损会议上，批判了林彪反革命集团散布的"政治可以冲击其他""政治挂帅要挂到业务上""修正主义管、卡、压"等反动谬论，划清了"要社会主义积累"同"利润挂帅"的界限。在企业财务方面，1972 年 4 月，国家计委、财政部发布《全国清产核资实施办法（草案）》，要求清理一切国家财产，做到账物相符，不重不漏。10 月，财政部、国家计委和农业部共同召开的加强经济核算，扭转企业亏损会议上，提出严格实行经济核算制度。1973 年 5 月，财政部发出《关于加强国营工业企业成本管理工作的若干规定》和《国营工业交通企业若干费用开支办法》，要求认真编制成本计划，正确计算产品成本，加强定额管理，严格执行国家规定的成本开支范围和费用开支标准等。在机构设置方面，1971 年，恢复"税务局"建制。6 月，财政部发出《关于税务助征员列入国家编制的通知》，将现有税务助征员由省、自治区、直辖市列入国家编制。❶

1975 年邓小平主持中央日常工作，再次对财政管理工作进行整顿。1975 年年初，任命张劲夫为财政部部长，恢复财政部内的司、局组织建制。1 月 19 日，国务院发出《关于进一步加强财政工作和严格检查 1974 年财政收支的通知》，对 1974 年财政收支工作进行一次全面大检查。4 月 7～19 日，财政部召开全国税务工作会议，强调必须加强税收工作，充分发挥税收的作用，要求各级财政税务部门，加强税收管理工作，采取有力措施，坚决堵塞漏洞，严肃纳税纪律，维护国家财政收入。7 月 30 日，财政部又发出《关于开展税收政策

---

❶ 陈如龙. 当代中国财政（上）[M]. 北京：中国社会科学出版社，1988：250-254.

检查，清理漏欠税款的通知》，进一步整顿和加强纳税纪律。[1] 1975 年夏秋，张劲夫起草了《关于整顿财政金融的意见》（又称《财政十条》），规定财政资金需要适当集中；继续实行"统一领导，分级管理"的原则，管理权限主要集中于中央和省、自治区、直辖市两级；加强财政方针、政策、国家预算、税法税率、全国性的开支标准、企业基金提取比例，生产成本和商品流通费用的开支范围等，都由中央统一规定。为了加强省、自治区、直辖市的财政收支的权力和责任，从 1976 年起，除继续保留各省、自治区、直辖市的机动财力数额以外，地方多收可以多支，少收则要少支，既保证地方有较稳定的机动财力，也可以使收支挂钩。这一形式与 1959 年实行的"收支挂钩、总额分成"的体制基本一样，只是地方财政收支范围扩大了，机动财力增加了。过去一个省的机动财力，一般大省一年 5 000 万元，小省自有 2 000 万元。1976 年按固定数额分给地方的机动财力就达 21 亿元，加上地方预备费 10.7 亿元，共计 31.7 亿元，平均每省 1 亿元以上。[2] 围绕贯彻落实《财政十条》，财政部还起草了关于改进财政工作的一系列文件。虽然在"四人帮"的干扰破坏下，《财政十条》和这些文件都没有能公开发布，但有关内容在实际工作中得到了不同程度的贯彻，对财政工作的整顿仍起了一定的作用。

二、不准层层下放企业，上收电子、交通等企业管理权

1972 年 10 月，国家计委起草了《关于坚持统一计划，加强经济管理的规定》。其针对当时中央政府在处理中央与地方关系方面过于分散，以及企业缺少责任制、分配上吃"大锅饭"等现象，提出中央下放的大中型企业由省、市、自治区管理。[3] 1973 年 5 月 20～31 日，周恩来在中央工作会议上讲话指出，要坚持企业下放，发挥地方积极性，但不能放而不管，打倒"条条专政"不是打倒"条条"；为了缩短基本建设战线，要逐个项目研究。[4] 根据以上会议精神和相关文件规定，中央加强了企业的集中统一管理。1972 年 11 月，国

[1]　陈如龙. 当代中国财政（上）[M]. 北京：中国社会科学出版社，1988：255–256.
[2]　周太和. 当代中国的经济体制改革 [M]. 北京：中国社会科学出版社，1984：140.
[3]　周太和. 当代中国的经济体制改革 [M]. 北京：中国社会科学出版社，1984：148–149.
[4]　朱佳木. 陈云年谱修订本（下卷）[M]. 北京：中央文献出版社，2015：194.

务院决定将分散在军队各部门领导的一些电子工业企业，划归第四机械工业部统一管理。1973 年 9 月，国务院、中央军委决定成立国务院国防工业办公室，统一领导几个军工部门及军工厂的工作。

1975 年，邓小平主持中央日常工作，继续对国民经济进行整顿，整顿工作是从解决铁路堵塞问题开始的。"批林批孔"运动的冲击，造成徐州、郑州、南昌等地的铁路长期堵塞，京广、京津、陇海等几条铁路干线不能畅通，给企业生产和人民生活带来许多不便。2 月 25 日至 3 月 8 日，邓小平在全国工业书记会议上指出，要加强铁路的统一和集中管理。要集中统一，必须建立规章制度，加强组织性和纪律性。❶ 会议期间，发出了《中共中央关于加强铁路工作的决定》，明确规定铁道部是全国铁路的统一领导机关；建立各项规章制度；调整和充实各单位领导班子；大力加强干部工人的组织纪律性教育，严肃惩治违法乱纪的坏人。由于贯彻了中央的决定，只用了一个多月的时间，严重堵塞的几个铁路局都疏通了，平均日装车量由 2 月的 4.3 万车，增加到 4 月的 5.37 万车，创造了历史最高水平。❷ 在他的领导下，7～9 月国务院起草了《关于加快工业发展的若干问题》，后来根据邓小平同志的意见和 6 月 16 日国务院召开的会议精神，将文件修改、增补为 20 条（即《关于加快工业发展的若干问题》），简称《工业二十条》。《工业二十条》明确提出，必须加强国家对经济生活的集中统一领导，凡国民经济的方针政策、工农业主要生产指标、基本建设投资和重大建设项目、重要物资的分配、主要商品的收购调拨、国家财政预算和货币发行、新增职工人数和工资总额、主要工农业产品的价格，必须由中央集中决策，任何地区、任何部门不得自行其是。中央下放给地方的企业以及地方原有的大中型企业，原则上由省、市、自治区和省辖市领导，不能再往下放，中央各部对这些企业仍要进行必要的指导和管理。❸

三、恢复银行体制，加强资金货币管理

周恩来主持中央工作后，为解决"三个突破"问题，即 1971 年年末全国

---

❶ 邓小平文选（第 2 卷）[M]. 北京：人民出版社，1983：5–6.
❷ 周太和. 当代中国的经济体制改革 [M]. 北京：中国社会科学出版社，1984：151–152.
❸ 周太和. 当代中国的经济体制改革 [M]. 北京：中国社会科学出版社，1984：154–155.

全民所有制企业职工人数突破 5 000 万人，工资支出总额突破 300 亿元，粮食销售量突破 4 000 万吨，1972 年 6 月 9 日，国务院发出《关于加强工资基金管理的通知》，明确规定今后各地区、各部门在下达职工计划时必须下达职工工资总额计划，抄送中国人民银行以监督支付。凡未经批准超计划招收职工以及违反国家政策和规定增加工资的，银行有权拒绝支付，并向劳动部门和主管部门反映，由劳动部门和主管部门研究处理。❶ 9 月，全国银行工作会议召开，会议强调要发挥银行对经济建设的服务功能，保证银行业务管理上的独立性，严格划清财政资金和信贷资金的界限，强调财政业务和银行业务必须分开，重申银行贷款不能用于财政性开支；强调银行管理上的集中性，做到统一政策、统一计划、统一制度、统一货币发行、统一资金调度。根据会议精神，中央采取了一系列的措施加强金融工作的集中统一管理。（1）逐步恢复银行的机构体系。1972 年 4 月，国务院批准财政部机构调整扩充为 10 个司局单位和 1 个行政管理处，其中办理金融业务的机构调整为计划局、工商信贷局、农村金融局、货币发行局、国外业务管理局；中国人民银行作为事业单位，和国外业务管理局合署办公，充实了一些人员，把建设银行从人民银行内重新划出来，加强对基本建设投资的管理。（2）加强信贷计划管理和现金计划管理。1972 年全国银行工作会议后，中国人民银行发出《信贷、现金计划管理办法（试行草案)》，规定除了商业部门收购农副产品和外贸部门临时援外任务所需要的贷款可以边报边用外，其他项目的贷款如果超过计划，必须事先报请追加，经批准后才能增加贷款，重申货币发行权集中于中央。（3）加强流动资金的管理。1972 年 11 月 10 日，国家计委、财政部和中国人民银行联合下达《关于切实加强流动资金管理的通知》，强调对财政资金与信贷资金、基本建设资金与流动资金的分口管理。（4）加强工资基金的监督支付，贯彻执行《关于加强工资基金管理的通知》。要求各级银行把工资基金管理制度建立起来，把国家的职工人数和工资总额严格控制在国家下达的计划内。（5）恢复合理的规章制度。1972 年 11 月，中国人民银行连续颁发《中国人民银行会计基本制度》《中国人民银行结算办法》《中国人民银行发行库制度》《中国人民银行出纳制度》，使银行工作恢复正常。（6）解冻储蓄存款，落实侨汇政策。1972

---

❶ 金鑫. 当代中国的金融事业［M］. 北京：中国社会科学出版社，1989：169.

年，国务院同意中国人民银行的报告，确定凡是结案定为人民内部矛盾或敌我矛盾按人民内部矛盾处理的人，他们被冻结的储蓄存款均予解冻，并且照付利息。

1975 年，邓小平主持工作，银行工作再次获得生机。在邓小平的支持下，6～8 月，中国人民银行连续 9 次召开银行业务工作会议，要求各级银行合理发放贷款，严格控制货币投放。中国人民银行还向国务院报送《财政金融问题汇报提纲》，并根据国务院的要求，时任财政部部长张劲夫起草了《关于整顿财政金融的意见》（又称《财政十条》），提出加强信贷管理，控制货币发行。

四、坚持计划的统一管理

1971 年 5 月 30 日，国务院批转了《关于加强基本建设管理的几项规定》，提出加强基本建设的计划管理和拨款监督；用自筹资金安排的基本建设投资、材料和设备必须落实；必须按照基本建设程序办事；认真做好勘察设计工作；基本建设项目所需设备，实行成套供应；加强施工管理，提高投资效果；加强经济核算；积极进行基本建设投资大包干的试点。11 月 13 日，财政部又发出《关于编制基本建设财务计划的通知》，规定从 1973 年起，中央各主管部门都要编制年度基本建设财务计划。[1] 12 月 5 日，周恩来在听取国家计委工作汇报后说，现在企业管理很乱，要进行整顿。会议起草了《1972 年全国计划会议纪要》，提出整顿工业的若干措施。1972 年 10 月，国家计委又起草了《关于坚持统一计划，加强经济管理的规定》，针对当时中央政府在处理中央与地方关系方面过于分散，以及企业缺少责任制、分配上吃"大锅饭"等现象，提出了改进经济管理体制的 10 条规定，主要内容是加强中央对基建计划权和企业用人权的集中统一管理。[2] 同月，财政部、国家计委和农业部共同召开的加强经济核算，扭转企业亏损会议上提出，要落实企业生产计划，协调生产、物资、资金三大指标；对亏损企业实行计划补贴，逐级负

❶ 陈如龙. 当代中国财政（上）[M]. 北京：中国社会科学出版社，1988：250－254.
❷ 周太和. 当代中国的经济体制改革 [M]. 北京：中国社会科学出版社，1984：148－149.

责，限期扭亏的办法。

1975 年 4 月 23 日，中共中央决定压缩和调整国家对外援助支出，要求在第五个五年计划期间，将援外支出的比例，由第四个五年计划时期的 6.5% 降到 5% 以内。1975 年 6 月 16 日，国务院召开会议，指出当前经济生活中的主要问题还是"乱"和"散"，必须进行领导班子、职工队伍、企业管理的全面整顿。主要内容包括在计划管理体制上要以"块块"为主；在企业管理体制上，凡跨省市的大中型企业要以中央为主进行管理；在物资管理体制上，划分通用物资和专业物资，分别由物资部门和专业部门管理；在财政管理体制上，实行"收支挂钩，总额分成"。以上这些意见，虽然不是、也不可能是对原有经济体制的根本性改革，但在当时的条件下，无疑是一个很大的进步。❶ 国务院起草的《工业二十条》还提出，国家计划要着重搞好综合平衡，重点安排好农业、轻工业和重工业、积累和消费、经济建设和国防建设、生产维修和基本建设所需材料设备，以及生产性建设和非生产性建设的比例关系等。计划的制订，要广泛听取基层单位的意见，实行"自下而上，上下结合；'块块'为主，条块结合"的办法，经过逐级协调平衡，订出全国的统一计划。

小　结

1969～1972 年经济权力第二次下放的主要特点是各地区自成体系，完全用简单的行政命令取代经济手段。第二次下放的结果是国家对宏观经济失去控制，正常的经济秩序遭到破坏，出现"乱"与"散"的混乱局面。这次权力下放仍局限于中央和地方权限划分的变动，基本上没有涉及国家和企业之间的关系问题。

第二次下放是在"文化大革命"这种"左"倾错误思想占据主流地位的政治背景下进行的，因此，它不可避免地带有更多的主观主义和形而上学的色彩，表现在经济领域，就是没有遵守客观经济规律，也不符合客观实际需要。虽然第二次下放在一定程度上调动了地方增收节支的积极性，方便了地方的统

---

❶ 周太和. 当代中国的经济体制改革［M］. 北京：中国社会科学出版社，1984：153 - 154.

筹安排。但是，它并没有从根本上解决财政分配上吃"大锅饭"的问题，反而使财力分散导致财政收支难以平衡。事实说明，在缺乏市场机制调节的情况下，从"左"的方面否定原有的高度集中的计划经济体制，过度简化基本的经济管理办法和规章制度，必然产生"无政府主义"。总体来说，"文化大革命"动乱中经济体制的变动，使"大跃进"时期的"左"倾错误和原有体制上的弊病，不仅没有克服，反而有所发展。

第六章　两年徘徊时期经济权力的又一次集中

第一节　又一次集中的经济背景

一、经济领域的拨乱反正

毛泽东逝世后，华国锋当选为党和国家的最高领导人。之后，"四人帮"覆灭，"文化大革命"宣告结束。为改变中国贫穷落后的状态，华国锋十分重视发展生产力。1976 年 12 月，在全国第二次农业学大寨会议上指出，革命就是解放生产力。❶ 1977 年 3 月，全国计划会议召开，讨论经济建设的十个重要理论问题。经过讨论，大家一致认为，各项工作都要为生产服务，要制定执行必要的规章制度，各个单位都要完成为国家积累的任务，要反对平均主义现象，要造就一支又红又专的技术干部队伍，要有计划有重点地引进国外先进技术，要加强国民经济计划，实行统一计划、分级管理。❷ 8 月，在中共十一大上华国锋又指出，迅速发展生产力是加强专政、加强国防、提高人民物质和精神生活的需要。❸ 华国锋同志的上述论断，强调要把党和国家的工作重心从"文化大革命"时期以阶级斗争为纲逐渐转移到发展社会主义生产力的轨道上来。

经济思想领域的拨乱反正，主要围绕两个方面展开。

（1）为发展商品经济正名。1978 年 4 月 21 日，《人民日报》发表《怎样

---

❶　人民日报 ［N］. 1976 - 12 - 28.

❷　武力. 中华人民共和国经济史（增订版）（上卷）［M］. 北京：中国时代经济出版社，2010：619.

❸　人民日报 ［N］. 1977 - 08 - 23.

看待正当的家庭副业?》一文，提出发展正常家庭副业的三项前提：只要保证完成生产队和国家任务，在集体劳动时间以外依靠自己力量，不搞投机倒把和不破坏国家资源，这样的家庭副业生产"即使多搞一点，是好事，不是坏事，对国家、集体和个人都有利，应当给予支持和鼓励"。5 月 22 日，《人民日报》发表《驳斥"四人帮"诋毁社会主义商品生产的反动谬论》一文，抨击了"四人帮"把商品生产与资本主义混淆的观点，提出社会主义国家也可以进行商品生产、商品交换，也应该遵守价值规律并利用价值规律为自己服务。

（2）坚持按劳分配的社会主义原则。1977 年 2 月，国家计委经济研究所、中国科学院经济研究所等单位联合发起了全国性的经济理论研讨会。于光远还组织人写出了《批判"四人帮"对"唯生产力论"的批判》的书稿。8 月，针对《驳姚文元按劳分配产生资产阶级的谬论》一文，邓小平对于光远说，文章观点是对的，但是有点放不开。[1] 12 月 30 日，华国锋在讨论第五届全国人大政府工作报告时说："由于'四人帮'捣乱，许多地方干好干坏、干多干少、干和不干都一样，怎么行？政治工作要做，但不能光靠政治工作，总得体现按劳分配。"1978 年 3 月，邓小平针对国务院政策研究室组织撰写的文章《贯彻执行按劳分配的社会主义原则》稿，在和胡乔木等人的谈话中说，文章很好，这说明按劳分配是社会主义的。[2] 5 月 5 日，《人民日报》发表了由胡乔木组织撰写的《贯彻执行按劳分配的社会主义原则》文章，系统阐述了马克思主义按劳分配的观点，批判了"四人帮"制造的种种谬论，指出按劳分配是社会主义生产关系的一个不可缺少的方面，它能够促进生产力的发展，提高劳动生产率，不仅不会产生资本主义，而且是消灭资本主义的重要条件。

二、急于求成的"左"倾政策继续实施

两年徘徊时期，经济思想领域的拨乱反正如火如荼地开展，但是当时中共中央主要领导人在经济建设方面仍然沿用"文化大革命"时期一些"左"的政策和手段，制定高指标。1977 年 9 月 11 日，华国锋召集国务院负责人举行

[1] 韩钢. 最初的突破：1977、1978 年经济理论大讨论述评 [J]. 中共党史研究，1998 (6).
[2] 邓小平文选（第二卷）[M]. 北京：人民出版社，1983：101.

会议，研究加快经济建设速度问题。他批判国家计委提出的工业增长幅度"太保守"，"要开足马力，挽起袖子大干"，"明年的积累要加快"。他还说，不能满足于今年工业增长 10%，要争取更高速度，12% 的速度也不满足。甚至说假如工业只增长 10%，你们就不要来向政治局汇报。[1] 11 月 18 日，国家计委向中央政治局汇报了今后 23 年的设想和"六五"计划，经过讨论，得到批准。11 月 24 日至 12 月 11 日，全国计划会议向中央提出了《关于经济计划的汇报要点》。其中建议，今后到 2000 年的 23 年中，分三个阶段打几个战役，使我国主要工业产品和经济技术指标分别接近、赶上和超过最发达的资本主义国家，或处于世界先进水平。会议要求 1985 年钢产量达到 6 000 万吨，原油年产量达到 2.5 亿吨，1982 年基本实现农业机械化。为适应这样一个大计划，要求第五个五年计划和第六个五年计划期间，国家财政直接安排基本建设投资 4 580 亿元，比"三五""四五"计划时期基本建设预算拨款总额翻了一番，大大超过了国力。[2] 1978 年 2 月，中共中央政治局批准了高指标的《关于经济计划的汇报要点》，和 1978 年国民经济计划指标一起下达，要求贯彻执行，并写进了五届全国人大政府工作报告稿。与以往经济过热表现不同的是，这次跃进还依赖大量借贷外国资金、引进外国设备的手段，因此后来又被人称为"洋跃进"。为了实现新的跃进，在路径选择上，大搞"工业学大庆"和"农业学大寨"的群众运动。

第二节　经济权力的又一次集中

一、加强税收、投资、物资、折旧基金的统一管理

（一）上收企业折旧基金管理权

为了加强中央的综合平衡能力，解决老基地、老行业、老企业在更新改造资金方面分配不合理的问题，中央决定：从 1978 年开始，对 1967 年已经全部

---

[1] 国家计委档案. 粉碎"四人帮"以后经济指导工作中的问题 [A]. 1980 – 11 – 15.

[2] 周道炯. 当代中国的固定资产投资管理 [M]. 北京：中国社会科学出版社，1989：48.

下放给国营企业及其主管部门的折旧基金，改由中央统一安排。

（二）上收部分税收管理权

为了克服一些地区违反国家税收法令，任意扩大减税、免税范围，任意简化税种税目的混乱现象，1977 年 11 月，国务院批转了财政部《关于税收管理体制的规定》，明确指出税政的调整权限属于中央；地方税制的改变，必须报财政部审批。❶ 个别纳税单位生产的产品或经营的业务，因生产、经营、价格等发生较大变化，需要减税免税照顾的；为农业生产服务的县办"五小"企业，社队企业纳税有困难，需要给予照顾的；对于从事违法经营的单位或个人，需要运用税收加以限制的；对于投机倒把活动，需要通过税收进行打击的，都由省、自治区、直辖市批准。民族自治区革命委员会对少数民族聚居地区的税收，可以根据全国统一税法规定的原则，制定税收办法，报国务院备案。❷ 同时，财政部还根据一些企业单位偷税、漏税的情况作出规定：（1）对工业企业的自销产品，一律按照实际销售价格征收工业和商业两道工商税；对低价自销和削价私分的商品，一律按照国家规定的价格征收工业、商业两道工商税。（2）工业企业倒卖非本企业生产的产品，一律按照临时经营征收工商税，情节严重的，根据税法规定，加成或加倍征税。（3）对机关、团体、部队、企业、事业单位，自行到农村采购应税未税的农、林、牧、水产品，都要依法征收工商税。这些规定的贯彻执行，加强了税收的管理，对保证国家财政收入起了较好的作用。❸

（三）加强投资的集中统一管理

1. 集中力量保证重点

为了克服基本建设全面铺开而产生的资金分散且战线拉长等弊端，"五五"计划提出基本建设要集中力量保证重点。根据"五五"计划的安排和要求，对 146 个关系到国民经济全局的重大建设项目，集中动员各方面的力量，确保按期建成投产。重点项目所需钢材和木材，"重点安排，戴帽下达"，尽

---

❶ 周太和. 当代中国的经济体制改革［M］. 北京：中国社会科学出版社，1984：160.

❷ 陈如龙. 当代中国财政（上）［M］. 北京：中国社会科学出版社，1988：192.

❸ 陈如龙. 当代中国财政（上）［M］. 北京：中国社会科学出版社，1988：268－269.

量优先保证供应。在资金供应上，支持集中力量打歼灭战，对国家要求投产的项目和单项工程，优先保证资金供应，做到及时拨款、及时掌握情况、及时解决问题。❶

2. 整顿投资管理秩序

1978 年 4 月，国家计委、国家建委、财政部联合颁布了《关于加强基本建设管理的几项规定》《关于基本建设程序的若干规定》《关于加强自筹基本建设管理的规定》《关于基本建设投资和各项费用划分的规定》《关于基本建设项目和大中型划分标准的规定》等文件，9 月又颁布了《关于加强基本建设概、预、决算管理工作的几项规定》。这几个文件系统地总结了新中国成立后投资管理的经验教训，随着新情况、新问题的出现，对今后投资管理提出了新的要求，如环境保护、综合利用、前期工作、可行性研究等，使投资管理法治化、科学化和实用化。

3. 严肃基本建设财经纪律

1977 年年初，在全国范围内开展了基本建设财务大检查，抓住典型案件，进行严肃处理。11 月，国务院、中共中央军委检查处理了旅大市擅自兴建楼、堂、馆、所，这在全国引起了震动。此后，国家连续采取冻结存款、严禁年终突击花钱、加强现金管理、控制社会集团购买力等一系列严肃财经纪律、压缩基本建设支出的措施。

（四）加强物资的集中统一管理

1. 以"条条"管理为主，扩大统配、部管物资范围

1977 年起，冶金、林业、煤炭、机械等工业部门的产品销售机构（包括所属一级站、产品管理处），陆续建立中央物资部门和各级地方政府双重领导，以中央物资部门管理为主的领导体制。国家物资总局在原有机电设备、金属、非金属（后分解为燃料、木材、化工建材）等专业局的基础上，分别成立中国金属材料、木材、燃料、机电设备公司，实行政企合一，一套机构，两块牌子，把这些统配物资的计划分配、订货、调运、供应、管理、节约代用等

---

❶ 周道炯. 当代中国的固定资产投资管理［M］. 北京：中国社会科学出版社，1989：46.

环节联为一体。同时，扩大了统配、部管物资的范围，1978年达到689种。❶
统配煤炭销售机构的调整，是依照国务院批准的《燃料统一管理、凭证定量
供应办法》的规定进行的，除由国家物资总局为主管理外，还由国家经委委
托国家物资总局，在11个重点产煤省设立燃料调运组，在47个统配矿务局设
立调运站，以协助和督促煤矿认真执行国家煤炭分配计划和供货合同，减少催
煤人员"满天飞"的状况。另外，逐步停止实行"地区平衡，差额调拨"的办
法。"地区平衡，差额调拨"的办法，在试行中遇到很多难以协调的矛盾，经逐
步调整，1978～1979年，全国取消了煤炭、水泥地区平衡办法，原则上仍按企
业的隶属关系分配物资。江苏省实行地区平衡的品种，由原定410种，到1979
年只剩4种，1980年全部取消。这为集中统一管理统配物资创造了条件。❷

2. 增设供应网点，扩大定点定量供应范围

为搞好统配物资供应，中国机电设备公司、中国金属材料公司在有关地区
建立了一批直属供应站，直接对大中型企业供应计划分配物资。各地物资部门
在城市和农村也发展了一批供应网点。全国物资系统1978年共有供应网点1.5
万个，比1965年增加近3倍。广东、江苏、浙江、山东、河北等省有一半左
右的人民公社都设立了农村物资供应站，受到广大用户欢迎。关于统配钢材的
定点定量供应，1977年已扩大到12个部门，近1 000个重点企业，供应量为
253万吨，占国内生产分配资源的14%（比1965年占30%的比重降低16个百
分点）；推广了东北地区木材按需加工、定点供应的经验；对配套机电产品和
维修轴承，也调整巩固了定点协作关系。❸

二、上收部分企业，建立专业"联合公司"

1977年2月，全国铁路工作会议对铁路运输再度进行了整顿，调整了铁
道部和各地铁路枢纽的领导班子，肯定了1975年铁路整顿发出的9号文件是
一个好文件，重申了铁路运输由铁道部集中统一指挥，迅速解决铁路运输严重

---

❶ 周太和. 当代中国的经济体制改革 [M]. 北京：中国社会科学出版社，1984：161.
❷ 柳随年. 当代中国物资流通 [M]. 北京：当代中国出版社，1993：42－43.
❸ 柳随年. 当代中国物资流通 [M]. 北京：当代中国出版社，1993：43.

堵塞问题。之后，经过广大铁路职工的努力，铁路系统很快出现了新局面。同时，加强了邮电、民航等部门的集中统一领导。❶

1978 年 4 月 20 日，中共中央颁布了《中共中央关于加快工业发展若干问题的决定（草案）》（简称《工业三十条》），规定了企业制度和管理政策，发展专业公司为联合公司，建立工业指挥体系。这个文件是根据 1975 年邓小平指示制定的"工业二十条"基础上修订的。7 月，中共中央在《关于加快工业发展若干问题的决定（草案）》中指出，关系国民经济全局的重点企业，应实行中央和地方双重领导，以中央部门为主进行管理，其余大中型企业则由地方管理，或者双重领导，以地方为主管理。根据这个精神，陆续上收了"文化大革命"中下放的一部分企业。1981 年中央直属企业、事业单位由 1978 年的 1 260 个增加到 2 682 个，产值占全民所有制工业企业总产值的 10.2%。❷

1978 年 9 月 24 日至 10 月 22 日召开的全国计划会议，讨论了改变经济管理体制的问题。关于工业管理体制改革，认为要实行中央和地方两级管理，关系全局的、产供销由全国平衡的、跨省区的、产品性质特殊的企业由中央管，其余企业由地方管。不论哪一级，都要打破行业和地区界限，组织各种类型的公司。江苏省革命委员会副主任汪海粟、山东省革命委员会副主任杨波关于公司的具体主张得到一致肯定。他们认为公司的形式可以多样化，有专业公司、综合公司、服务公司。可以组织全国公司、大区公司、省公司，也可以组织省范围内的地区公司。公司直接承担国家的计划任务，受国家计划和法律的约束，又有独立从事经济活动的权力，包括同国外的经济往来。各级公司之间，可以是隶属关系，或者是业务指导关系，也可以是合同关系。公司之上，不再设行业的行政管理机构，统由各级经济委员会领导。随着公司的建立，各部的专业司局和省市区的专业厅局要适当合并，有的要撤销。❸

三、整顿银行机构，加强银行业务工作

1977 年 8 月，召开全国银行工作会议，中共中央副主席李先念和国务院

---

❶ 周太和. 当代中国的经济体制改革 [M]. 北京：中国社会科学出版社，1984：159 – 160.
❷ 周太和. 当代中国的经济体制改革 [M]. 北京：中国社会科学出版社，1984：160.
❸ 国家计委档案. 全国计划会议简报 [R]. 1978 – 10 – 14.

财贸小组组长姚依林在会上做了重要讲话，指出全国统一规定的制度，各地区、各部门、各单位都必须严格遵守，其中如有需要补充修改的，也必须全国统一修订，各地区、各部门不能各搞一套，或者有的执行、有的不执行，否则就会弄得天下大乱，挤银行、挤财政，迫使中央多发票子，致使货币发行权集中于中央这一重要原则实际上很难办到。11 月 28 日，国务院发布《关于整顿和加强银行工作的几项规定》，提出要加强银行机构和银行业务的集中统一管理。

1. 整顿银行机构和充实骨干力量

《关于整顿和加强银行工作的几项规定》决定中国人民银行为部级单位，与财政部分开，地方分支机构照此办理；地方各级银行机构受中国人民银行总行和地方各级政府双重领导，以总行领导为主，统一银行管理体制。这项工作在 1978 年内全部完成。同时，对在职职工加强业务技能的基本功训练，一些省、市分行恢复和新设了银行干部学校，加强了干部的培训。到 1978 年年底，中国人民银行全系统职工人数增加到 38.2 万人，比 1970 年年底的 33 万人增加 15.8%，银行工作的局面逐步打开。❶

2. 整顿规章制度和整顿各项金融工作

（1）整顿信贷工作。1977 年 7 月，中国人民银行颁布了新修订的《国营工业贷款办法》，对贷款的对象和种类、贷款的政策界限和管理原则，以及贷款的审定和检查等，作了明确的规定。1977 年 11 月，财政部发出《抓紧清理工商企业挪用的资金的通知》，强调企业要建立和健全物资、资金管理制度，财政、银行部门要加强财政、信贷管理和监督，严肃财政纪律，坚决制止乱拉乱用流动资金和乱摊成本等违反财政制度的行为。

（2）整顿结算工作。1977 年 9 月，国务院转发《国家计委关于进一步安排市场供应几项措施的报告》，指出："现在大量使用的'实物收据'的办法，流弊太大，助长采购人员漫天飞，助长到处抢购物资，随意花钱，甚至贪污、浪费，必须坚决取消。"10 月，中国人民银行下达取消提货收据办托收的通知和《中国人民银行结算办法》，决定从 1978 年 1 月 1 日起实行。

（3）整顿各单位在银行、信用社开立的账户。1977 年 10 月，中国人民银

---

❶ 陈如龙. 当代中国财政（上）[M]. 北京：中国社会科学出版社，1988：183 – 184.

行颁布了《账户管理办法》，对企业单位、行政和事业单位、财政机关和建设银行、农村人民公社单位、外地及临时性单位等账户的设置，以及账户的使用与管理等作了具体规定，要求各地银行在 1978 年 6 月底以前完成账户的整顿和清查工作。

四、统一计划管理

1977 年 4 月，国务院批转了全国基本建设会议纪要，提出近几年基本建设战线过长，人财物在使用上过于分散，浪费了资源。为增强计划的严肃性，加强重点建设，提高基建使用率，必须对基本建设实行统一计划。关于计划管理体制改革，要按照"统一计划，分级管理，条块结合，以块为主"的原则，实行中央和地方两级管理。中央研究和提出方针政策，制订全国统一计划。地方根据中央方针政策，结合本地区实际，制订地方计划。

第三节　又一次集中的成效

1. 国民经济开始好转，财政收入逐年增加

1977 年和 1978 年，尽管遭受严重的自然灾害，但是工农业总产值仍不断增长。农业生产比上年增长 1.7% 和 9%；工业总产值，分别比上年增长 14.3% 和 13.5%。1977 年，财政收入 874 亿元，比上年增加 98 亿元，增长 12.6%，收支相抵，结余 31 亿元。1978 年，财政收入第一次突破 1 000 亿元大关，达到 1 121 亿元，比上年又增加 247 亿元，增长 28.2%，收支相抵，结余 10 亿元。❶ 各项税收，1977 年完成 468 亿元，比上年多收 60 多亿元，增长 14.8%；1978 年完成 519 亿元，又比上年多收 51 亿元，增长 10.9%。"文化大革命"期间，税收收入相对来说比较稳定，基本上年年有所增长，但是像 1977 年和 1978 年，每年增加 50 亿～60 亿元之多，却是少见的。❷

---

❶　陈如龙. 当代中国财政（上）[M]. 北京：中国社会科学出版社，1988：267.

❷　陈如龙. 当代中国财政（上）[M]. 北京：中国社会科学出版社，1988：269.

2. 扭转企业亏损局面，提高企业经济效益

随着企业管理权的上收，以及 1977 年 7 月整顿企业、扭亏增盈工作的开展，国营企业经济效益开始提高。国营企业收入，1977 年上升为 402 亿元，比上年增长 19%；1978 年上升为 572 亿元，比上年增长 42.2%。国营工业企业的亏损额，1977 年减少 15.4 亿元，1978 年减少 13.6 亿元。❶ 1978 年，铁路货运量和总货运量分别达到 11 亿吨和 24.9 亿吨的历史最高水平，铁路平均日装车数为 62 234 车，比 1976 年增长 28.2%。❷

3. 信贷稳定，货币流通恢复正常

两年徘徊时期金融业的整顿，银行的地位和作用有了较明显的加强。1977年，在连续六年总共增发货币 80.3 亿元之后，当年回笼货币 8.5 亿元；1978年增发货币 16.6 亿元，基本上是经济增长的需要。1978 年年末市场货币流通量比 1976 年年末增长 3.9%，大大低于同期工农业总产值增长 24.3% 和社会商品零售总额增长 16.4% 的幅度。❸

第四节　"新的大跃进"对集中管理体制的
冲击及严重后果

一、"新的大跃进"对集中管理体制的冲击

两年徘徊时期，实行了经济权力的又一次集中，扭转了"文化大革命"时期权力下放造成的混乱局面，但是在"左"的思想指导下中央又提出了一些过高的不切实际的口号和目标。如 1978 年 2 月 5 日，中共中央批转了国家计委制定的《关于国民经济计划的汇报要点》，其中提出从 1978 年到 1985 年，主要工业产品中钢产量要达到 6 000 万吨，原油产量要达到 2.5 亿万吨。基本建设方面要求建设 30 个大电站、8 个大型煤炭基地、10 个大油气田、10 个大

---

❶ 陈如龙. 当代中国财政（上）[M]. 北京：中国社会科学出版社，1988：268.

❷ 中国统计年鉴（1983）[A]. 北京：中国统计出版社，1983：306，312.

❸ 金鑫. 当代中国的金融事业 [M]. 北京：中国社会科学出版社，1989：187–188.

钢铁基地、9 个大有色金属基地、10 个大化纤厂、10 个大石油化工厂、10 多个大化肥厂、6 条铁路干线和 5 个大港口等 120 个大项目。1978 年 7 月，为加快实现四个现代化，国务院"务虚会议"提出要实现国民经济"新的大跃进"。

要加快实现四个现代化建设的步伐，实现国民经济"新的大跃进"，完成既定的经济指标，首先，必须解决建设资金问题。这次"新的大跃进"与1958 年的"大跃进"不同，1958 年的"大跃进"主要依靠降低农产品价格和普遍实行低薪制来完成资金的积累，而 1978 年"新的大跃进"主要在于引进外资和机器设备，因而，这次"大跃进"也被称为"洋跃进"。其次，必须充分调动中央与地方尤其是地方参与经济建设的积极性。不管"大跃进"还是"洋跃进"，都需要调动地方和广大人民群众的积极性。调动地方的积极性，光靠思想教育是不够的，还必须给予地方一定的经济利益，下放一些权力给地方。这样，就造成中央制定的"新的大跃进"决策与刚刚恢复的集中管理体制之间的对立与冲突。为了保证"新的大跃进"决策的贯彻落实，中央不得不下放一些经济权力给地方，调动地方的积极性。1978 年 3 月 6 ~ 8 日，国务院决定，全国 47 个大中城市（除京、津、沪外），每一年从上一年工商利润中提成 5%，用于城市建设。7 月 6 日至 9 月 9 日，国务院会议决定，改变传统的经济管理方法，保障工农企业必要的独立性，适当扩大它们的经营自主权。11 月 25 日，国务院决定国营企业试行企业基金制度，恢复奖金制度。❶同时，中央决定 1978 年超收数额全部留给各省、自治区、直辖市使用。❷ 经济权力的下放对为纠正"文化大革命"引起的混乱现象而刚刚恢复的集中管理体制形成巨大的冲击，造成国民经济比例关系进一步失调。

二、严重后果

1. 财政工作"寅吃卯粮"，投资效益下降

在财政方面，尽管财政收入有所增加并实现了财政收支平衡，但是，有些

---

❶ 周太和. 当代中国的经济体制改革 [M]. 北京：中国社会科学出版社，1984：779 – 780.
❷ 陈如龙. 当代中国财政（上）[M]. 北京：中国社会科学出版社，1988：272 – 273.

地方为了增加财政收入不择手段，提前实现财政收入，如采取提前发货，出现虚收实支，"寅吃卯粮"。同时，有些财政收入来自过去税收上应缴却未缴的收入，并非当年预算所得。由于这些原因，结果出现这一年"多收"了，下一年要少收；这一年多支了，占上了基数，下一年还要多支，影响到以后几年收支的紧张和平衡。❶

为了实现经济建设的高指标，中央继续提高积累率，扩大基本建设投资规模。施工中的大中型项目，1977 年为 1 433 个，1978 年达到 1 723 个，当年建成投产率又从 1977 年的 8.4% 下降到 5.8%。❷

2. 产业结构严重失调，积累与消费关系更加不协调

在产业结构方面，重工业的生产、建设过分突出。产业政策由以前优先发展重工业变成了突出强调重工业，使重工业发展走向僵化。农轻重在基建投资中的比例是 10.6∶5.8∶48.7，而 1978 年农轻重总产值结构是 27.8∶31.1∶41.1。在工业总产值中，1976 年轻工业产值占 44.2%，到了 1978 年下降为 43.1%；1976 年重工业产值占 55.8%，到了 1978 年上升为 56.9%。在工业内部，能源、交通与加工工业之间的比例失调也更突出。❸

1977 年 8 月，党的十一大召开，提出了不切实际的奋斗目标，从而形成高速度建设社会主义的重大决策。为了加快经济建设的步伐，中央决定大量引进外资和机器设备。如 1978 年，签订了包括 22 个大型投资项目在内的 78 亿美元的引进项目合同，进口大批成套设备。当年完成投资 500.99 亿元，一年之间投资规模猛增 118.62 亿元，增长 31%。1976 年基本建设投资为 376.44 亿元，1977 年提高到 382.37 亿元，规模已经不小。1978 年竟剧增为 500.99 亿元，比上年增长 31%。由于基本建设投资迅速膨胀，1977 年积累率由 1976 年的 30.9% 提高到 32.3%，而 1978 年的积累率由 1977 年的 32.3% 扩大到 36.5%，出现了中华人民共和国成立以来仅次于 1959 年（43.8%）和 1960 年（39.6%）的又一次高积累。❹

---

❶ 陈如龙. 当代中国财政（上）[M]. 北京：中国社会科学出版社，1988：273.
❷ 中国统计年鉴（1983）[A]. 北京：中国统计出版社，1983：25，323，354.
❸ 陈如龙. 当代中国财政（上）[M]. 北京：中国社会科学出版社，1988：272.
❹ 陈如龙. 当代中国财政（上）[M]. 北京：中国社会科学出版社，1988：270.

3. 贸易出现逆差

在引进技术和成套设备方面，大大超越国内消化、配套和支付能力，造成贸易逆差和订货部门大量拖欠货款等现象。1978 年我国进口贸易总额为 109 亿美元，而出口贸易总额只有 97 亿美元，出现贸易逆差。同时，1965 年年末我国外汇储备余额为 2.81 亿美元，到 1978 年减少到 1.67 亿美元。❶

小　结

两年徘徊时期经济权力有集中、有分散，但以集中为主。经济权力的又一次集中是为扭转"文化大革命"期间经济建设一盘散沙的"无政府主义"状态采取的必要措施，它对于"文化大革命"后恢复正常的经济秩序、发展国民经济起到了积极的作用。但是，1977～1978 年，"左"倾思想并未完全铲除，在经济工作中急于求成，出现了既走"大跃进"高指标、浮夸风的老路，又有盲目引进技术设备和借外债的新特点"洋跃进"，加剧了国民经济的比例失调。因此，在经济权力集中的同时，不得不下放一定的财权给地方，以实现基本建设、财政、引进资金和设备等领域的高指标，结果导致国民经济比例关系严重失调。

尽管两年徘徊时期经济权力的分配有集中也有分散，但是它们之间的分配既不规范也不科学，更不系统，因而也就不能实现集中与分散的辩证统一。在"新的大跃进"经济发展战略的指导下，中央与地方经济关系再一次陷入困境之中。

---

❶ 国家统计局. 新中国 65 周年［R/OL］. http：//www. stats. gov. cn.

第七章　1949～1978 年中央与地方经济 关系演变的特点及历史启示

第一节　中央与地方经济关系演变的特点

一、"两个积极性"的此消彼长

1956 年 4 月毛泽东在《论十大关系》中提出"发挥两个积极性"的重要论断之后，它便成为处理中央与地方关系的理论来源和现实依据。以此为指导，国家经济权力在中央政府与地方政府之间进行了数次调整，即权力的上收和下放，其目的就是要充分发挥中央与地方两个积极性。

从唯物辩证法的角度看，调动"两个积极性"是对的，这有利于激发生产力中的人力要素，促进生产力的发展。毛泽东说："有中央和地方两个积极性，比只有一个积极性好得多。"❶ 但是，任何合理事物的存在都是有条件的，一旦突破量的规定，就会引起质变，正所谓"过犹不及"。在不同的历史时期，"两个积极性"的发挥也应该有不同量的要求，不是"两个积极性"都越多越好。而且，积极性也有正确和错误之分。对正确的积极性必须加以保护，而错误的积极性就是盲目性，必须加以抑制。以"一五"计划时期权力的上收和"大跃进"时期权力的下放为例，"一五"计划时期，中华人民共和国刚成立，百废待兴，中央必须把全国有限的人力、物力和财力集中起来，优先发展重工业和国防工业。1953 年又开始实行计划经济管理体制，加强了中央的

---

❶ 毛泽东文集（第 7 卷）[M]. 北京：人民出版社，1999：31.

经济管理权力。中央的积极性提高了，地方的积极性受到压制。但这并不是坏事，相反地，这样做是必需的。"一五"计划时期经济的快速发展和"一五"计划的提前完成，就是最好的证明。随着经济的进一步发展，地方积极性不能激发的问题逐渐凸显出来，并受到毛泽东和党中央的高度关注。为了解决此问题，提高地方经济建设的积极性，实现经济的"跃进式"发展，改变中国贫穷落后的现状，"大跃进"时期，中央仓促下放了大量的经济管理权限，地方的积极性一下子提高了，中央的积极性受到削弱，结果出现地方投资饥渴、重复建设、严重浪费，中央宏观调控能力下降。

从中华人民共和国前 30 年中央与地方经济关系演变的历史可以看出，中央与地方两个积极性的发挥呈现出反方向的发展趋势，即中央积极性高了，地方积极性就会降低；地方积极性高了，中央积极性就会降低，也就是此消彼长，很难达到均衡。这种此消彼长的现象持续发展的结果就是"一统就死、一放就乱"。但是，就某一时间段来看，中央的积极性与地方的积极性也有主次之分。例如在"一五"计划后期，发挥地方的积极性应该是主要的，中央的积极性是次要的。"大跃进"时期，发挥中央的积极性应该是主要的，地方的积极性应该是次要的。中央与地方经济关系的不断调整，目的都是如何更好地发挥两个"积极性"，但是两个积极性中也有在一定条件下哪个积极性更主要的问题，而这一点不是固定不变的，因时因事、因人（管理能力）、因发展阶段和体制而变。如果不能分辨具体的环境和条件，如果具体的环境和条件发生了变化，"两个积极性"的消长不能随之改变，或一味地强调两个积极性的同时发挥，就会脱离客观实际，犯"左"或右的错误，必将重陷"一统就死、一放就乱"的恶性循环。

此外，单一公有制和计划经济体制内在地规定了中央的积极性应该且必须是主要的，地方的积极性应该且必须是次要的。如果把地方的积极性放在主要位置，中央的积极性放在次要位置，就与单一公有制和计划经济体制发生矛盾和冲突。这种矛盾和冲突的结果就是单一公有制和计划经济体制被破坏，计划难以实现，成为空想计划。要想单一公有制和计划经济体制正常运行，就必须坚持中央的积极性是主要的，地方的积极性是次要的，"小道理要服从大道理，小方便要服从大方便，小积极性要服从大积极性"。[1] 反之，要想充分调

---

❶　李先念论财政金融贸易（1950～1991 年）（下卷）[M]．北京：中国财政经济出版社，2010：23．

动地方的积极性而又不引起管理制度的混乱，就必须改变原有的单一公有制和计划经济体制。

二、"集中与分散"的反复交替

从 1949 年中华人民共和国成立到 1978 年十一届三中全会召开的 30 年，中央与地方经济关系的演变实际上始终围绕"集中与分散"或"收权与放权"反复交替。在这 30 年间，经历了"四次"大调整，即"一五"计划时期的集中、"大跃进"时期的分权、调整时期的再次集中、"文化大革命"时期的再次分权。此外，国民经济恢复时期和两年徘徊时期也在不同程度上加强了中央集权。这是从每一个历史时期经济权力"集中或分散"的总体趋势来说的，但针对某一个具体的经济权力，在同一个历史时期可能进行几次调整。如果从一个历史时期不同的经济管理权限看，也有可能出现一些经济权力集中，而另一些经济权力分散，也就是集中与分散互相交错。无论从每一个历史时期经济权力调整的总体趋势看，还是就某一个具体的经济权力演变的历史看，中央与地方经济关系始终围绕"集中与分散"或"收权与放权"反复交替。

但是，调整时期的集中并非"一五"计划时期集中的简单重复，"文化大革命"时期的放权也并非"大跃进"时期放权的复归。它们有各自新的内容和特点。从辩证法的角度看，任何事物的发展总是螺旋式上升的。在处理中央与地方经济关系时也是如此。中华人民共和国前 30 年，在构建新型的中央与地方经济关系时毛泽东和中国共产党在不断探索中前进，总结经验并吸取教训。下一个时期的集中与分权，虽然在内容上和以前有相似的地方，但是也有不同的地方。往往是下一次的集中吸收了前一次集中的优点，克服了前一次集中的弊端；下一次的分权吸收了前一次分权的优点，克服了前一次分权的弊端。例如"文化大革命"时期的二次放权虽然也存在诸多弊端，但是较"大跃进"时期的放权来说，要冷静和理智，在分权的过程中，强调了以地方为主、中央和地方共同领导的经济管理体制。再如两年徘徊时期经济权力虽然以集中为主，但地方也有相当大的财权。这说明在经历数次变动之后中央政府认识到，只注重集中，或只注重分散，都会带来诸多弊端。

"集中与分散"的反复交替与经济发展、效益状况的周期性波动紧密相关。在国民经济恢复时期和"一五"计划时期，逐步形成了单一公有制和计划经济体制，实现经济权力的高度集中。在这两个历史时期，经济增长势头强劲，有一定波动，效益状况较好。在"大跃进"时期，中央向地方仓促下放了经济管理权限，强调发挥地方的积极性，造成经济增长速度大起大落，经济效益大幅度下降。在国民经济调整时期，中央再次高度集权。尽管调整后期为了加强企业的自主权和实行企业的专业化、协作化管理试办了工业交通托拉斯，但是托拉斯的管理模式仍然坚持"条条为主"。这一时期，经济在速度持续下跌后恢复平衡并开始增长，经济效益由差转好。"文化大革命"时期的1969～1972年，中央再次向地方大幅度下放经济管理权限。但是，这一时期，相对于"文化大革命"初期的1966～1968年来说，生产秩序有所恢复。因此，经济获得恢复发展并出现较高增度，经济效益状况较好。"文化大革命"后期的1973～1975年两次整顿，两年徘徊时期经济权力又一次集中并强调按经济规律办事。这一时期，经济发展时起时伏，波动幅度较大，效益随速度波动。❶ 从30年中中央与地方经济关系的变动与经济发展、效益状况之间的关系可以看出，经济管理体制对经济发展和效益状态有着重大的、直接的影响和决定作用，特定的经济管理体制与特定的经济发展、效益状态相适应，而当出现经济发展速度迟缓甚至衰退和经济效益下降时，只能且必须着手调整经济管理体制，跳出经济发展的困境。中华人民共和国前30年，经济管理体制变动的实质内容即经济权力"集中与分散"的反复交替的根本原因就在于此。

只有坚持"集中与分散"的辩证统一，才能避免"集中与分散"的反复交替，才能克服经济发展和经济效益的周期性波动，才能促使经济健康、持续、快速地发展。坚持"集中与分散"的辩证统一必须做到集中要以必要的分散为前提，分散要以适当的集中为基础。在不同的历史时期，集中与分散在量的规定上应该依据具体的环境有所不同，但是总体来说，要以集中为主，分散为辅。陈云用"大集中、小分散"概括了中央与地方之间的关系。中央要掌握大的方面，即主要的、重点的、宏观的方面；地方要掌握小的方面，即次要的、一般的、微观的方面。❷ 从中华人民共和国前30年中央与地方经济关

---

❶ 汪海波. 中国经济效益问题研究 [M]. 北京：经济管理出版社，1991：43.

❷ 金邦秋. 陈云经济哲学思想研究 [M]. 北京：中央文献出版社，2005：181.

系的演变来看，国民经济恢复时期、"一五"计划时期、调整时期、两年徘徊时期基本上贯彻了陈云提出的"大集中、小分散"的观点，因此这几个历史时期，国民经济得到恢复和发展。"大跃进"时期、"文化大革命"时期，在急于求成、全民总动员、跑步进入共产主义等"左"倾思想影响下，用冲击和牺牲统一计划为代价，换取地方的积极性。权力下放的实际效果和滞后效应超越了设计者的想象。由于权力下放过多，中央与地方经济关系出现"小集中、大分散"的现象，社会出现了无政府主义状态，人民生活水平呈下降趋势。这些经验教训，值得铭记。

三、生产关系与生产力的不断调适

根据马克思主义关于生产力决定生产关系、经济基础决定上层建筑的基本原理，中央与地方经济关系作为阶级社会上层建筑的一种表现形式，它与生产力的发展水平和生产关系的发展阶段相适应。作为统治阶级，最重要的社会责任之一就是发展社会生产力，中央与地方经济关系只能服务于这一重大的历史责任。不管选择怎样的中央与地方经济关系，最终要看它能否在特定的历史时期和特定的历史条件下促进经济社会的较快发展，这才是评价一定时期中央与地方经济关系好坏的根本标准。

中华人民共和国成立后，中央政府总想通过改变生产关系促进生产力的解放和发展。事实上，中华人民共和国的成立和社会主义制度的建立，是中国历史上生产关系的重大变革，它能够带来生产力的飞跃式发展。但是生产关系的促进作用是有历史局限性的。它不能无限放大，必须以生产力的发展水平和阶段为基础。人的积极性发挥也是有极限的，在没有充分的补给和适当休养的条件下，劳动力的再生产是不能持续的。无论中央还是地方，积极性的发挥都是有极限的，超越了极限，这种积极性是不能持续的。所以，只靠群众运动加快经济建设，不仅不能持续，而且不稳定。中央与地方经济关系的调整虽然要做到调动"两个积极性"，但是也要对这种积极性进行管控和约束，既不能突破极限，也要促使经济社会稳定、协调地发展。

怎样让新的基本制度和管理体制适应生产力的发展，这需要在实践中不断地进行调适。中华人民共和国成立后，国家政治、经济、文化等基本制度和管理体制纷纷创建和贯彻落实。如 1953 年，对生产资料私有制开始进行社会主义改造，1956 年社会主义基本制度确立，1958～1960 年又实行"一大二公"的人民公社体制，等等。较短的时间内，社会制度急剧变革。这些基本制度和管理体制，既要破除旧社会的封建陋俗，消除剥削阶级陈腐的思想观念，又要体现新社会人民当家做主、人人平等的时代精神，更重要的是，要适应和促进生产力的发展。这对刚刚执政的中国共产党来说，是一个重大的崭新课题。这个课题能否破解，关系到人民民主专政政权的巩固、社会的稳定和经济的发展。在实践中，中华人民共和国前 30 年中央与地方经济关系变动频繁且幅度较大，是生产关系与生产力不断调适的反映。这说明当时的经济管理体制并不适应或不完全适应特定历史时期的生产力发展水平。那种认为中央与地方经济关系能够根据统治阶级意志随意篡改的观点是唯心主义的。当然，经验缺乏也是中央与地方经济关系不断调适的重要原因之一。中华人民共和国成立伊始，中国共产党缺乏建设社会主义的基本经验。尽管马克思主义经典作家在他们的著作中多次论及国家的含义及其结构形式，一致主张在无产阶级专政的社会主义国家必须实行中央集权制下的地方自治，但在社会主义国家某一历史时期中央集权的程度、地方自治的广度和深度，他们并没明确界定。虽然苏联的计划经济管理体制给我们提供了参考，但这种体制本身也存在一些弊端。所以，中国共产党只能在实践中不断探索，不断调适中央与地方经济关系，以促进生产力的发展。

尽管生产关系与生产力的不断调适是马克思主义关于社会发展动力学说的基本原理，是中国共产党推进经济体制改革加快建设社会主义的重要理论依据，但是生产关系的频繁调整是要付出很大代价的。刘世锦说："体制运转也是一个投入产出过程。确立某种体制，要有相应的机构、人员和经费；体制组织运转会产生摩擦，这些都构成了体制成本。"[1] 生产关系的频繁调整也与经济波动紧密相连，因为经济增长的速度与生产关系的结构息息相关。尽管如此，中央政府还是不惜代价不断推进生产关系的变革。这不只是中央政府的一种主观愿望，一种促进经济又好又快发展的方法措施，更是一种对现有体制束缚经济发展和效益提高的客观的、本能的反应。这也充分说明中国共产党在新

---

[1]　汪海波. 中国经济效益问题研究［M］. 北京：经济管理出版社，1991：45.

中国成立初期加快经济建设步伐与建设经验缺乏之间即主观与客观、理论与实践之间存在尖锐的矛盾。

实践证明，中央与地方经济关系不管怎样调整和变革，不管集中与分散的程度如何，也不管两个积极性如何发挥，虽然可以加快经济建设的步伐，但不能使中国立即改变贫穷落后的状态。经济建设需要循序渐进，需要按比例协调发展。中华人民共和国前 30 年中央与地方经济关系的不断调整，也反映了中国共产党要实现富国强民的决心和信心。但是只有决心和信心是不够的，必须做到实事求是，必须考虑生产力发展的实际水平。权力的过分集中或过分分散，就是没有做到实事求是，没有具体问题具体分析，没有反复求证。因此，构建中央与地方经济关系，要从生产力的发展水平出发，使生产关系适应生产力，上层建筑适应经济基础，而不能不顾生产力和经济基础发展的实际水平，过分强调生产关系和上层建筑的变革。

四、急剧的经济体制变迁与全能型政府背景

过分强调生产关系和上层建筑变革的直接表现就是急剧的经济体制变迁。急剧的经济体制变迁不仅表现在变动的频率之高，而且体现在变动的幅度之大。中华人民共和国前 30 年，就变动的频率而言，大的调整出现四次，而细微的调整不计其数，甚至在同一个历史时期经济管理体制的微调也会出现很多次；就变动的幅度而言，可谓改弦更张且大相径庭。不仅不同的历史时期实行不同的经济管理体制，而且相邻的两个历史时期往往采取完全相反的经济管理体制，来一个 180 度的大转弯。例如"一五"计划时期实行高度集中的经济管理体制，而"大跃进"时期则实行权力下放的经济管理体制。这种经济体制的急剧调整不仅在整个中国历史上实属罕见，而且在世界历史上也是稀有的。客观地讲，急剧的经济体制变迁旨在解决经济建设过程中遇到的问题，解放和发展生产力，但是这种忽视生产力发展水平和经济发展客观规律，过分强调生产关系和上层建筑变革的做法只能做到头疼医头、脚疼医脚，而不能从根本上解决问题，甚至为新问题的出现埋下了伏笔；从主观上来说，急剧的经济体制变迁虽是中央政府自觉地而不是他觉地、主动地而不是被动地变革生产关系，但是它过分突出了人的主观能动性，忽视了人的主观能动性必须在客观规

律支配下才能发挥作用这一马克思主义基本原理。同时，要明白，改革是要付出代价的。这种急剧的经济体制变迁也会增加改革成本，影响经济发展的持续性和稳定性，造成巨大的经济损失。然而，必须客观地认识到经济体制的急剧变迁有其特殊的历史背景，如一穷二白的经济基础、十分恶劣的国际环境、跑步进入共产主义的良好愿望等，而全能型政府背景则是这种经济体制变迁的催化剂。

　　所谓全能型政府，是一种形象的比喻，是指在计划经济体制下人民政府具有强大的政府职能，能包办一切，包括经济建设、政治建设、社会建设、文化建设，甚至部分个人生活。全能型政府实行政府主导型经济，即生产单位和生产者在政府的领导和计划下从事生产劳动。全能型政府的形成，是无产阶级的一个创举，也是无产阶级专政最具特色的地方。在中国，全能型政府的形成表明中国共产党领导下人民民主专政政权的强大。这样的政府，在经济社会转型时期和社会主义现代化建设时期充分显示了它的优越性和不可替代性。中国共产党是全心全意为人民服务的党，中国共产党领导下的人民政府职能只有越强大，才越有能力为人民办实事、办好事。但是这种类型的政府也存在弊端，一方面，在社会主义国家，国家利益、集体利益、个人利益根本上是一致的，但是在具体场合它们之间并不完全相同。全能型政府从国家利益或集体利益出发，往往抹杀社会组织和个人的利己愿望，束缚它们的积极性。另一方面，全能型政府虽然突出政府职能的多样性，却不能说清这种全能隶属于中央政府还是地方政府，也很难科学界定中央政府和地方政府的职能和职责。在经济发展水平极其落后和外部环境极其恶劣的背景下，中央政府总想以权力下放的方式充分调动地方政府和人民群众参与经济建设的积极性，恢复和发展国民经济。但是，权力下放的结果是中央政府因全能型职能被削弱而无法很好地履行全国经济统一计划和综合平衡的职责。地方政府在经济锦标赛和投资饥渴的驱使下，充分履行了全能型政府的职能，却不能履行全能型政府对全国经济统一计划和综合平衡的职责。这就陷入"一统就死、一放就乱"的两难境地。当然，全能型政府的形成既有思想基础，也有现实需求。在新民主主义革命时期，中国共产党为了革命需要，强调党的决议必须执行和对党绝对真诚，强调红色政权的伟大神圣，强调共产主义信仰，这为全能型政府的形成提供了思想基础。中华人民共和国成立后，在社会主义改造和全面建设社会主义的历史新时期，中国共产党为了急于建成和建设社会主义，必须整合社会资源，建立全能型政府。

在全能型政府背景下，经济体制的变迁往往是牵一发而动全身，其效果成几何增长。因为在全能型政府背景下，政府对资源的配置起决定性作用，而生产单位、生产者个人的调节力量十分有限。但是，中央政府代表全国人民的利益，而地方政府代表地方人民的利益，因此，中央政府与地方政府的权责并非相同。此时，经济权力若在中央政府与地方政府之间重新配置，就会产生巨大的制度效应，导致经济社会的巨大波动。例如一旦中央政府成为国家资源配置的主体，宏观调控能力就会增强，而地方政府因权力所限不能对地方资源合理配置，且无法激活生产单位、生产者个人的积极性，结果"一统就死"。一旦地方政府成为国家资源配置的主体，中央宏观调控能力就会削弱，而地方政府为地方利益抢夺资源，乱上项目，激活生产单位、生产者个人的积极性，其结果"一放就乱"。

第二节　中央与地方经济关系演变的历史启示

1949～1978年中央与地方经济关系的建构与演变，是中国共产党在取得执政地位后处理中央与地方经济关系的一次伟大尝试。这30年中央与地方经济关系改革经历了收权—放权—再收权—再放权的数次变动，给我们积累了丰富的宝贵经验和重要的历史启示。实践告诉我们，处理好中央与地方经济关系，必须做到因时因势而定，处理好"条条"与"块块"、计划与市场、政府与企业之间的关系，依法规范中央与地方经济关系。

一、因时因势而定

中央与地方经济关系是上层建筑的表现形式之一，它会随着经济基础的不断发展而不断地变化。如果经济基础发生了变化，中央与地方经济关系还维持不变，就会出现上层建筑滞后于经济基础的现象，就会阻碍生产力的发展，甚至破坏生产力。所以，从理论上来看，中央与地方均衡化的状态常被打破。中央与地方的关系永远处在不断变化的过程中。[1] 那种认为选择一种合理的中央与地方经济关系然后固定不变的观点是唯心主义的，是不可能实现的。如果一定要这样，就会发生生产关系滞后于生产力、上层建筑滞后于经济基础的错误。

中央与地方经济关系的变动要因时因势而定。因时因势，是指中央与地方经济关系既要根据时代、时间的改变而及时调整，也要根据国内外形势、环境的变化而及时革新。因时因势而定不是朝令夕改、白往黑来，也不是日异月殊，大起大落，而是在一定的历史时期内，既要维持相对的稳定性，又要循序渐进。因时因势而定也不是随波逐流，不是主观地随意地篡改，而是强调主观符合客观。首先，只有客观条件、客观环境发生了变化，且这种变化了的形势与之前的经济管理体制不相适应，或发生矛盾和冲突时，才能而且必须改变原有的经济管理体制，如果不能这样，就会犯形而上学的错误。其次，新的经济管理体制必须依据新的客观条件、客观环境，这是制定新的经济管理体制的基础。如果不能这样，同样会发生上层建筑背离经济基础、主观脱离客观的危险，会犯唯心主义的错误。

因时因势而定要从国际国内环境出发，从国家的大政方针出发，符合"三个有利于标准"，按照适度原则，发挥两个积极性。一般来说，在特定的历史时期，如国外面临敌人入侵、国内面临反动势力暴乱等较复杂的国际国内背景，加强中央集权有利于国家的统一、政权的稳定；当国家处于和平的国际国内环境，扩大地方分权有利于地方积极性的发挥。在和平建设时期，国际国内的经济环境也是瞬息之间千变万化。当经济增长或经济发展出现较大幅度的波动时，应该加强中央集权，加强中央宏观调控能力，以便中央能够通过财政、金融等经济杠杆调节经济，使经济建设恢复到平稳的正常的轨道上。反之，当经济增长或经济发展比较平稳，应该扩大地方分权，充分发挥地方的潜能和人的首创精神，发展生产力。在和平年代且经济增长或经济发展平稳时，在财政、税收、金融、投资等经济领域，中央政府占比原则上略高于地方政府，但不能过高。这样，既能保证中央对全国经济有效的宏观调控，又能给地方政府足够的财力、物力，发展地方经济。

---

[1] 董志凯. 既要"全国一盘棋"，又要调动地方积极性——陈云的大局经济观念与中国现代化 [J]. 北京：中共宁波市委党校学报，2010 (6).

二、处理好"条条"与"块块"的关系

所谓"条条"管理，就是指中央政府及其各部委直接领导地方政府各相关垂直部门的一种管理体制。这种管理体制既有优点，也有缺点。优点是有利于中央的政令畅通，能把中央的决策及时地传递给地方政府。缺点是不利于地方政府通盘考虑，发挥地方优势，调动地方积极性。所谓"块块"管理，就是指在中央政府的统一领导下，地方政府有较大的自主权，能够统筹安排地方事务。这种管理体制也有利弊。优点是地方政府有较大的灵活性、主动性和积极性。缺点是地方政府为了追求自身利益，可能缺少全局眼光。资本主义社会也存在"条条"与"块块"的关系，但资本主义生产过程实质上就是资本增值的过程。在这一过程中，中央政府和地方政府的经济职能都相对简单，仅仅用于维持资本主义私有制和市场的正常运行，至于生产什么、怎样生产和产品如何分配都由资本家自己决定。而社会主义的再生产是在生产资料公有制基础上的再生产。人民政府承担了组织社会生产、管理和产品分配的职能。相比之下，社会主义国家要比资本主义国家的政府经济职能更多，"条条"与"块块"的关系也更加复杂。

（一）"条条"与"块块"的对立

政府的经济权力既定，当中央政府的经济管理范围扩大时，地方政府的经济管理范围就会缩小，反之，当地方政府的经济管理范围扩大时，中央政府的经济管理范围就会缩小。"条条"与"块块"之间存在"你进我退、你强我弱"的反向发展关系。中华人民共和国前30年实行政府主导型经济。政府的经济职能相对更多，主要包括征税、固定资产投资、企业生产、金融、贸易、物价、市场管理等。在经济领域，"条条"与"块块"的关系体现在国家经济权力在中央政府与地方政府之间的分配关系。这种分配制度并不违背马克思主义关于社会主义国家人民权力的整体性和不可分割的思想，由于地方政府的权力是中央政府授予的，且中央政府可以根据实际需要随时变动地方政府的权力。正因为坚持了这一马克思主义基本原理，中华人民共和国前30年——社会主义经济建设的初期阶段，中央政府与地方政府的经济管理权限始终处于上

收和下放的不断循环之中。在此，"条条"和"块块"的关系表现得清晰且具体。从表面看，在纵的方面，各级政府机关的职能部门是上下级关系，形成"条条"管理；在横的方面，各级政府机关的职能部门服从本级党委和政府，形成"块块"管理。❶ 这种关系的背后隐藏着中央政府与地方政府之间经济利益的冲突。为了保证经济建设有计划有秩序地进行，针对具体的经济管理事务，必须分清"条条"管理为主，还是"块块"管理为主，而不能形成"多头管理"。实质上，在计划经济时期，"主要依靠'条条专政'才能保证全国性统一计划的完成，实现计划配置资源的功能"。❷

（二）"条条"与"块块"的辩证统一

实现"条条"与"块块"的辩证统一，是处理中央与地方经济关系问题的关键。要想解决这个问题，既要从结构上去构建决策权与执行权的逻辑关系，又要从内容上去界定集中与分散的分配关系。

1. 构建决策权与执行权的逻辑关系

决策权与执行权的分离是大国政治的一个重要特点，也是一切阶级社会的普遍现象。就一国而言，中央是政策的制定者，地方是政策的执行者，中央与地方之间的关系是上级与下级、领导与被领导的关系。从最根本的意义上来说，决策权与执行权分离是因为他们享有与实施这两种权力的主体不同。决策权的主体是中央政府，而执行权的主体是地方政府。中央能够从全局出发，制定国家的大政方针、政策，但不能成为贯彻这一方针、政策的具体执行者。因为中央政府不可能拥有那么多的人员和精力去全国每一个地方向基层人民宣传中央的方针和政策，组织基层人民群众完成中央的计划。地方政府也不可能站在全国的高度代替中央政府制定国家的方针、政策。假如地方能代替中央成为决策者，必将政出多门，一盘散沙。刘少奇曾经说："政策是由中央统一制定的，只有中央才有权力决定政策，这一条，在观念上要明确。当然，某些地方有特殊情况，根据这种特殊情况，可以制定某些地方的政策，但是都要经过中央决定，经过中央批准。地方党委、地方政府虽然不制定政策，但是应该研究政策。有些人对党的政策各取所需，只执行自己所需要的，不需要的就不执

---

❶❷ 张志红. 当代中国政府间纵向关系研究［M］. 北京：天津人民出版社，2005：107.

行，或者执行反了、偏了，就会危害党的事业。"**❶**

一个强大且高效的政府，必须具备两个基本条件：第一，中央政府能科学决策；第二，决策内容能有效执行。尽管决策权与执行权的主体在客观上是分离的，但是在现实中必须实现决策权和执行权的辩证统一，才能保证国家权力的正常运行。从逻辑结构来看，决策权与执行权是分离的。决策权是执行权的前提，执行权是决策权的结果。没有决策就不可能有执行，没有执行就无所谓决策。从内容结构来看，决策权与执行权是交织在一起的。在决策时，中央会考虑到地方的利益，给地方较多的管理权限，促使地方因地制宜，发挥地方优势，调动地方的积极性。同时，也要求地方服从中央，具有全局眼光，不折不扣地贯彻中央精神，落实中央政策，提高执行力。如果中央决策的内容和范围对作为执行主体的地方毫无利益，地方在执行中央决策时会产生一种应付、懈怠的心理，影响决策执行的效果。反之，中央决策的内容和范围对地方有较大利益，地方就会积极响应中央的号召，保证中央政策不折不扣地贯彻落实。因此，中央和地方的利益要绑定在一起，这种绑定可以通过财政政策、金融货币政策等经济杠杆联系在一起。

民主集中制是实现决策权与执行权辩证统一的根本政治原则。中国共产党运用这一理论处理决策权和执行权之间的矛盾。在每一次决策前中央充分发扬民主，广泛听取群众意见，让地方参与讨论，并把多数人的意见作为中央决策的重要内容。在每一次执行前，地方都要认真学习中央决策的内容和文件精神，使地方政府和中央精神保持高度的一致，以便地方认真地贯彻中央的决策。同时，充分发挥人民群众和职能部门的监督作用，对执行不力的地方政府进行教育或处罚。李先念说："'在民主基础上的集中，在集中指导下的民主'，是我们处理体制问题的原则，任何片面强调，把本来可以统一的两个方面加以对立起来的想法都是不对的。"**❷**

统一领导与分级管理相结合是实现决策权与执行权辩证统一的基本工作方法。一般来说，"统一领导"指中央在路线方针、组织、思想、人事、军事等

---

❶ 刘崇文，陈绍畴. 刘少奇年谱（下卷）[M]. 北京：中央文献出版社，1996：558.

❷ 李先念论财政金融贸易（1950～1991年）（上卷）[M]. 北京：中国财政经济出版社，2010：403.

方面对地方实行领导,以保证国家权力的集中统一和树立中央权威。通过这些领导,中央可以牢牢地掌控地方。如果地方在执行中央决策时执行不力或推诿拖拉,地方政府要承担相应的责任。中央可以通过人事任免、组织考察,甚至可以通过军事、法律手段,强制地方认真执行。另外,"分级管理"指地方有权力、有义务贯彻中央的方针、政策,负责完成中央下派的计划、任务。"分级管理"是国家权力特别是执行权下放给地方的一种途径,它起到了调动地方积极性的重要作用。但是,地方只有执行权,且执行不力被追究行政、法律等责任。李先念在总结财政金融工作的基本经验时说:"社会主义经济要求有统一的经济计划,有统一的财政计划,以保证人力、物力、财力的适当安排和合理使用,这是一方面;另一方面,社会主义经济又必须充分发挥各地方、各部门和广大群众的积极性,发挥人们的革命干劲,才有利于多快好省地进行建设。既要集中领导,统筹安排,又要分级管理,分工负责,以便把统一领导同因地制宜结合起来,把财政金融部门的力量同企业、单位和广大群众的力量结合起来,充分调动各方面的积极因素,更多地积累资金,更节约地使用资金,更大更好地发挥资金的效能。"❶ 因此,统一领导必须同分级管理相结合:分级管理以必要的统一领导为前提,统一领导以必要的分级管理为基础。那么,如何结合呢? 在这个问题上,可以参考李富春的观点。他认为,中央与地方结合必须注意两点:一方面,地方的项目要由中央各部归口;另一方面,地方要搞中小型项目,第一个条件是分成。要实行全额分成,不按超产分成。这样能进一步贯彻中央与地方同时并举、"两个积极性"同时发挥的方针。❷

2. 界定集中与分散的分配关系

集中与分散,从根本的意义来说,就是国家经济权力在中央政府与地方政府之间的分配关系,是中央与地方经济关系的核心。回顾和反思前 30 年中央与地方的经济关系,可以发现要想处理好中央与地方的经济关系,必须把握特定时期集中与分散的度。过度的集中和过度的分散都会造成经济上"死"和

---

❶ 李先念论财政金融贸易（1950～1991 年）（上卷）［M］. 北京:中国财政经济出版社,2010:401.

❷ 中国社会科学院,中央档案馆. 1958～1965 中华人民共和国经济档案资料选编（固定资产投资与建筑业卷）［A］. 北京:中国财政经济出版社,2011:88.

"乱"的局面。集中以必要的分散为基础，分散以必要的集中为前提，集中与分散必须辩证统一。邓小平曾经说过，在历史上我们多次过分强调党的集中统一。强调党的集中统一不是不对，而问题在于"过分"。❶如何才能不过分呢？一般来说，扩大地方权限的广度和深度绝不能以牺牲中央的集中统一为代价。如果地方积极性的发挥冲击、削弱了中央的宏观调控能力，打乱了国家的整体计划和统一布局，这种地方分权就超越了它应有的范围。无论战争年代还是和平年代，必须加强中央权威。中央和地方只能是上级和下级、领导和服从的关系，而不是平等的朋友、同事关系。如果中央的权威从政治地位上降低到和地方等同，从经济地位上无力协调大局、左右全局，这时国家就面临分崩离析，甚至灭亡的命运。因此，扩大地方权限广度和深度的前提条件就是中央在政治上有足够的权力、在经济上有足够的财力控制地方，实现"全国一盘棋"。薛暮桥说："统一领导和计划性，是矛盾的主要方面；只有正确地抓住了统一领导和计划性，才能充分地体现社会主义经济的优越性。地方和企业的机动性，必须纳入国家计划，只允许有计划范围内的机动，而不允许有计划范围外的机动。"❷地方经济建设和发展，要依靠地方，由地方负责。中央不可能有、也不需要有足够的时间和精力去设计每一个地方的经济发展规划、组织经济建设。袁宝华说："要有统有放，有死有活；把基本的方面统起来，次要的方面活一些；重大的方面卡死，小的方面要活。看来越强调统的时候，越应该强调发挥大家的积极性；越强调活的时候，越应该强调加强检查监督。"❸从理论上来讲，"当中央集权的边际收益等于边际成本时，中央集权就实现了经济上的局部均衡；而当地方分权的边际收益等于边际成本时，地方分权就实现了经济上的局部均衡。而当两者都达到局部均衡时，而且两者的边际成本和边际均衡都相等时"，❹集中与分散就实现了辩证的统一。

三、处理好计划与市场的关系

根据马克思的设想，未来的共产主义社会"联合体"将实行有计划地组

---

❶ 邓小平文选（第2卷）［M］．北京：人民出版社，1983：329．
❷ 薛暮桥经济文选［M］．北京：中国时代经济出版社，2010：154－155．
❸ 袁宝华文集（第1卷）［M］．北京：中国人民大学出版社，2013：194．
❹ 金太军，赵晖．中央与地方政府关系建构与调谐［M］．北京：广东人民出版社，2005：44．

织生产，这是计划经济体制的理论渊源。实行计划经济的目的，是使国民经济按计划、成比例、协调地发展，实现第一部类和第二部类之间的平衡，促进社会扩大再生产。中华人民共和国成立伊始，百废待兴。大国的国家统一和经济发展不平衡两个制约下的工业化，是在比较极端的政府主导下进行的，这种复杂情况不仅马克思主义和国际共产主义运动中没有，而且世界工业化的历史中也没有。为了加快经济建设，实现社会主义工业化，中国共产党只能选择社会主义计划经济体制。在当时全国人力、物力和财力都十分有限的情况下，如果任由市场调节，不可能优先发展重工业和国防工业，也不可能建立门类齐全的工业体系和国民经济体系。实践证明，前 30 年中国共产党选择了计划经济体制，是马克思主义基本原理和中国实际相结合的产物，是生产力发展和时代需要使然。

经济计划的范围，要依据生产力发展的水平而定。在不同的社会发展阶段和生产力发展的不同水平上，要正确处理计划与市场的关系。早在 1956 年陈云在谈到计划与市场的关系时就说："事无大小，统统计划不行。个体生产是集体所有制的补充。这种自由市场只有百分之二十五，百分之七十五都是国家统购。如果没有这个百分之二十五的自由就搞死了，这个百分之二十五的自由是必要的。我们要大计划、小自由，目前大小都要计划不行。"❶ 当然，这个比例也要根据实际情况而变。1962 年 12 月 3 日，针对"大跃进"时期权力下放引起的混乱现象，李先念在中国人民银行全国分行行长座谈会上提出财政、银行工作要实行集中统一管理，即"紧中有活"，"紧"在前，"活"在后，当然是以"紧"为主，不是以"活"为主。有些人却理解为以"活"为主，甚至变成"活中有紧"了。毛病就出在这里。1979 年 3 月 8 日，李先念在听取全国工商行政管理局局长会议汇报时讲到："市场要管而不死、活而不乱。"❷ 1982 年 11 月 4 日，陈云听取国家计划委员会主任宋平等关于全国计划及当前经济情况和问题的汇报时说，"搞好经济是对的，但是必须在计划的指导下搞活。这就像鸟一样，捏在手里会死，要让它飞，但是只能让它在合适的笼子里

❶　陈云文集（第 2 卷）［M］. 北京：中央文献出版社，2005：103.
❷　李先念论财政金融贸易（1950～1991 年）（下卷）［M］. 北京：中国财政经济出版社，2010：83 - 84，377.

飞，没有笼子，它就飞跑了。笼子大小要适当，但是总要有个笼子，这就是计划经济。市场调节只能在计划许可的范围以内。"❶ 但是，中华人民共和国前30年的大部分时间里，中国共产党过分强调了计划，忽视了市场调节的作用。尤其在"左"倾错误思想的影响下，市场经济被看作资本主义的"苗"，被有意扼杀。在实行计划经济时，又过分强调指令性计划。指令性计划是由中央政府运用行政力量和行政办法集中地配置资源的一种经济体制。它要求将全国的资源集中于中央，由中央制订全国统一的指令性计划决定资源的配置，然后将计划指标分部门、分地区分解，用指令的方式层层下达到最基层，由最基层的单位执行。❷ 在全面建设社会主义的起始阶段，生产力水平还很落后，不应该把一切经济活动都纳入国家计划，而应将经济活动中最主要的部分，如国民收入中积累与消费的比例、农轻重比例、主要产品的生产和调拨等纳入国家计划，而其他一些与国计民生无关紧要的经济活动并不需要纳入国家计划。

计划经济体制内在要求权力的高度集中，这与旨在调动地方积极性的权力下放思想存在内在的冲突。改革开放前在给工业化打基础时，高度集中是主要的；计划管理是必需的。但是随着生产力的发展和经济基础的变化，原有的高度集中的计划经济体制不再适应生产力发展的需要，或成为生产力进一步发展的束缚，应该改变计划管理体制，协调好计划与市场之间的关系，只有这样，才能发挥中央与地方两个积极性，处理好中央与地方经济关系。薛暮桥认为，改变计划管理体制，要"把自上而下的指令性计划制度，改为自下而上和自上而下结合的，指导性和指令性结合的计划制度"，并"主要通过经济手段，把企业的经营活动引导到国家计划和社会需要上来"。❸ 改革开放后，中央政府开始改革原有的计划经济体制。1982 年在中共十二大上提出"以计划经济为主、以市场经济为辅"。1984 年在中共十二届三中全会又提出有计划的商品经济。1992 年中共十四大进一步提出社会主义市场经济，经济体制的改变和中央向地方放权同时进行。1992 年又实行分税制，扩大了地方的财权。地方的积极性提高，国民经济获得迅速发展。随着经济社会的发展，市场孕育越来

❶ 陈云文集（第 3 卷）[M]. 北京：中央文献出版社，2005：517.
❷ 董辅礽. 集权与分权——中央与地方关系的构建 [M]. 北京：经济科学出版社，1996：2.
❸ 薛暮桥经济文选 [M]. 北京：中国时代经济出版社，2010：12.

越成熟。市场成为资源配置的基础方式，这并没有引起社会的动荡不安，反而提高了资源的使用效率。2013 年中共十八届三中全会重新定义了市场的作用，即把市场在资源配置中的基础性作用改为决定性作用。随着国民经济的发展，国家财政收入的增加，中央政府的宏观调控能力和转移支付能力增强。中央与地方经济关系终于摆脱了"一统就死、一放就乱"的窠臼。

四、处理好政府与企业的关系

政企不分有其历史渊源。1956 年年底，生产资料私有制的社会主义改造基本完成后，个体手工业和资本主义工商业逐渐改造成为国营企业，成为人民民主专政政权的经济基础。针对这些国营企业，政府实行统一领导。在生产、企业投资上实行统一计划，在产品分配上实行统购统销，在工人工资上实行统一工资制。企业利润统一上缴政府并作为政府的财政收入，企业公积金和折旧基金等支出也由政府统一安排。这种政企关系的特点是企业完全失去独立的主体地位，成为政府的"加工工厂"或"附属品"。这种政企不分的管理模式沿用了解放区政府对企业的管理模式，是一种战时共产主义的经济政策。当时，这种管理模式不是没有优点。中华人民共和国成立后，国内生产力水平极其落后，而国际形势特别是在抗美援朝战争后急剧恶化。在这种国内外环境下，政府加强对企业的控制有利于集中有限的人力、物力和财力，维持和巩固人民民主专政的国家机器的正常运行，优先发展重工业和国防工业。实践证明，中华人民共和国政府建立、稳定和巩固，并在较短的时间内建立了门类齐全的工业体系和国民经济体系，都跟这种企业管理模式分不开。但是，这种政企不分的企业管理体制也带来一些弊端，如企业没有生产的自主权，因而缺乏活力，往往出现经济效益低下，甚至严重浪费。同时，政府过度"包办"工业化、大量建立国有企业，结果是压制甚至窒息了私营企业，使工业化只能在有限的范围内进行，失去了迅速扩展的活力。❶

中华人民共和国前 30 年，政企不分是中央与地方经济关系不能理顺的重要原因之一。事实上，前 30 年，国家经济权力的重要内容就是政府拥有对国

---

❶ 武力. 中国"大一统制度"与国有经济 [J]. 河北学刊, 2006 (3).

营企业的投资、生产、经营和产品销售权。1978 年，国营工业企业占大陆工业总产值的比重为 79%。中央与地方政府经济权力的划分也主要围绕国营企业的管理权展开。因为政企不分，企业管理权的上收和下放常常导致企业管理上的"一统就死、一放就乱"局面。如在权力上收的过程中，中央把本应该由地方领导的一些中小企业统统收回，加强"条条"管理。这种管理模式，中央不能及时掌握这些企业的产供销信息，企业又不能自己做主，导致企业的供给与需求、生产与销售脱节，结果"一统就死"。在权力下放的过程中，中央往往把一些关系国计民生的、产供销面向全国的大型企业下放地方，地方政府无力协调企业的原料来源和产品销售，导致"一放就乱"。邓小平曾说，过去中央与地方之间的分权，都没有涉及党同政府、经济组织、群众团体等之间的分权。❶ 因而，理顺中央与地方经济关系，必须实现政府职能从"全能型"向"效能型"转变，而这种转变的关键环节就是实行政企分开，即企业所有权与经营权分离。实行"企业下放，政企分开，是经济体制改革，也是政治体制改革"，❷ 只有这样，才能处理好中央与地方经济关系，才能有效地破解过去出现的"一统就死、一放就乱"的难题。

改革开放后，政府与企业的关系开始从政企不分转变为政企分开。企业能够在遵守国家计划和依法纳税的情况下，独立核算、自负盈亏、自主经营。实行政企分开，对于企业和政府来说，是双赢。对企业来说，实行政企分开，企业的主体地位得到加强，企业的活力可以充分发挥出来。企业成为市场主体，能够独自按照经济法则进行生产和经营，能够根据人民的需要及时地调节生产，节省生产成本，增加产品品种，提高产品质量和经济效益。对于政府来说，由于企业的经济效益提高，企业的盈利增加，可以向政府缴纳更多的税收，增加政府的宏观调控能力和转移支付能力。同时，企业的管理权力逐渐从政府经济权力中分离出去，政府的经济职能开始发生转变。中央与地方经济关系不再涉及政府对企业管理权的分配问题，从而简化了中央与地方政府之间的经济关系。

❶ 邓小平文选（第2卷）［M］. 北京：人民出版社，1983：329.
❷ 邓小平文选（第3卷）［M］. 北京：人民出版社，1983：192.

五、依法规范中央与地方经济关系

中华人民共和国成立后，中央与地方经济关系在短短的30年间围绕集中与分散进行了六次大的调整。在每次大的调整中，又有若干小的调整。这些调整政策主要源自苏共和中共构建社会主义中央与地方经济关系的经验教训。波兰著名经济学家奥斯卡·兰格认为："社会主义经济原则上必然是集中指挥的，否则，发展是自发的，不可能自觉地形成经济发展。结论是经济计划工作的集中。但是在另一方面，即使只是为了经济运输的弹性，日常管理中需要一定程度的分散。所以，在这种讨论中我们想靠经验来判断，根据取得的经验，确定集中和分散之间的最优关系。"[1] 进而，他认为，用经验的办法来解决集中与分散之间的最优关系，缺乏科学的判断依据。因此，必须依法规范中央与地方经济关系。依法规范中央与地方经济关系，首先通过人民代表大会集思广益、充分论证，其次构建科学的、合理的中央与地方经济关系法。这样就能避免中央政府随意性地调整中央与地方经济管理权限和地方政府因权限过大出现各自为政、不顾全局的现象，增加中央与地方经济关系的稳定性和科学性，有利于中国共产党领导广大人民群众参与监督，保证中央与地方经济关系的良性运行，促进经济社会稳定、持续地发展。

依法规范中央与地方经济关系，要坚持权利与义务相统一、财权与事权相一致的原则，要把因时因势而定、统一领导、分级管理等基本经验结合起来，要把依法规范中央与地方经济关系与依法规范"条条"和"块块"、计划与市场、政府与企业的关系结合起来。在立法时，首先，要制定科学合理的经济管理体制，包括完善垂直管理体制。这种体制可以通过建立一种行政契约、协商共进的方式，用法律手段推进制度建设。[2] 其次，根据经济管理体制和经济社会发展的需要制定专门的中央与地方关系法，以此构建和巩固中央与地方之间的制度化关系。在中央与地方专门法中，又要从政治、经济、文化、法律等领

---

[1] [波] 奥斯卡·兰格. 社会主义经济理论 [M]. 王宏昌，译. 北京：中国社会科学出版社，1981：179.

[2] 辛向阳. 法制框架内的中央与地方关系 [J]. 中国改革，2006 (7).

域规范中央与地方的关系。在经济领域，又要从财政、企业、金融、贸易等方面划分国家的经济管理权限。最后，中央和地方政府必须严格依法履行自己作为国家机器组成部分的权限和职责，避免发生中央政府和地方政府越位、错位、缺位等现象。对践踏中央与地方经济管理权限的行为（无论是中央政府还是地方政府）都要依法追究其法律责任。当然，中央与地方经济关系法还要对中央与地方经济关系现有的条件和存在的环境明确规定。如果现有的条件和存在的环境发生改变，中央政府有权重新调整现有的中央与地方政府在国家经济方面的职权范围。法律不能成为其调整的障碍，而要随着变化了的条件和环境及时修改法律。这种调整也要依据一定的法律原则，不能随意而为。

结　语

中华人民共和国成立后，中国共产党面临着巨大的经济压力。这种巨大的经济压力主要源自着力发展农业、解决中国5亿多人口的吃饭问题和优先发展重工业和国防工业，加强国家安全建设的问题。在资源短缺、工农业发展极不平衡且十分落后的情况下，这两个问题相互对立形成巨大的经济压力促使中国共产党试图通过经济体制改革激发人民群众的活力和创造力，实现经济的快速恢复和发展。而国民经济发展和效益状况的周期性波动又导致中央与地方经济关系的频繁变动。当然，"集中与分散"的新一轮交替又为国民经济发展和效益状况的下一轮波动埋下了伏笔。出现这种现象是因为经济权力"集中与分散"的反复交替引起了财政制度、企业管理制度、金融制度和商业贸易制度的变动，这些经济体制的变动又造成投资结构、产业结构、生产力布局的变化。这些互为因果的因素的共同作用，才是推动新中国中央与地方经济关系演变的根本动因。

从这一演变的过程来看，中华人民共和国前30年中央与地方经济关系未能完全理顺的主要原因，笔者认为有三点。一是"左"倾思想的影响。中华人民共和国成立后，如何把一个落后的农业国变成一个发达的社会主义新中国，这是中国共产党面临的一个新的重大历史课题。在社会主义建设的伟大实践中，党和国家一些领导人对社会主义建设的长期性和艰巨性缺乏认识，迫于国内外环境的压力，急于把中国建设成一个现代化的社会主义国家，赶上或超过发达的资本主义国家。于是，不顾及生产力发展的实际水平和客观经济条件，凭借人的主观愿望和在战争年代惯用的群众运动方式推进社会主义工业化建设，同时，把马克思主义经典作家的科学社会主义理论机械式地照搬套用，不敢突破单一公有制、计划经济和按劳分配的体制框架，不敢进行所有制改革，不敢利用市场机制。❶ 这些因素导致"左"倾思想的滋生蔓延。二是经验缺乏。中华人民共和国成立伊始，中国共产党缺乏建设社会主义的基本经验。尽管马克思主义经典作家在他们的著作中多次论及国家的含义及其结构形式，一致主张在无产阶级专政的社会主义国家必须实行中央集权制下的地方自治，但在社会主义国家某一历史时期中央集权的程度、地方自治的广度和深度，他们并没明确界定。虽然苏联的计划经济管理体制给我们提供了参考，但这种体制本身也存在一些弊端，而且，苏联是联邦制共和国，我国是单一制的且历史上长期实行中央集权制的国家。所以，在中华人民共和国构建新型的中央与地方经济关系，中国共产党只能在实践中不断探索，不断调适。三是恶劣的国内外环境。中华人民共和国成立后，国内国际各种关系高度紧张。在国内，无产阶级领导的人民民主专政政权虽然建立，但是国民党的残余势力依然存在，蒋介石国民政府"反攻大陆"的野心不死。这些残余势力有的潜伏下来，有的明目张胆，干着破坏社会治安、扰乱社会秩序的勾当，企图颠覆新生的中华人民共和国政权。同时，一些不法商人乘机囤积居奇、投机倒把，破坏市场秩序，人民生活受到极大影响。一些民族分裂分子在西方势力的支持下，公然违背我国民族平等、民族团结、各民族共同繁荣的民族政策，妄图实行民族独立。在国外，以美国为首的西方国家公然发动朝鲜战争，把战火烧到中国的边境，并对中国实行经济制裁，企图扼杀新中国政权。之后，新中国为捍卫国家主权和领土完整，又经历了1962年中印边境自卫反击战、1969年中苏边境冲突以及中越战争的不断升级。这些恶劣的国内外环境，使中国共产党优先发展重工业和国防工业成为客观需要，也是形成"多快好省，力争上游，跑步进入共产主义"等"左"倾思想的历史背景。在这些因素的影响下，中国共产

---

❶ 武力，温锐.1949年以来中国工业化的"轻、重"之辩 [J]. 经济研究，2006 (9).

党在制定决策时承受着巨大的压力，这种压力在实际工作中就转化为加快建设社会主义现代化和坚守社会主义道路的动力。为了实现这两个目标，一方面，不断调整上层建筑以促进生产力的发展，另一方面，对科学社会主义基本原理的词句死记硬背。而这些方针、政策的执行又加剧了"左"倾思想的发展。在这种时代背景下，中国共产党在构建社会主义中央与地方经济关系时，就不可避免地带有更多的主观色彩，即有意撇开在资本主义社会存在的而又适用于社会主义国家的制度体系和管理模式，因而也不可能正确处理行政性分权和经济性分权、计划与市场、政府与企业之间的关系，因而也就不能根本上理顺中央与地方的经济关系。

从内容来看，中华人民共和国前30年，中央与地方经济关系的核心是财权问题，而财权的核心又是投资及管理权限问题，因为这个时期的财政属于建设型财政，社会投资主要来自政府，经济扩张或紧缩依靠财政为主的融资体系，通过国家预算投资的增减得以实现。由于短缺是单一公有制和计划经济的常态，发展冲动和"投资饥渴"不仅是中央政府的本性，也是地方政府的本性，因此，中央集权时，这种冲动就表现为周期性的经济过热和供给约束；权力下放时，在地方政府身上，则表现为竞相发展和地方之间的"锦标赛"，甚至地方保护主义和以邻为壑、重复建设和乱投资等乱象。从特点来看，在这30年，中央与地方经济关系始终围绕"集中与分散"进行调整。在单一公有制和计划经济制度下，经济权力只是在中央政府与地方政府之间不断地变动，而没有或很少有向企业和市场放权。同时，在全能型政府背景下，权力下放的结果是中央政府因全能型职能被削弱而无法很好地履行全国经济统一计划和综合平衡的职责；地方政府在经济锦标赛和投资饥渴的驱使下，充分履行了全能型政府的职能，却不能履行全能型政府对全国经济统一计划和综合平衡的职责。因此，1949～1978年的新中国始终未能摆脱"一统就死，一死就放，一放就乱，一乱又统"的恶性循环，也未能摆脱经济发展与效益状况的周期性波动。例如，在"大跃进"时期和"文化大革命"时期的两次放权，不仅没有促进国民经济的快速发展，反而造成经济效益下降、国民经济比例失调的无政府主义状态。这是因为，中央在向地方下放权力的过程中，主要是通过建立利益激励机制来调动地方发展经济的积极性，而并没有同时相应地建立系统的、完善的、有力的约束机制，来规范地方行为。比如，在财政税收方面，先通过总额分成、后通过"大包干"等措施扩大地方的财权财力，但是地方如何支配、是否按照中央的意愿支配，没有形成相应的、有效的约束机制。而且，也没有提出完善的、可行的、有效的地区产业分工政策。[1] 但是，计划经济时期为求中央与地方经济关系之间的平衡而造成的这种动态变化，实际上也是一种探索，最终向人们印证了经济体制改革的必要性。[2] 从历史经验来看，经济权力集中时期比权力分散时期效果要好，这是因为中央政府负有综合平衡的责任，而地方政府不承担这个责任。中央与地方经济关系的不断调整，目的都是更好地发挥两个"积极性"，但是两个积极性中也有在一定条件下哪个积极性更主要的问题，而这一点不是固定不变的，因时因事、因人（管理能力）、因发展阶段和体制而变。

尽管如此，我们要用唯物史观的角度看待中华人民共和国前30年中央与地方经济关系及其演变。第一，国家观点。就是要看我们这个国家是什么性质，是大国还是小国，是社会主义还是资本主义。如果是社会主义大国，经济上就是公有制为主体，政治上就是共产党领导，相应地，经济体制就是分散的集中制，政治体制就是民主的集中制。就是说，基本实行的是集中制。弄清了这一点，也就弄清了所谓中央与地方经济关系的理顺，实质在于保持中央集中制的前提下，地方权力大到多少为合适。第二，实践观点。就是要看中央与地方关系调整的结果，从一个较长的时段（如30年）看，究竟是促进了生产力还是束缚了生产力。第三，经济观点。就是说，对一切社会变迁和政治变革的终极原因不应到人们的头脑中，而应到经济中去寻找。对中央与地方关系变化的原因，同样不要只在领导人的认识中去寻找。在研究中央与地方经济关系时要置身于当时特定的历史环境，只有具备这样的思想和眼光，才能还原事情的真相，才能客观地分析和评价问题。今天，我们仍然要肯定以毛泽东为核心的中国共产党第一代领导集体带领中国人民在社会主义革命和全面建设社会主义的过程中发挥的伟大历史作用和做出的巨大历史牺牲。我们必须承认，中华人民共和国前30年实行计划经济体制是时代需要，是马克思主义基本原理与中

---

[1] 汪海波. 中国经济效益问题研究 [M]. 北京：经济管理出版社，1991：38.

[2] 董志凯. 既要"全国一盘棋"，又要调动地方积极性——陈云的大局经济观念与中国现代化 [J]. 中共宁波市委党校学报，2010（6）.

国具体实际相结合的产物。在当时情况下，不实行计划经济体制就不可能优先发展重工业和国防工业，就不可能建立独立的比较完整的工业体系和国民经济体系，就不可能克服国民经济各个部门之间和各个地区之间的发展不平衡，促进国民经济有计划按比例地迅速发展，就不可能为社会主义工业化建设打下坚实的物质基础。计划经济体制客观要求国家经济权力的高度集中。没有集中就不能形成计划经济。在计划经济体制下过分强调地方分权是对计划经济体制本身的挑战。具体地说，分权调动了地方和基层的积极性，增强了经济增长的动力，而资源配置机制得不到相应的改进，从而引出了高速增长条件下不平衡加剧的问题。这种挑战的结果就是冲破计划经济管理体制，导致生产的无政府主义。这时又求助于集权，因为在市场配置资源机制未充分发展的条件下，中央集权在资源配置上还是相对有优势的。❶ 第四，历史观点。就是要把中央与地方关系的总构架，放在中国赶超发达国家的特定历史条件下来看。第五，辩证观点。就是要看到中央与地方关系的调整是一个探索过程，每次有每次的利弊得失，每次都使人们对这个问题的认识有所深化。用这些观点看，就会看到，改革开放前 30 年在探索中央与地方经济关系的过程中有不成功的地方，但二者关系的格局总体是成功的，否则就无法解释在那 30 年建立了独立完整的工业体系和国民经济体系的原因。改革开放后的 30 多年，在处理这个关系上比起前 30 年有了更多经验，更加成熟，但问题也没有完全解决，否则就无法解释现在面临的严重地方债务危机。可见，在评价这个问题时，也需要用习近平总书记关于正确看待改革开放前后两个历史时期的思想作指导。但是，从今天的眼光看，前 30 年，如果没有"左"倾思想的干扰，在经济集权时完全可以适当地给地方和企业一些自主权，当然这些自主权是不能冲破中央的统一计划的。在经济权力下放时完全可以把主要的经济权限留在中央，如大型企业由中央领导，中小型企业由地方领导，避免国民经济比例失调和生产的无政府主义状态。这些教训还是应该吸取的。

改革开放后，生产力的发展不仅为计划经济体制的改变提供了物质基础，

---

❶ 汪海波. 中国经济效益问题研究 [M]. 北京：经济管理出版社，1991：43.

也客观地推动了经济体制的变革。实践证明，只有因时因势而定，处理好"条条"与"块块"、计划与市场、政府与企业的关系，并依法规范中央与地方政府的经济职能，才能理顺中央与地方经济关系，才能发挥中央与地方两个积极性，才能促进国民经济健康地运行和快速地发展。

参考文献

一、领导人文集、文选、文稿、年谱和传记

[1] 陈云文集（第2~3卷）[M]. 北京：中央文献出版社，2005.

[2] 陈云文选（第2卷）[M]. 北京：中央文献出版社，2005.

[3] 陈云年谱修订版（中、下卷）[M]. 北京：中央文献出版社，2015.

[4] 邓小平文选（第1~3卷）[M]. 北京：人民出版社，1989、1983、1993.

[5] 建国以来毛泽东文稿（第1~13册）[M]. 北京：中央文献出版社，1987－1998.

[6] 建国以来重要文献选编（第1~20册）[M]. 北京：中央文献出版社，2011.

[7] 江泽民文选（第1卷）[M]. 北京：人民出版社，2006.

[8] 李富春选集 [M]. 北京：中国计划出版社，1992.

[9] 李先念论财政金融贸易（1950~1991年）[M]. 北京：中国财政经济出版社，2010.

[10] 列宁全集（第27卷）[M]. 北京：人民出版社，1958.

[11] 刘少奇论新中国经济建设 [M]. 北京：中央文献出版社，1993.

[12] 刘少奇年谱（下卷）[M]. 北京：中央文献出版社，1996.

[13] 马克思恩格斯全集（第4、25、41卷）[M]. 北京：人民出版社，1958、1982.

[14] 毛泽东文集（第5、7、8卷）[M]. 北京：人民出版社，1996、1999.

[15] 毛泽东著作专题摘编（上）[M]. 北京：中央文献出版社，2003.

[16] 毛泽东传（1949~1976）（上）[M]. 北京：中央文献出版社，2003.

[17] 薛暮桥经济文选 [M]. 北京：中国时代经济出版社，2010.

[18] 袁宝华文集（第1卷）[M]. 北京：中国人民大学出版社，2013.

[19] 周恩来年谱（1949~1976）（上、中、下卷）[M]. 北京：中央文献出版社，1997.

[20] 周恩来传（1949~1976）[M]. 北京：中央文献出版社，1998.

二、档案资料

[21] 财政部综合计划司. 1950~1985年中国财政统计 [A]. 北京：中国财政经济出版社，1987.

[22] 国家统计局. 1952年全国劳动就业情况调查报告 [A]. 1953.

[23] 国家统计局. 几年来主要物资储备情况 [A]. 1957 – 05 – 29. 国家统计局档案 157 – 3 – 52 卷.

[24] 国家统计局. 全国财贸统计资料 (1949 ~ 1978) [A]. 1979.

[25] 国家统计局. 新中国六十年统计资料汇编 [A]. 北京：中国统计出版社，2010.

[26] 国家统计局. 中国固定资产投资统计资料 (1950 ~ 1985) [A]. 北京：中国统计出版 社，1987.

[27] 国务院人事局. 历年全国干部统计简要资料 (1952 ~ 1956) [A]. 1957 – 12.

[28] 江苏省档案馆. 全宗号：3037，目录号：3，案卷号：3，P109；目录号：4，宗卷号： 1：24 – 25；1：26 – 27；1：126；1：151；16：1 – 2；16：16；全宗号：3129，宗卷 号：659：6；全宗号：4005，目录号：2，案卷号：27：4；49：136；全宗号：4022， 编号：2，案卷号：23：2 – 3。

[29] 农业部计划局. 中国与世界主要国家农业生产统计资料汇编 [A]. 北京：农业出版 社，1958.

[30] 中国社会科学院，中央档案馆. 中华人民共和国经济档案资料选编 (1949 ~ 1952) (基本建设投资和建筑业卷)、(工商体制卷) [A]. 北京：中国社会科学出版社， 1989、1993.

[31] 中国社会科学院，中央档案馆. 中华人民共和国经济档案资料选编 (1953 ~ 1957) (金融卷) [A]. 北京：中国物价出版社，2000.

[32] 中国社会科学院，中央档案馆. 中华人民共和国经济档案资料选编 (1958 ~ 1965) (固定资产投资与建筑业卷)、(财政卷)(综合卷)、(商业卷)、(工业卷)(金融 卷)(劳动就业和收入分配卷)(对外贸易卷) [A]. 北京：中国财政经济出版 社，2011.

[33] 中央档案馆，中共中央文献研究室. 中共中央文件选集 (1949.10 ~ 1966.5) [A]. 北京：人民出版社，2013.

三、专著、编著和译著

[34] 安秀梅. 中央与地方政府间的责任划分与支出分配研究 [M]. 北京：中国财政经济 出版社，2007.

[35] [波] 奥斯卡·兰格. 社会主义经济理论 [M]. 王宏昌，译. 北京：中国社会科学 出版社，1981.

[36] 薄贵利. 中央与地方关系研究 [M]. 长春：吉林大学出版社，1991.

[37] 薄贵利. 集权分权与国家兴衰 [M]. 北京：经济科学出版社，2001.

[38] 薄一波. 若干重大决策与事件的回顾 (下卷) [M]. 北京：中共党史出版社，2008.

[39] 蔡玉峰．政府和企业的博弈分析［M］．北京：中国经济出版社，2000.

[40] 曹尔阶．新中国投资史纲［M］．北京：中国财政经济出版社，1992.

[41] 陈东琪，银温泉．打破地区市场分割［M］．北京：中国计划出版社，2002.

[42] 陈秀山．中国地区间市场封锁问题研究［M］．福州：福建人民出版社，1994.

[43] 丛进．曲折发展的岁月［M］．郑州：河南人民出版社，1989.

[44] 当代中国的经济管理编辑部．中华人民共和国经济管理大事记［M］．北京：中国经济出版社，1986.

[45] 当代中国丛书编委会．当代中国的纺织工业［M］．北京：中国社会科学院出版社，1984.

[46] 当代中国丛书编委会．当代中国的经济体制改革［M］．北京：中国社会科学出版社，1984.

[47] 当代中国丛书编委会．当代中国财政（上）［M］．北京：中国社会科学出版社，1988.

[48] 当代中国丛书编委会．当代中国钢铁工业［M］．北京：中国社会科学出版社，1989.

[49] 当代中国丛书编委会．当代中国的固定资产投资管理［M］．北京：中国社会科学出版社，1989.

[50] 当代中国丛书编委会．当代中国的基本建设［M］．北京：中国社会科学出版社，1989.

[51] 当代中国丛书编委会．当代中国的金融事业［M］．北京：中国社会科学出版社，1989.

[52] 当代中国丛书编委会．当代中国对外贸易（上）［M］．北京：当代中国出版社，1992.

[53] 当代中国丛书编委会．当代中国物资流通［M］．北京：当代中国出版社，1993.

[54] 当代中国丛书编委会．当代中国的工商税收（上）［M］．北京：当代中国出版社，1994.

[55] 邓子基．财政理论专题研究［M］．北京：中国经济出版社，1998.

[56] 丁云本，叶庆峰，周罗庚．社会主义集权政体的形成与演变［M］．北京：春秋出版社，1988.

[57] 董辅礽．集权与分权——中央与地方关系的构建［M］．北京：经济科学出版社，1996.

[58] 董志凯，吴江．新中国工业的奠基石：156项建设研究（1950～2000）［M］．广州：广东经济出版社，2004.

［59］ 范慕韩．世界经济统计摘要［M］．北京：人民出版社，1985.

［60］ 房维中．中华人民共和国经济大事记（1949～1980）［M］．北京：中国社会科学出版社，1984.

［61］ 房维中．中华人民共和国国民经济和社会发展计划大事辑要（1949～1985）［M］．北京：红旗出版社，1985.

［62］ 费正清．剑桥中华人民共和国史（1949～1965）（中译本）［M］．上海：上海人民出版社，1991.

［63］ 关山，姜洪．块块经济学——中国地方政府经济行为分析［M］．北京：海洋出版社，1990.

［64］ 国家经济贸易委员会．中国工业五十年［M］．北京：中国经济出版社，2000.

［65］ 何炼成，王一成，韦苇．中国历代经济管理与发展思想新论［M］．西安：陕西人民出版社，2001.

［66］ 胡鞍钢．胡鞍钢集——中国走向 21 世纪的十大关系［M］．哈尔滨：黑龙江教育出版社，1995.

［67］ 胡鞍钢，王绍光．政府与市场［M］．北京：中国计划出版社，2000.

［68］ 胡书东．经济发展中的中央与地方关系——中国财政制度变迁研究［M］．上海：上海人民出版社，2001.

［69］ 胡银．低效率经济学：集权体制理论的重新思考［M］．上海：上海三联书店、上海人民出版社，1997.

［70］ ［美］黄佩华，迪帕克．中国：国家发展与地方财政［M］．吴素萍，王桂娟，等译．北京：中信出版社，2003.

［71］ 黄韬．中央与地方事权分配机制：历史、现状及法治化路径［M］．上海：格致出版社、上海人民出版社，2015.

［72］ 黄相怀．当代中国中央与地方关系的"竞争性集权"模式［M］．天津：天津人民出版社，2014.

［73］ 金邦秋．陈云经济哲学思想研究［M］．北京：中央文选出版社，2005.

［74］ 金太军，赵晖．中央与地方政府关系建构与调谐［M］．广州：广东人民出版社，2005.

［75］ 寇铁军．中央与地方财政关系研究［M］．大连：东北财经大学出版社，1996.

［76］ 李齐云．分级财政体制研究［M］．北京：经济科学出版社，2003.

［77］ 林尚立．国内政府间关系［M］．杭州：浙江人民出版社，1998.

［78］ 林毅夫，蔡昉，李周．中国的奇迹：发展战略与经济改革（增订版）［M］．上海：

上海三联出版社、上海人民出版社，1999.

[79] 刘尚希，韩凤芹. 科技创新中央与地方关系研究［M］. 北京：经济科学出版社，2016.

[80] 刘尚希，于国安. 地方政府或有负债：隐匿的财政风险［M］. 北京：中国财政经济出版社，2002.

[81] 刘云龙. 民主机制与民主财政：政府间财政分工及其分工方式［M］. 北京：中国城市出版社，2001.

[82] 刘亚平. 当代中国地方政府间竞争［M］. 北京：社会科学文献出版社，2007.

[83] 楼继伟. 新中国 50 年财政统计［M］. 北京：经济科学出版社，2000.

[84] 楼继伟. 中国政府间财政关系再思考［M］. 北京：中国财政经济出版社，2013.

[85] 罗红波，M. 巴尔巴托. 经济发展中的中央与地方作用——中意比较研究［M］. 北京：社会科学文献出版社，2009.

[86] 李治安. 唐宋元明清中央与地方关系研究［M］. 天津：南开大学出版社，1996.

[87] 马力宏. 分税制与中央和地方关系调整［M］. 西安：陕西人民出版社，1999.

[88] 马泉山. 新中国工业经济史（1966～1978）［M］. 北京：经济管理出版社，1998.

[89] 马寅初. 财政学与中国财政——理论与现实［M］. 北京：商务印书馆，2001.

[90] 欧阳日辉. 宏观调控中的中央与地方关系［M］. 北京：中国财政经济出版社，2008.

[91] ［美］珀金斯. 中国农业的发展（1368～1968）［M］. 宋海文，等译. 上海：上海译文出版社，1984.

[92] 全治平，江佐中. 论地方经济利益［M］. 广州：广东人民出版社，1992.

[93] 任志江. 1949～1978 年中央与地方关系变迁：经济发展战略和国民经济政策角度的研究［M］. 北京：中共中央党校出版社，2012.

[94] 沈立人. 地方政府的经济职能和经济行为［M］. 上海：上海远东出版社，1998.

[95] 盛洪，张宇燕. 从计划经济到市场经济［M］. 北京：中国财政经济出版社，1998.

[96] 世界银行. 官办企业问题研究：国有企业改革的经济学和政治学［M］. 李燕生，等译. 北京：中国财政经济出版社，1997.

[97] 史言信. 国有资产产权：中央与地方关系研究［M］. 北京：中国财政经济出版社，2009.

[98] 孙开. 政府间财政关系研究［M］. 大连：东北财经大学出版社，1994.

[99] 谭建立. 中央与地方财权事权关系研究［M］. 北京：中国财政经济出版社，2010.

[100] 陶鲁笳. 毛主席教我们当省委书记［M］. 北京：中央文献出版社，1996.

[101] 童之伟. 国家结构形式论［M］. 武汉：武汉大学出版社，1997.

[102] [美] 托马斯·R. 戴伊. 自上而下的政策制定 [M]. 鞠方安, 吴忧, 译. 北京: 中国人民大学出版社, 2002.

[103] 汪海波. 中国经济效益问题研究 [M]. 北京: 经济管理出版社, 1991.

[104] 汪海波. 中华人民共和国工业经济史 [M]. 太原: 山西经济出版社, 1998.

[105] 汪海波. 汪海波文集 [M]. 北京: 经济管理出版社, 2011.

[106] 王绍光. 分权的底线 [M]. 北京: 中国计划出版社, 1997.

[107] 王琛伟. 中央与地方的博弈——基于经济学视角的分析 [M]. 北京: 经济科学出版社, 2014.

[108] 王亚南. 中国官僚政治研究 [M]. 北京: 中国社会科学出版社, 1981.

[109] 王雍君, 张志华. 政府间财政关系经济学 [M]. 北京: 中国经济出版社, 1998.

[110] 魏红英. 宪政架构下的地方政府模式研究 [M]. 北京: 中国社会科学出版社, 2004.

[111] 魏礼群. 市场经济中的中央与地方经济关系 [M]. 北京: 中国经济出版社, 1994.

[112] 文政. 中央与地方事权划分 [M]. 北京: 中国经济出版社, 2008.

[113] 吴承明. 市场·近代化·经济史论 [M]. 昆明: 云南大学出版社, 1996.

[114] 吴国光, 郑永年. 论中央、地方关系: 中国制度转型中的一个轴心问题 [M]. 香港: 牛津出版社, 1995.

[115] 武力. 中华人民共和国经济史 (增订版) (上卷) [M]. 北京: 中国时代经济出版社, 2010.

[116] 吴亚平. 中国投资 30 年 [M]. 北京: 经济管理出版社, 2009.

[117] 辛向阳. 百年博弈: 中国中央与地方关系 100 年 [M]. 济南: 山东人民出版社, 2000.

[118] 熊文钊. 大国地方——中国中央与地方关系宪政研究 [M]. 北京: 北京大学出版社, 2005.

[119] 许涤新, 吴承明. 中国资本主义发展史 (第3卷) [M]. 北京: 人民出版社, 1993.

[120] 杨宏山. 府际关系论 [M]. 北京: 中国社会科学出版社, 2005.

[121] 张江河. 论利益与政治 [M]. 北京: 北京大学出版社, 2002.

[122] 张连红. 整合与互动: 民国时期中央与地方财政关系研究 (1927~1937) [M]. 南京: 南京师范大学出版社, 1999.

[123] 张馨. 财政·计划·市场——中西财政比较与借鉴 [M]. 北京: 中国财政经济出版社, 1993.

[124] 张志红. 当代中国政府间纵向关系研究 [M]. 天津: 天津人民出版社, 2005.

［125］赵德馨. 中华人民共和国经济大事记［M］. 郑州：河南人民出版社，1987.

［126］赵德馨. 中华人民共和国经济专题大事记（1949～1966）［M］. 郑州：河南人民出版社，1989.

［127］赵楠. 中国各地区金融发展与固定资产投资实证研究［M］. 北京：中国统计出版社，2008.

［128］郑有贵. 中国传统农业向现代农业转变的研究［M］. 北京：经济科学出版社，1997.

［129］中国社会科学院经济研究所现代经济史组. 中国革命根据地经济大事记（1937～1949）［M］. 北京：中国社会科学出版社，1986.

［130］中央财经领导小组办公室. 中国经济发展五十年大事记（1949.10～1999.10）［M］. 北京：人民出版社、中共中央党校出版社，1999.

［131］周飞舟，谭明智. 当代中国的中央地方关系［M］. 北京：中国社会科学出版社，2014.

［132］朱佳木. 我所知道的十一届三中全会［M］. 北京：中央文献出版社，1998.

［133］朱佳木. 中国工业化与中国当代史［M］. 北京：中国社会科学出版社，2009.

［134］朱镕基. 当代中国的经济管理［M］. 北京：中国社会科学出版社，1985.

［135］Agarwala, Ramgopal. China：Reforming Intergovernmental Fiscal Relations［R］. Washington, D. C.：World Bank, 1992.

［136］Bahl, R.，J. Linn. Urban Public Finance in Developing Countries［M］. New York：Oxford University Press, 1992.

［137］Bowles, Paul Gordon White. The Political Economy of China's Financial Reforms：Finance in late Development［M］. Boulder：Westview Press, 1993.

［138］Chung, Jae Ho. Central Control and Local Discretion in China：Leadership and Implementation during Post-Mao Decollectivization［M］. Oxford, New York：Oxford University Press, 2000.

［139］Donnithorne, Audrey. The Budget and the Plan in China：Central-Local Economic Relations［M］. Canberra：Australian National University Press, 1972.

［140］Goodman, David S. G.，Gerald Segal. China Deconstructs：Politics, Trade and Regionalism［M］. London, New York：Routledge, 2002.

［141］Hendrischke, Hans, Feng Chongyi. The Political Economy of China's Provinces：Comparative and Competitive Advantage［M］. London, New York：Routledge, 2001.

［142］Jewell, Richard Edward Coxhead. Central and Local Government［M］. London：Knight,

1970.

[143] Li, Linda Che lan. Centre and Provinces：China 1978 – 1993：Power as No-Zero-Sum ［M］. Oxford：Clarendon Press；Oxford, New York：Oxford University Press, 1998.

四、期刊论文

[144] 博斌. 政府主导型金融制度边界收缩问题探析［J］. 经济问题探索, 2007（5）.

[145] 曹建海. 我国重复建设的形成机理与政策措施［J］. 中国工业经济, 2002（4）.

[146] 陈东林. "文化大革命"时期国民经济状况研究综述［J］. 当代中国史研究, 2008（2）.

[147] 陈抗, 詹小洪. 诸转型经济国家的分权化及中央、地方关系［J］. 改革, 1994（3）.

[148] 陈抗, AryeL. Hillman, 顾清扬. 财政集权与地方政府行为变化——从援助之手到攫取之手［J］. 经济学（季刊）, 2002（4）.

[149] 陈天祥. 中国地方政府与制度创新［J］. 中国政治, 2001（2）.

[150] 陈周旺. 从放权到分权：国家与社会关系的转型［J］. 求索, 2000（5）.

[151] 崔建周. 加强宏观调控 抑制地方保护主义［J］. 理论探索, 2007（5）.

[152] 崔秀娟. 民族经济与凝聚力：我国经济运作的重心选择——以前苏联中央与地方经济关系为镜鉴［J］. 山东行政学院学报, 2013（12）.

[153] 邓子基. 新中国60年税制改革的成就与展望［J］. 税务研究, 2009（10）.

[154] 杜恂诚. 民国时期的中央与地方财政划分［J］. 中国社会科学, 1985（3）.

[155] 董再平. 经济转轨、财政分权与预算软约束［J］. 审计与经济研究, 2007（7）.

[156] 董志凯. 20世纪80年代以前中国计划经济管理的若干问题（1953~1980）［C］. 当代中国所第三届国史学会论文集, 2003.

[157] 董志凯. 既要"全国一盘棋", 又要调动地方积极性——陈云的大局经济观念与中国现代化［J］. 中共宁波市委党校学报, 2010（6）.

[158] 范炜烽. 中国中央与地方关系的理想模式——保持适当的张力［J］. 地方政府管理, 2011（8）.

[159] 高秉雄, 李广平. 论地方自治［J］. 山东科技大学学报（社会科学版）, 2003（2）.

[160] 高鹤. 基于财政分权和地方政府行为的转型分析框架［J］. 改革, 2004（4）.

[161] 高鹤. 财政分权、地方政府行为与中国经济转型：一个评述［J］. 经济学动态, 2004（6）.

[162] 郭振英. 论正确处理中央和地方的关系［J］. 管理世界, 1996（3）.

[163] 郭志鹏. 激励与约束：中国地方政府经济行为研究［D］. 上海：上海社会科学

院，2006.

[164] 韩钢. 最初的突破——1977、1978 年经济理论大讨论述评 [J]. 中共党史研究，1998 (6).

[165] 胡鞍钢. 分税制：评价与建议 [J]. 中国软科学，1996 (8).

[166] 胡贺波. 论中央与地方财政关系现状及改革的进一步设想 [J]. 求索，2007 (1).

[167] 黄晗. 改革开放以来中央与地方经济关系模式变迁解析 [J]. 法制与社会，2007 (7).

[168] 黄少安. 关于产权理论与产权制度改革的几个问题 [J]. 新华文摘，1997 (9).

[169] 黄少安. 制度变迁主体角色转换假说及其对中国经济制度变革的解释 [J]. 经济研究，1999 (1).

[170] 洪静，彭月兰. 我国地方政府债务对货币政策的影响 [J]. 生产力研究，2006 (3).

[171] 洪涛，乔笙. 通货膨胀中的地方政府金融行为分析 [J]. 财贸经济，2006 (2).

[172] 洪银兴. 地方政府行为和中国市场经济的发展 [J]. 经济学家，1997 (1).

[173] 季燕. "一五" 时期的产业政策和产业结构 [J]. 经济研究参考资料，1988 (2).

[174] 蒋清海. 论中央与地方经济关系的变革与调整 [J]. 江汉论坛，1994 (8).

[175] 江晓敏. 唐宋时期的中央与地方财政关系 [J]. 南开学报（哲学社会科学版），2003 (5).

[176] 金太军. 当代中国中央政府与地方政府关系现状及对策 [J]. 中国行政管理，1999 (7).

[177] 金太军. 经济转型与我国中央—地方关系制度变迁 [J]. 管理世界，2003 (6).

[178] 金太军. 公共行政的民主和责任取向析论 [J]. 天津社会科学，2000 (5).

[179] 靳涛. 双层次互动进化博弈制度变迁模型——对中国经济制度渐进式变迁的解释 [J]. 经济评论，2003 (3).

[180] 柯伟明. 营业税与民国时期的税收现代化（1927～1949）[D]. 上海：复旦大学，2013.

[181] 李达. 中国经济发展战略变迁的利益驱动分析——一个新政治经济学视角 [J]. 中国经济问题，2005 (4).

[182] 李格. 当代中国地方政府制度的沿革和确立 [J]. 当代中国史研究，2007 (4).

[183] 李江涛. 固定资产投资增长调控的两难困境——兼论 "产能过剩" 治理的基点 [J]. 中国经济时报，2006 (8).

[184] 李军杰，钟君. 中国地方政府经济行为分析——基于公共选择视角 [J]. 中国工业

经济，2004（4）.

[185] 李军杰. 经济转型中的地方政府经济行为变异分析［J］. 中国工业经济，2005（1）.

[186] 李晓刚. 新时期中央与地方关系的思考［J］. 西北工业大学学报（社会科学版），2006（12）.

[187] 李新安. 从区域利益看我国地区的不均衡发展［J］. 开放研究，2004（4）.

[188] 李新安. 我国中央、地方政府区域调控的利益博弈分析［J］. 财贸研究，2004（4）.

[189] 李治安. 元代中央与地方财政关系述略［J］. 南开学报，1994（2）.

[190] 李治安. 论古代中央与地方关系的演化和若干制约因素［J］. 天津社会科学，1996（4）.

[191] 刘承礼. 理解当代中国的中央与地方关系［J］. 当代经济科学，2008（5）.

[192] 刘海波. 中央与地方政府间关系的司法调节［J］. 法学研究，2006（5）.

[193] 刘华. 我国中央与地方政府关系问题研究［J］. 财政研究，2005（8）.

[194] 刘华. 中国地方政府职能的理性归位——中央与地方利益关系的视角［J］. 武汉大学学报（哲学社会科学版），2009（7）.

[195] 刘培林. 地方保护和市场分割的损失［J］. 中国工业经济，2005（4）.

[196] 刘尚希. 地方政府为何"不听话"［J］. 人民论坛，2007（5）.

[197] 刘书明. 统一城乡税制与调整分配政策：减轻农民负担新论［J］. 经济研究，2001（2）.

[198] 刘武生. 三年经济恢复时期周恩来领导恢复和发展国民经济的努力［J］. 党的文献，2008（2）.

[199] 刘颖. 新中国成立后中央与地方关系的历史变迁研究述评［J］. 四川行政学院学报，2012（1）.

[200] 马逸然，张旭辰. 中央与地方政府关系的历史、失衡的症结及现代化背景下的走向［J］. 冶金财会，2012（5）.

[201] 潘小娟. 中央与地方关系的若干思考［J］. 政治学研究，1997（3）.

[202] 逄先知，李捷. 毛泽东与过渡时期总路线［J］. 党的文献，2001（4）.

[203] 齐志宏. 多级政府间事权划分与财政支出职能结构的国际比较分析［J］. 中央财经大学学报，2001（11）.

[204] 任志江. 大跃进时期中央与地方关系研究——经济发展战略角度的研究［J］. 中国经济史研究，2006（1）.

[205] 沈立人，戴园晨. 我国"诸侯经济"的形成及其弊端和根源 [J]. 经济研究，1990 (3).

[206] 石源华. 民国时期中央与地方关系的特殊形态论纲 [J]. 复旦学报（社会科学版），1999 (5).

[207] 孙德超. 我国中央与地方财政关系研究 [D]. 长春：吉林大学，2008.

[208] 孙学玉，伍开昌. 当代中国行政结构扁平化的战略构想 [J]. 中国行政管理，2004 (3).

[209] 唐在富. 中央政府与地方政府在土地调控中的博弈分析——诠释宏观调控中政府关系的协调的一种新尝试 [J]. 当代经济，2007 (8).

[210] 田孟清，李建华. 试论中央与民族自治地方的经济关系 [J]. 黑龙江民族丛刊，2005 (4).

[211] 田志刚，伍禄金，李铮. 完善中央与地方财政关系的制度路径与策略 [J]. 税务研究，2013 (7).

[212] 万立明. "一五"时期的国家经济建设公债发行——以上海为中心的考察 [J]. 上海行政学院学报，2006 (7).

[213] 王朝才. 我国财政职能的历史沿革及其评价 [J]. 财政研究，2005 (12).

[214] 王海军. 一些国家中央与地方的经济关系 [J]. 中国经济体制改革，1990 (4).

[215] 王沪宁. 调整中的中央与地方关系：政治资源的开放与维护 [J]. 探索与争鸣，1995 (3).

[216] 王宇. 试论市场经济下政府的适度规模——兼论我国"吃饭财政与建设财政"之争 [J]. 太原理工大学学报，2002 (4).

[217] 王宇. 我国中央与地方间财政关系变迁研究——一个基于集权与分权矛盾的分析 [D]. 西安：西北大学，2003.

[218] 王玉玲，江荣华，马彦. 财政共治：中央与民族自治地方财政关系基本框架 [J]. 中央民族大学学报（哲学社会科学版），2014 (6).

[219] 王永钦，张晏，章元，等. 中国的大国发展道路——论分权式改革的得失 [J]. 经济研究，2007 (1).

[220] 魏红英. 西方发达国家处理中央与地方关系的几点启示 [J]. 广西社会科学，2002 (3).

[221] 文红玉，邢德永. 经济体制变迁与改革开放以来的中央与地方关系 [J]. 当代世界与社会主义，2010 (6).

[222] 武力. 一九五三年的修正税制及其影响 [J]. 中国社会科学，2005 (5).

[223] 武力. 中国"大一统制度"与国有经济 [J]. 河北学刊, 2006 (3).

[224] 武力. 毛泽东对新中国中央与地方经济关系的探索 [J]. 党的文献, 2006 (5).

[225] 武力, 温锐. 1949 年以来中国工业化的"轻、重"之辩 [J]. 经济研究, 2006 (9).

[226] 武力. 陈云与 1957 年前后中央地方经济关系的调整 [J]. 党史研究与教学, 2009 (1).

[227] 武力. 新中国中央政府区域经济政策演变的历史分析 [J]. 甘肃社会科学, 2013 (2).

[228] 夏丽华. 60 年来中央与地方关系演进特点与当前的改革问题 [J]. 郑州大学学报 (哲学社会科学版), 2009 (5).

[229] 谢玉华. 建国以来中央与地方经济关系演变及其启示 [J]. 信阳师范学院学报 (哲学社会科学版), 2003 (6).

[230] 辛向阳. 法制框架内的中央与地方关系 [J]. 中国改革, 2006 (7).

[231] 辛向阳. 进言中央与地方的事权划分 [J]. 人民论坛, 2010 (20).

[232] 辛向阳. 完善中国模式需要正确处理十大关系 [J]. 学习论坛, 2012 (4).

[233] 徐跃. 中央政府百余项职能下放地方政府 [J]. 中国机构, 1998 (9).

[234] 谢志. 协调中央与地方关系需要两次分权——对协调中央与地方关系的一项新的探索 [J]. 江海学刊, 1998 (5).

[235] 熊文钊. 处理央地关系的原则 [J]. 瞭望·新闻周刊, 2005 (49).

[236] 薛暮桥, 吴凯泰. 新中国成立前后稳定物价的斗争 [J]. 经济研究, 1985 (2).

[237] 薛暮桥. 艰苦创业四十年 [J]. 经济管理, 1989 (9).

[238] 颜永刚. 中央与地方政府间财政关系研究——兼论建立有中国特色的分税分级财政管理体制 [D]. 财政部财政科学研究所, 1995.

[239] 杨建荣. 宏观调控下中央与地方关系的调整 [J]. 财政研究, 1996 (3).

[240] 杨梅. 晚清中央与地方财政关系研究——以厘金为中心 [D]. 北京: 中国政法大学, 2007.

[241] 杨瑞龙, 杨其静. 阶梯式的渐进制度变迁模型——再论地方政府在我国制度变迁中的作用 [J]. 经济研究, 2000 (3).

[242] 杨小云. 关于我国改革开放以来中央与地方关系研究的若干思考 [J]. 政治学研究, 2010 (12).

[243] 詹步强. 中央集权—地方分权——试论社会主义市场经济条件下中央与地方关系的模式选择 [J]. 广东行政学院学报, 2002 (8).

[244] 张俊华．"大跃进"前后的放权与收权 [D]．北京：中共中央党校，2007．

[245] 张军，漫长．中央与地方关系：一个演进的理论 [J]．学习与探索，1996 (3)．

[246] 中国地方法制建设课题组．关于我国中央与地方关系的历史考察 [J]．当代法学，1988 (4)．

[247] 张紧跟．纵向政府间关系调整：地方政府机构改革的新视野 [J]．中山大学学报（社会科学版），2006 (2)．

[248] 张曙光．经济结构和经济效果 [J]．中国社会科学，1981 (6)．

[249] 赵梦涵．一五时期中央与地方财政关系调整的回顾 [J]．经济纵横，1992 (1)．

[250] 周飞舟．分税制十年：制度及其影响 [J]．中国社会科学，2007 (1)．

[251] 周富祥．理顺中央与地方经济关系的几个争论性问题 [J]．管理世界，1994 (6)．

[252] 周振鹤．中央地方关系史的一个侧面（上、下）——两千年地方政府层级变迁的分析 [J]．复旦大学（社会科学版），1995 (4)．

[253] 朱佳木．谈谈陈云对计划与市场关系问题的思考 [J]．党的文献，2000 (3)．

[254] 朱佳木．由新民主主义向社会主义的提前过渡与优先发展重工业的战略抉择 [J]．当代中国史研究，2004 (5)．

[255] 朱佳木．关于在国史研究中如何正确评价计划经济的几点思考 [J]．理论前沿，2006 (21)．

[256] 朱佳木．新中国两个 30 年与中国特色社会主义道路 [J]．当代中国史研究，2009 (5)．

[257] 朱佳木．研究中华人民共和国史经验应当注意的几个方法问题 [J]．中国社会科学，2011 (4)．

[258] 朱佳木．以国史研究深化对中国特色社会主义的认识 [J]．当代中国史研究，2013 (1)．

[259] 朱佳木．毛泽东与中国工业化 [J]．毛泽东邓小平理论研究，2013 (8)．

五、网络资源

[260] 任进．英国地方自治制度的新发展 [J/OL]．http：//www. chinalawedu. con.

[261] 国家统计局．新中国 65 周年 [J/OL]．http：//www. stats. gov. cn.

后　记

　　这本书以我的博士论文为基础，经过语言润色、材料添加、成果借鉴，最终定稿。从博士毕业距今，近两年时光。两年来我时常怀念那段充满艰辛但又充实且能快速提高自己科研能力的岁月，怀念恩师和同学。首先，怀念以往的学习生活。岁月不等人，不知不觉中，我已过不惑之年。这些年，我常常思考人生，思考人生价值、人生责任和人生态度。我感到人生的脚步匆匆，感到人生学习的重要性。因而，我时常怀念以往那段读博士的学习生活。其次，怀念我的恩师和同学。我的博士生导师朱佳木先生，是中国社会科学院学部委员，我国著名的历史学家。虽然与老师接触的时间不多，但是老师的谆谆教诲，使我终身受益。老师说，做什么事情，都要早做准备，不然会很仓促。写文章，最重要的是方向问题，是替谁说话的问题。我们是中国共产党党员，要始终代表最广大人民的根本利益。写文章像裁缝缝衣服一样，必须做到天衣无缝。想要文章生动，必须转换说话方式，即一会正着说，一会反着说。我的另一位恩师武力先生，是中国社会科学院当代中国所副所长，耐心地指导我学习。他说，问题研究必须考虑国内外特定的历史环境，写别人不知道的事情才使文章有新意，文章语言的表达要精准。这些观点都是老师数十载呕心沥血从事社会科学研究的心得体会，就我和其他博士生从事论文写作而言，具有很强的指导意义和实用价值。怀念马克思主义研究院、马克思主义学院的各位老师和同学，与他们交往中，我学会很多知识，也感受了快乐。最后，感谢我的妻子和家人。他们默默的支持使我顺利完成学业，完成这本著作的修改和出版工作。在收获知识的同时，我也经历和承受了亲人离世的悲痛。读博期间，我亲爱的爷爷、奶奶相继去世。每当回忆儿时和他们在一起的点点滴滴，泪水便夺眶而出。在此，我想以此文献给远在天国的爷爷、奶奶！

　　新著即将出版，但是中央与地方经济关系问题研究并未终止。在这本书第七章总结了中华人民共和国成立后 30 年中央与地方经济关系演变的特点及历史启示，但是真正地解决这个问题，建立现代财政制度，建立权责清晰、财力协调、区域均衡的中央和地方财政关系，还需要大胆地假设、小心地求证。特别是中央与地方经济关系因时因势而定，需要研究新时代重要战略机遇期的变化，提出更有效、更有针对性的方针政策。今后，我会继续努力探索改革开放后 30 年以及当前中央与地方经济关系的新特点、新问题，总结新的经验教训，为新时代改革中央与地方经济关系提供更多有价值的新理念新思想新方法。